CONTEMPLA MI ALMA

CONTEMPLA MI ALMA

(UNA HISTORIA VERDADERA SOBRE EL PERDÓN Y EL PODER DEL AMOR)

TAJ SIMRIT

SINOPSIS:

"La paciencia es amarga, pero su fruto es dulce."

— ARISTÓTELES.

Su hijo cuestionó sarcásticamente si todos los veinteañeros deberían leer este libro. Él respondió con un rotundo "sí" porque la edad no es un requisito previo para la conciencia o su falta.

Taj Simrit es la personificación de la cita de Friedrich Nietzsche: *"Conviértete en quien eres"*.

Su historia es tan cruda y auténtica como se puede.

Sin endulzar, habla la verdad, no solo por los demás, sino también por sí mismo.

Para ser transparente, es necesario pagar el precio.

En su creencia de que el sufrimiento y los errores eran esenciales para el crecimiento, siempre eligió el camino más desafiante.

Si te reconociste en este relato de redención, fue todo de forma intencionada.

Emprendiendo un viaje exótico y encantador de autodescubrimiento, te guiará desde las cumbres nevadas del Himalaya hasta la selva amazónica, a través de la Costa Azul y la América empresarial.

Con sus escritos, teje intrincadamente un fino tapiz que se extiende a través del tiempo y el espacio.

Combina los hilos conductores del yoga, las plantas medicinales, la sanación energética y la filosofía del Ho'oponopono dentro del marco del budismo, hinduismo, sijismo y cristianismo.

Siguiendo su historia, te embarcas en un viaje que te llevará desde la psicología moderna hasta el chamanismo, pasando por diferentes etapas de inconsciencia, agonía, angustia y, en última instancia, culminando en emociones elevadas y una nueva sabiduría.

Bon voyage...

Tajsimrit.com

ÍNDICE

Capítulo 1 — 1
Capítulo 2 — 11
Capítulo 3 — 14
Capítulo 4 — 18
Capítulo 5 — 27
Capítulo 6 — 31
Capítulo 7 — 38
Capítulo 8 — 42
Capítulo 9 — 46
Capítulo 10 — 55
Capítulo 11 — 61
Capítulo 12 — 67
Capítulo 13 — 74
Capítulo 14 — 83
Capítulo 15 — 92
Capítulo 16 — 99
Capítulo 17 — 111
Capítulo 18 — 114
Capítulo 19 — 122
Capítulo 20 — 129
Capítulo 21 — 132
Capítulo 22 — 138
Capítulo 23 — 144
Capítulo 24 — 149
Capítulo 25 — 157
Capítulo 26 — 161
Capítulo 27 — 171
Capítulo 28 — 175
Capítulo 29 — 183
Capítulo 30 — 185
Capítulo 31 — 189
Capítulo 32 — 192
Capítulo 33 — 208

Capítulo 34   221
Capítulo 35   224
Capítulo 36   231
Capítulo 37   234
Capítulo 38   237
Capítulo 39   240
Capítulo 40   242
Capítulo 41   245
Capítulo 42   248
Capítulo 43   251
Capítulo 44   257
Capítulo 45   265
Capítulo 46   273
Capítulo 47   277
Capítulo 48   279
Capítulo 49   284
Capítulo 50   288
Capítulo 51   298
Capítulo 52   307
Capítulo 53   311
Capítulo 54   316
Capítulo 55   319
Capítulo 56   325
Capítulo 57   332
Capítulo 58   336
Capítulo 59   341
Capítulo 60   345
Capítulo 61   348
Capítulo 62   354
Capítulo 63   363
Capítulo 64   366
Capítulo 65   370
Capítulo 66   375
Capítulo 67   377
Capítulo 68   380
Capítulo 69   384
Capítulo 70   386
Capítulo 71   396

Capítulo 72   401
Capítulo 73   403
Capítulo 74   406
Capítulo 75   408
Capítulo 76   410
Capítulo 77   412
Capítulo 78   417
Capítulo 79   421
Capítulo 80   424
Capítulo 81   429
Capítulo 82   436
Capítulo 83   439
Epílogo   441

Bibliografía   447

-LOS 13 PRINCIPIOS PARA UNA VIDA FELIZ Y PACÍFICA-

#1 Responsabilidad

Una vez que entiendas que estás constantemente creando y moldeando tu propia realidad, dejarás de culpar a los demás por las desgracias de tu existencia cotidiana.

No responsabilizarás a nadie más y asumirás la plena responsabilidad de todo lo que suceda en tu vida de ahora en adelante. Es un proceso salvador y fortalecedor que te libera del síndrome de la culpa y el derecho que es tan prevalente en nuestras sociedades.

#2 Gratitud

La gratitud es un estado de gracia que se te concede directamente desde el éter. No tiene precio, no discrimina y sigue un ciclo infinito. No hay nada más poderoso que experimentar y deleitarse en un abrumador sentido de gratitud.

#3 Empatía y Compasión

"Nunca juzgues a una persona hasta que hayas caminado una milla en sus mocasines."

— MARY T. LATHRAP.

Probablemente has escuchado este dicho innumerables veces, o algo similar como

"No deberías juzgar a un hombre hasta que camines una milla en sus zapatos".

Nuestro hábito de formar opiniones sobre las personas resulta en su evaluación de nosotros sin comprensión o empatía. Pero cuando muestras empatía hacia los demás y abres tu corazón con un poco de compasión, tu perspectiva cambia y comienza la verdadera comunicación.

#4 Perdón

No puedes esperar vivir en libertad si no perdonas a quienes te han herido, incluyéndote a ti mismo, por cualquier daño que hayas causado. Repetirás el sufrimiento y el dolor en tu mente en un bucle interminable, y esto te impedirá avanzar mientras lo permitas.

Encuentra la manera de perdonar antes de abrir tu corazón al amor.

#5 Amor

"Todo lo que necesitas es amor"

— JOHN LENNON, 1967.

John Lennon percibió que el amor lo abarcaba todo y tenía el poder supremo de sanar. Elimina todas las emociones que te obstaculizan, como la ira, la culpa y el resentimiento, para obtener las llaves a las puertas del amor.

#6 Trasciende el Ego y el Ego Espiritual

Otra búsqueda en esta vida: trascender al impostor, la falsa identidad que causa estragos en tu corazón, en nombre de la separación. A medida que te "despiertas", emerge la fea cola del ego espiritual.

Aprende a erradicar ambos si buscas un verdadero sentido de paz.

#7 Buenas Obras

Donar a la caridad, entregar el 10 % de tus ingresos o realizar trabajo voluntario para una causa especial te hará sentir genial y también podría influir en la rueda del karma —si adoptas una perspectiva budista—.

Cuando das sin esperar nada a cambio, abres un mundo de posibilidades infinitas. Confía en que las cosas buenas regresarán a ti mientras más bondad pongas en el mundo.

#8 Adicción al Sexo

Todo consiste en energía.

A través del sexo, recibimos la energía y la impronta de todos nuestros antiguos amantes. Tus parejas también absorben esta energía. Por lo tanto, es momento de reconsiderar el sexo casual y promiscuo y elegir a tu pareja con cuidado.

#9 Otras Adicciones

Las drogas ilícitas están en la cima de esta lista, con los fármacos legales en un cercano segundo lugar. Piensa en alcohol, cafeína, comida chatarra, azúcar, estrés, juegos de azar, pornografía, armas y redes sociales —por nombrar algunos—. Las adicciones son los esclavizadores.

#10 Creer en un Poder Superior

"Solo hay dos maneras de vivir tu vida. Una es como si nada fuera un milagro. La otra es como si todo fuera un milagro."

— ALBERT EINSTEIN.

Rendirse a una inteligencia o Poder Superior significa dejar ir las limitaciones del ego para un nuevo comienzo con potencial ilimitado.

#11 Manifiesta Tu Realidad

Eres el cocreador de tu destino.

Desde un lienzo en blanco, tu obra maestra espera las pinceladas de tu pincel.

Tú eres el artista. Cree en ello y actúa en consecuencia.

#12 Vive en el Momento

El momento presente es fugaz, pero podemos estar tan atrapados en nuestras historias que lo dejamos pasar. No dejes que la vida avance sin disfrutar del presente, el único momento que tienes. Quedarte anclado en el pasado u obsesionarte con el futuro sólo perjudica tu bienestar y el de quienes te rodean.

#13 No Apego

La mejor manera de atraer una mariposa es dejar de perseguirla y esperar a que se pose en tu hombro.

El desapego es el paso final y vital del proceso de manifestación.

Este libro está dedicado a mi hijo.

Solo puedo esperar que mi percepción de la verdad nos libere.

"Que el viento siempre esté a tu favor y el sol sobre tu rostro. Y que las alas del destino te lleven a danzar con las estrellas."

— CARL JUNG.

CAPÍTULO
UNO

"No es hasta que estamos perdidos que comenzamos a encontrarnos a nosotros mismos."

— HENRY DAVID THOREAU.

4 de agosto de 2023

Marco estaba sentado en un vagón de tren en las afueras de París. Estaba un poco distraído, escuchando el *Mool Mantra* a través de sus auriculares.

Este mantra presenta la brújula para encontrar tu verdadero yo, que reside en la apertura de tu corazón. Algunos dicen que el viaje más difícil en la vida es pasar de la energía del centro del ombligo al centro del corazón.

Un tanto inconsciente de ello, Marco aplaudía rítmicamente al compás de la música.

Hasta que un aplauso de más hizo que una mujer de mediana

edad corriera hacia su asiento. Visiblemente agitada, gritó a todo pulmón, obligándolo a bajar las manos sobre su regazo y detenerse.

Su agresividad lo tomó por sorpresa, devolviéndolo de golpe a la cruda realidad.

En tan solo cuatro días de regreso en Francia, los franceses no perdieron tiempo en mostrarle su famosa hospitalidad.

Acababa de regresar de Perú, donde se había hospedado con una familia Shipibo-Konibo, un grupo indígena. Días antes, había estado en un *tambo* (cabaña) en las afueras de la ciudad peruana de Pucallpa, recostado en una hamaca y terminando los últimos capítulos de su libro.

Se sentía fuera de sintonía con los suburbios parisinos.

Se dirigía a un Festival de Yoga Kundalini en el *Château* de Jambville, en Yvelines. Habían pasado siete años desde su último festival de yoga en las montañas de Nuevo México.

Con gran entusiasmo, quería cerrar ese ciclo de siete años de conciencia y comenzar de nuevo. Estaba completando un bucle en el tiempo y sospechaba que el personaje principal se parecería muy poco a su antiguo yo.

Marco esperaba con ansias enraizarse durante los próximos ocho días en el bosque de robles que rodeaba el *château*. La música y los mantras eran su cordón umbilical con el universo. Estaba decidido a sumergirse en la "corriente sonora" que irradiaría por todo el recinto del festival.

Sin saberlo, su primera noche en una tienda de campaña sobre el pasto húmedo se convertiría en el escenario perfecto para una canción de blues sobre pérdida, fatalidad y traición.

Después de un viaje en tren de cincuenta minutos desde París, llegó a la estación de Hardricourt. Olía a campo, y no había nadie en el andén excepto cuatro yoguis que buscaban un taxi hacia el *château*.

Se dirigió tranquilamente al *bar-tabac* más cercano (un bar típico francés con licencia para vender tabaco) para llamar a un taxi. Después de un café, regresó a la estación, sintiéndose orgulloso de haber resuelto sus problemas de transporte. Una de las mujeres alemanas había llamado un Uber mientras tanto y mostró poco interés en su inminente taxi.

Para colmo de males, el taxi nunca llegó. Después de una larga espera, llegó otro auto, y su pequeña mochila no estaba por ningún lado cuando buscó sus pertenencias.

—Bienvenido a la Nueva Francia, ¿qué te parece? —bromeó después su sobrino.

—Nunca dejes una mochila pequeña desatendida en una estación de tren en Francia —añadió sabiamente su hermana.

La ironía era que había viajado por el mundo durante casi seis años sin sufrir robos. Muchos de los países que visitó tenían extensas listas de peligros en la página web de la embajada estadounidense. No era de extrañar que un gran porcentaje de estadounidenses ni siquiera tuviera pasaporte, pensó.

Ahora Marco tampoco tenía uno. Sus pasaportes francés y estadounidense, tarjetas de crédito, dinero y joyas habían desaparecido.

Marco no estaba acostumbrado a guardar todas sus posesiones valiosas en una pequeña mochila.

En lugar de enfocarse en los problemas socioeconómicos de la Francia que había dejado hacía más de cuarenta años, se sentía culpable por prestar más atención a la constelación de estrellas y galaxias.

Fue un golpe al sistema. Lo peor de todo es que su iPad, la posesión más preciada que lo había acompañado en todas sus aventuras, se había perdido para siempre.

Todos los eventos de su vida estaban registrados en él, como los mosaicos que adornan una mesa de café mediterránea. Ahora, una danza de átomos girando captaba su mirada, dividiéndose en el infinito.

Su copia de seguridad de iCloud estaba llena, y no se había molestado en suscribirse a más espacio.

Estaba profundamente perturbado. Alguien había invadido su espacio físico y emocional. Se sentía como si lo hubieran apuñalado en el vientre y destripado.

Su intuición le había advertido que esto podría suceder. Un temor a que su iPad fallara lo llevó a transferir su escritura al correo electrónico cada dos días durante el primer mes de escritura, pero no había mantenido el hábito.

Mientras caminaba por *La Seine* el día anterior al festival, Marco sintió un nudo en el estómago. Con determinación, había resuelto enviarse el contenido de su manuscrito esa misma noche.

Más tarde decidió ir al cine y ver "Misión Imposible" de Tom Cruise. Al regresar a su hotel tarde en la noche, echó un breve vistazo a su iPad en la mesa, pero no cumplió su promesa. Se dijo a sí mismo que tendría mucho tiempo en el festival.

Ignorando todas las señales sobre la funcionalidad de su iPad y la seguridad de sus datos en los últimos meses, no guardó contenido crucial como fotos, videos y, sobre todo, sus escritos.

Había permitido que este episodio ocurriera, como un lapsus freudiano.

El universo lo tenía en un trance mientras su destino era corregido en el aire, como una ruta de vuelo revisada.

Despertó durante la noche, temblando en una tienda de campaña húmeda. Su único deseo era escapar de ese lugar maldito. Las 40 000 palabras finales del libro sin editar parecían simples fluctuaciones atmosféricas, semejantes a las gotas de lluvia que caían sobre su tienda.

Marco se sentía agotado, disgustado con su falta de perspicacia y, sobre todo, con la totalidad de sí mismo.

Escribir sobre su vida en las primeras horas de la mañana, después de ceremonias chamánicas en Perú, había sido un proceso crudo. Perder el contenido lo dejó completamente perdido y lleno de arrepentimiento.

«¿Cuándo va a aprender algo este idiota?», pensó para sí mismo.

Las conversaciones con otros en el festival giraban en torno a la idea de que perder el libro era una señal del universo, que había una razón para ello.

Aun así, Marco se preguntaba por qué había ignorado todas las señales que había recibido. Intuía que venía de la escuela de los golpes duros.

«¿Qué más puedo hacer además de confiar en el proceso, aprender de mis errores y crecer como una mejor persona?», se preguntó.

Entonces, algo mágico sucedió. Al día siguiente, asistió a un taller de canto con una profesora y artista de grabación de Londres. Siri Sadhana Kaur, quien tiene nueve discos en su haber, es un torbellino de diversión y energía.

Las nubes se disiparon, y el sol apareció por primera vez desde el robo. Siri Sadhana Kaur, con la gracia de Dios, transformó su disgusto en euforia.

Después de noventa minutos de canto, mientras cruzaba la vasta extensión de césped, experimentó una sensación de euforia, como una mariposa lista para disfrutar del dulce néctar en un jardín de flores.

El universo transmitía un mensaje a través de estos eventos, pero él aún no podía captar las implicaciones. Todo parecía sincronizado en ese momento.

Se dio cuenta de que su tarea era jugar las cartas que le habían tocado y disfrutar del juego. Pensó en la responsabilidad, un concepto que el místico indio Sadhguru elogia.

Según Sadhguru, la responsabilidad es un pilar de la libertad y la paz interior que él define como "habilidad de responder".

"La responsabilidad simplemente significa tu capacidad de responder. Si decides, 'Soy responsable', tendrás la capacidad de responder. Si decides, 'No soy responsable', no tendrás la capacidad de responder. Es así de simple. Todo lo que se requiere es que te des cuenta de que eres responsable de todo lo que eres y todo lo que no eres, de todo lo que puede sucederte y de todo lo que puede no sucederte. Así de simple".

A diferencia de la acción, que es limitada, la responsabilidad es ilimitada.

La clave está en hacer aquello para lo que eres capaz, en lugar de elegir y seleccionar en qué te quieres involucrar, y por tanto, estar restringido a una vida "a medias".

Comienza internamente y se extiende hacia las personas a tu alrededor en todas las direcciones.

«*Ahora es el momento de mostrar responsabilidad y compromiso con toda la vida, incluida la tuya*», reflexionó, parafraseando a Sadhguru.

Con un corazón lleno de melodías encantadoras, Marco decidió aprovechar los vientos favorables y cambiar el rumbo de su velero.

El destino de su próxima aventura sería la isla de Córcega, un lugar que siempre soñó visitar. Creciendo en Toulon, solía ver los ferris azul y amarillo atracados en el puerto. Imaginaba escapar a la "Isla de la Belleza", un antiguo territorio francés que consideraba exótico.

Marco no tenía idea de que le tomaría tanto tiempo descubrir la isla donde nació Napoleón Bonaparte, incluso después de años de recorrer el mundo.

Sus intenciones eran múltiples. Marco había puesto su mirada en completar el GR 20, llamado el sendero más difícil de Europa. Abarca 192 kilómetros e incluye dieciséis etapas de escalada y trepadas desafiantes.

Planeaba alquilar una pequeña casa cerca del mar durante unos meses y revisar su libro después de completar el recorrido. Sin embargo, se preguntaba si valía la pena escribir este libro por segunda vez.

¿Qué tal si el mensaje era simple: tíralo en los archivos basura y elimínalo para siempre?

Ser objetivo con tu propia escritura es difícil, especialmente cuando no has compartido el contenido con nadie. ¿Quizás eran piezas mal escritas, después de todo, y el robo lo salvaría de la vergüenza?

«*Además, ¿quién querría leer mi historia?*», pensó. El efecto terapéutico de escribir no debe subestimarse, y se preguntaba si eso solo debería ser suficiente.

«Descarta el proyecto», repetía la pequeña voz en su cabeza.

Esta vez, decidió desafiar las dudas persistentes que lo habían atormentado toda su vida. Dos veces en los últimos dos años, voló a Perú para abrir su corazón. No podía dejar que esta oportunidad se desperdiciara.

Así que tomó una decisión. Para beneficiar a sus lectores, su corazón triunfaría finalmente sobre su mente mientras contaba una mejor historia.

En una semana, debía enviar una copia de su pasaporte a Katmandú para asegurar un visado para el Tíbet. Había reservado un tour de dos semanas, que incluía una *kora* (peregrinación religiosa) de tres días alrededor del Monte Kailash.

El Monte Kailash es la montaña más sagrada de Asia. Es el eje de la Tierra, la morada de Shiva. Según los budistas, un circuito alrededor de esta montaña con forma de pirámide perfecta (cincuenta y dos kilómetros), absuelve los pecados de toda una vida.

Sintió que su libro, que trataba sobre la redención, pero que ya no existía en este mundo, no le había dado la oportunidad de vindicar sus pecados. Estaba decidido a hacerlo en el futuro.

Una vez que giró 180 grados hacia su destino, nunca volvió a mirar por el espejo retrovisor. Estaba diseñado para ser así.

De hecho, la asombrosa capacidad de Marco para proyectarse en el futuro sorprendió a una de sus amigas. Ella le dijo una vez que prefería vivir en el presente y en el pasado, en lugar de inventar eventos futuros.

En respuesta, él enfatizó que visualizar y sentir como si ya poseyeras algo era esencial para implementar la Ley de la Atracción.

En 2006, Marco vio la película "El Secreto".

Pronto se convirtió en un fenómeno cultural. ¿Acaso no todos quieren manifestar cada uno de sus deseos?

Sería un tonto quien afirmara lo contrario.

Todos en el ámbito profesional de Marco intentaron subirse al tren. La mayoría fracasó por una razón simple: podían ver el rayo de luz plateada envolviendo las nubes arriba, pero pasaron por alto el único ingrediente que habría incendiado todo el cielo.

¿Quieres saber cuál es ese ingrediente?

Marco no tenía ni la menor idea, y los árboles no le permitían ver el bosque. Su forma limitada de pensar, su psique encerrada dentro de su burbuja se aseguraba de ello.

Le tomaría años comenzar a comprender la esencia de esa voluptuosa flor silvestre llamada atracción.

Cuando tu corazón se siente vacío, ¿qué acciones se pueden tomar? Revolcarse en la miseria solo atrae más miseria.

Ahí radica el secreto, amigos.

Deja que los vientos del destino desaten a la joven bestia dentro de ti y la envíen rugiendo a través de la estratósfera de la imaginación.

Pinta un cuadro hermoso para que los dioses lo vean y siente las pinceladas del pincel acariciar el lienzo virgen, como la devoción de un amante hacia su musa.

Allí yace, damas y caballeros, una rosa tan finamente sintonizada con la gracia de Dios que un ejército de las espinas más afiladas se mantendría para siempre en contra de su conquista.

Su dulce fragancia persiste en los corazones de los hombres, como el rocío de la mañana sobre un manto de flores silvestres. Las penas del mundo se ahogan en cielos azules profundos, como notas musicales perdidas en una sinfonía.

Aprovecha un momento con ella y despréndete. Tal vez te complazca y esté bajo tu mando.

Sólo no tengas prisa.

Después de muchos intentos y errores, esta ley universal dio forma a la vida actual de Marco.

En cuanto a vivir una vida cargada de eventos traumáticos del pasado, él no debería pensar así. Pero volvamos al principio, ¿de acuerdo?

CAPÍTULO

DOS

> *"Lanza tus sueños al espacio como una cometa, y no sabes qué te traerán de vuelta: una nueva vida, un nuevo amigo, un nuevo amor, un nuevo país."*

— ANAÏS NIN.

Septiembre de 2021

Anoche fue la Luna de la Cosecha. La luna sale y se pone junto con el sol.

Los trabajadores agrícolas la llamaron la "Luna de la Cosecha" porque la cantidad extendida de luz solar les permitía trabajar más tiempo en los campos.

Esta noche, el escritor fantasma de Marco comenzó a escribir este libro para coincidir con su primera etapa en el "Camino de Santiago", una serie de antiguas rutas de peregrinación por Europa.

Había optado por caminar en el "Camino del Litoral" o "Camino del Norte", una ruta menos popular, más pintoresca y más difícil que otras. Era un recorrido de 820 kilómetros, desde Irún, en la frontera franco-española, hasta Santiago de Compostela, en Galicia.

Para aumentar el desafío, planeaba continuar hasta Oporto, otros 280 kilómetros. No tenía prisa. Caminando un promedio de veintidós kilómetros al día y descansando una vez a la semana, calculaba que el viaje le tomaría un par de meses e implicaría unos 2 millones de pasos.

Sus papilas gustativas ya saboreaban el sabor de un Oporto *tawny*, un vino fortificado que lleva el nombre de la ciudad. Estaba lleno de sabores decadentes, como caramelo, crocante de maní, albaricoque, ciruela, pasas y nuez, lo que lo convertía en la manera perfecta de celebrar su odisea.

Marco siempre había admirado la pomposidad de los críticos de vino.

A menudo reflexionaba sobre el mercado de nicho para un libro sobre las divagaciones de su vida. Procrastinar sin culpa, ¡qué gran idea!

Fue durante una ceremonia de ayahuasca en la Amazonía peruana, un par de meses atrás, cuando tuvo una visión de mayor alcance. Con suerte, podría salvar a los lectores de cometer los mismos errores que él.

Así podrían empatizar con su situación y sacar sus propias conclusiones.

Si ese proceso lograra hacer una pequeña diferencia en sus vidas, eso superaría todas las expectativas de Marco.

Su intención es llevarte en un viaje mágico en alfombra voladora a través de cinco continentes. En cuanto a África, pasó cuatro semanas viajando con un grupo de amigos en un autobús apodado *"magic bus"* por Marruecos cuando tenía dieciséis años, lo que moldeó su pasión por viajar.

Pero espera, podría ser un viaje accidentado.

El filósofo persa Rumi dijo una vez: *"Tienes que atravesar la oscuridad para encontrar la luz"*.

Encontrarás mucha oscuridad aquí, y, con suerte, una cantidad exponencialmente mayor de luz que te guiará hacia una vida más memorable.

Tu anfitrión sólo puede esperar y aspirar a ser un guía que valga la pena.

Conociendo la "Teoría del Universo Paralelo" de Einstein, verías nuestro mundo como una ilusión. El pasado, el presente y el futuro no existen de manera lineal. Todo está sucediendo al mismo tiempo.

El personaje principal de este libro trata estas entidades como un bucle cerrado y, a veces, actúa como un impostor. La razón es que las líneas dibujadas en la arena están destinadas a ser reclamadas por el mar.

Estaba en el "Camino de Santiago", en una misión de Dios como los hermanos Belushi en la película *"The Blues Brothers"*.

Marco, un ser humano imperfecto, estaba a merced de su inmadurez emocional.

Si te reconoces en Marco, es intencional. Esperemos que aprendas algo valioso de sus errores.

CAPÍTULO

TRES

"No te preocupes por el fin del mundo hoy. Ya es mañana en Australia."

— CHARLES M. SHULZ.

La exnovia de Marco, Kat, un alma algo atormentada pero con buen corazón, proveniente de un pequeño pueblo en Nueva Gales del Sur, Australia, murió hace dos semanas de cáncer. Demasiado joven para morir; estaba a punto de cumplir sesenta y cuatro años.

Se conocieron en una oficina de correos en Barcelona en 1981, cerca de las famosas Ramblas, junto al Monumento a Colón.

La decisión de Marco de visitar la oficina de correos a las 9 a. m., después de una noche de fiesta con sus seres queridos, sigue siendo inexplicable.

Eran jóvenes e ingenuos, se enamoraron de inmediato y viajaron a las Islas Canarias para celebrar el Año Nuevo.

Meses después, Marco llegó a Australia para reunirse con Kat. En verdad, utilizó su deseo de viajar y a Kat como una razón para ir al otro lado del mundo.

Marco ya había viajado y trabajado en tres continentes. No había nada que lo emocionara más que la imprevisibilidad de los viajes al extranjero. Kat lo recogió en el aeropuerto de Sídney y condujeron hacia el sur dos horas y media hasta su pueblo natal.

La primera parada fue la casa de su madre. Durante el café y los bollos, la anfitriona le lanzó varias miradas de desaprobación y comentarios despectivos.

Cuando llegaron al rancho de caballos del que Kat había hablado con tanta pasión, ¿adivina quién estaba esperando frente a su cabaña? ¿El exnovio o el actual? Era difícil saberlo.

Cuando Marco lo miró bajo la luz tenue del atardecer, no podía creer lo que veían sus ojos. Era un maestro de preescolar con cabello rubio rizado, piel bronceada y una sonrisa blanca y radiante. Su dulce disposición complementaba su buena apariencia.

«¿En qué estaba pensando esta chica?»

Marco, inseguro y no particularmente atractivo, llevaba sus neurosis como una insignia de honor.

Compararlo con ese semidiós habría sido un insulto a la decencia. ¿Tal vez ella fumaba una cantidad excesiva de marihuana?

De hecho, una verdad simple podría resumir el atractivo de Marco para ella. Cuando estaban fumados juntos, conectaban muy bien, mientras que su antiguo Apolo no fumaba en absoluto.

Kat nunca mencionó que todavía estaba en una relación complicada con él. Peor aún, su familia y amigos lo adoraban.

Una oveja negra acababa de llegar del espacio exterior con solo una mochila y sin perspectivas.

Para que conste, había aproximadamente 170 millones de ovejas en Australia en los años 80.

Kat había estado ocupando la propiedad de su padre.

El vínculo padre-hija era frío y distante, y los caballos parecían estar salvajes. Eso no encajaba del todo con la imagen idealizada de Marco sobre una granja de caballos en Australia.

Cuando finalmente Kat lo dejó montar un caballo, este galopó de manera abrupta de regreso al establo después de quince minutos, evitando por poco estrellarse contra la puerta en el último segundo. Milagrosamente, Marco evitó romperse los huesos, desafiando todas las leyes de la física.

Dos semanas más tarde, Kat dejó a Marco en las afueras del pueblo para empezar a hacer autostop hacia Queensland, pasando por Australia del Sur y los Territorios del Norte.

Eso le pareció bien. Otra historia que concluía en un callejón sin salida no era nada sorprendente para Marco.

Al menos Jack Kerouac estaría allí para hacerle compañía en la carretera desierta.

"Nada detrás de mí, todo por delante de mí, como siempre en el camino".

La muerte de Kat hizo que Marco deseara haber sido más consciente, tolerante y amoroso. En ese sentido, siempre se había sentido algo atrasado.

Sin embargo, ten cuidado con lo que deseas.

Un deseo tiene que estar anclado en algo tangible, como una experiencia pasada o fantaseada, o un recuerdo doloroso que puedas transmutar en crecimiento.

De lo contrario, está destinado a seguir siendo solo un deseo, vacío e indefinido. Ahora, intenta infundir un poco de gratitud en todos los eventos y antecedentes de tus deseos. De esta manera, adquirirás el poder de moldear tu propio destino.

Kat eventualmente visitaría a Marco en Queensland, y él le haría una visita en su ciudad natal ocho meses después. Desde el principio, estaba claro que esta relación fracasaría.

George Bernard Shaw dijo famosamente: *"La juventud está desperdiciada en los jóvenes"*.

Marco entabló una amistad con el hermano de Kat, Jimmy. Fueron juntos a hacer senderismo en las Montañas Nevadas (*Snowy Mountains*). Al regresar, decidieron ir al Valle Hunter.

El padre de uno de los amigos de la universidad de Jimmy era médico y dueño de una bodega cerca de las Montañas Azules (*Blue Mountains*), al oeste de Sídney.

Aquí es donde Marco conoció a su futura esposa, que provenía de Boston, Massachusetts.

Sin embargo, esta es una historia completamente distinta.

CUATRO

"Sigue tus sueños. Ellos conocen el camino."

— KOJI YAMADA.

Avancemos rápidamente al año 2022. Marco estaba en un retiro de ayahuasca, al sur de Pucallpa, en las afueras de la Amazonía peruana.

De repente, todo se volvió claro.

En medio de la duda y la confusión, surgió una certeza inquebrantable: la vida era un viaje de desafíos y errores destinados a despertar y elevar nuestra conciencia.

Marco estaba sentado en una *maloca* (casa comunitaria utilizada por las tribus amerindias del Amazonas para reuniones y rituales chamánicos). Una estructura extensa hecha de madera, que a menudo es octagonal o decagonal, tenía un techo de paja inclinado que alcanzaba su punto más alto en el centro.

En presencia de dos chamanes de la tribu Shipibo-Konibo, experimentó los efectos de la ayahuasca. El término "liana del alma" proviene del idioma quechua. Es la planta medicinal definitiva que cura cualquier dolencia.

Después de andar a la deriva como una medusa en el mar, finalmente había encontrado un sentido de dirección. Era similar a equipar tu barco con un timón nuevo.

El desprevenido Marco se imaginaba convirtiéndose en un sabio y gurú, listo para enmendar las deficiencias y transgresiones de su pasado.

Escribiría un libro sobre su vida, describiendo este proceso de transformación con la esperanza de inspirar al lector a buscar una vida más significativa.

Dicen que una ceremonia de ayahuasca equivale a diez años de psicoterapia.

¿Vas a venerar a tu psicólogo local o aventurarte a *la selva* para una experiencia psicodélica que promete curar tus trastornos?

Él aún no lo sabía, pero escribiría un eBook como precursor de su libro, presentando los *"Trece Principios para una Vida Llena y en Armonía"*.

El catalizador para este cambio de eventos fue un libro que su amiga Montserrat le regaló en su llegada a Perú.

"Zero Limits" fue coescrito por el Dr. Joe Vitale y el Dr. Hew Len.

Este libro alteró la perspectiva de Marco sobre la vida y abordó sus incertidumbres de larga data.

"Ho'oponopono es un regalo profundo que permite a uno desarrollar una relación de trabajo con la Divinidad interior y aprender a pedir que, en cada momento, se limpien nuestros errores de pensamiento, palabra, acto o acción. El proceso trata esencialmente sobre la libertad, la libertad completa del pasado".

— – MORRNAH NALAMAKU SIMEONA,
CREADORA DE LA TÉCNICA *SELF I-DENTITY THROUGH HO'OPONOPONO (SITH).*

Esta era una práctica hawaiana tradicional de reconciliación y perdón hasta que el Dr. Vitale y el Dr. Len la llevaron al conocimiento general.

Constaba de cuatro conceptos poderosos expresados en cuatro frases simples:

Lo siento,
Por favor, perdóname,
Gracias,
Te amo.

"Lo siento" no era algo que Marco soliera decir. Todos los que alguna vez había herido estarían de acuerdo.

Sin embargo, hoy reconoce que somos responsables de nuestras realidades. No hay nada afuera. Todo está ocurriendo dentro de nosotros. Comprender esto puede ser un desafío al principio, pero se vuelve sencillo una vez que captas el concepto.

Asumir la responsabilidad es el primer paso. Vivimos en una sociedad donde las personas se sienten con derecho, especialmente las generaciones más jóvenes que ya lo han recibido todo.

Pero cuando asumimos la responsabilidad de nuestras acciones, en lugar de culpar a otros por ellas, la pelota (por así decirlo) regresa a nuestra cancha. Esto nos libera para aceptar nuestra situación y nos da el impulso para hacer cambios.

Si alguien te hiciera daño, por ejemplo, tú serías responsable de crear esta situación a partir de programas o recuerdos que llevabas dentro de ti.

De hecho, naciste preprogramado, como una computadora con software ya instalado.

Sin embargo, para arreglar a otros, arréglate a ti mismo primero.

Asumir la responsabilidad siempre es el primer paso, seguido de pedir perdón.

No te castigues ni te sientas demasiado culpable al pedir perdón. No eres el culpable. Estabas reproduciendo inconscientemente estos recuerdos.

La vida de Marco dio un giro cuando entendió que la gratitud por las necesidades básicas —aire limpio, refugio y comida— era la clave para la liberación.

Quejarse era la antítesis de la gratitud.

Marco creció en Francia. ¿Has notado que a los franceses les gusta quejarse?

Debe ser parte de su *patrimoine* (patrimonio), y se aferran al derecho de expresarse de esa manera.

Quejarse atrae lo opuesto a cosas buenas.

También desperdicia una cantidad significativa de energía que podría usarse para propósitos más benévolos.

Deja que la gratitud llene tu corazón al despertar cada mañana.

Diariamente, el número global de muertes supera las 150 000 (166 859 en 2024, según la *World Population Review*). Muchos carecen de recursos fundamentales como vivienda y acceso a agua potable. Cada día, 25 000 personas, incluidos 10 000 niños, mueren de hambre y causas relacionadas, según las Naciones Unidas.

Inhala profundamente y agradece estar vivo.

Tus acciones de hoy son un privilegio. Abrázalas, y tu día se desarrollará sin problemas.

Gracias por esta bendición de vida.

Soy libre de elegir mi destino simplemente eligiendo el diálogo interno correcto.

Gracias por limpiar estos programas y estos recuerdos. La claridad abre la puerta para que entre la luz.

Pide a Dios, al Creador, a la Inteligencia Suprema —lo que resuene contigo— que limpie y purifique estos recuerdos para que pueda llegar la inspiración. Es así de simple.

El último paso es decir *te amo* a tus amigos y familiares. No olvides a tus enemigos, si los tienes.

Prueba esta simple meditación cada vez que tengas dudas: mírate al espejo y repite: *"Te amo"* hasta que vuelvas a enamorarte de ti mismo.

Amor incondicional, como el amor de un perro por su amo. Esto fue una epifanía para Marco.

Hace ocho siglos, el poeta y místico Rumi escribió: *"Tu tarea no es buscar el amor, sino simplemente encontrar todas las barreras dentro de ti que has construido en su contra, y abrazarlas"*.

Hace catorce años, el maestro de artes marciales de Marco, originario de Hawái, lo introdujo al Ho'oponopono. Juntos practicaban Qigong con un toque de Ho'oponopono.

A menudo, en la vida, los mensajes que se nos presentan no se registran hasta años o décadas después, y entonces todo cobra perfecto sentido.

Este fue uno de esos momentos mágicos que redefinieron toda una existencia.

¿Será Marco capaz de enmendar su programación y aprender a amar incondicionalmente?

Esta es la premisa del libro. Todos estamos en busca de redención, ¿no es así?

Lo siento, por favor perdóname, gracias, te amo.

¿Tiene esto el poder de desbloquearlo todo?

¿La libertad y la paz aguardan más allá de las puertas?

Marco descubrió que obsesionarse con los errores del pasado es inútil, ya que estos alimentan el crecimiento personal y previenen una vida monótona.

Desafortunadamente, un gran porcentaje de los seres humanos en este planeta no tiene más opción que contrarrestar el estrés infligido por las expectativas que se les imponen usando estimulantes.

Nuestra cultura ha glamorizado el alcohol, que es el estimulante obvio que viene a la mente. Los medicamentos farmacéuticos y las drogas ilegales encabezan esa lista.

Marco puso en repetición una canción increíble llamada *"Love"* de un cantante barcelonés llamado Manu Om durante toda la noche.

Esa se convertiría tanto en su credo como en su nueva musa.

"Limpia, limpia, limpia", decía a menudo el Dr. Len, eso es todo lo que tienes que hacer.

Joe Vitale escribió todo su libro usando estas frases mágicas: *Lo siento, por favor perdóname, gracias, te amo.*

Marco no se avergonzaba de emularlo y escribir este libro con el mismo espíritu, a menudo escuchando *"Love"* de Manu Om en Spotify. Incluso manifestó el deseo de ser invitado algún día a su pódcast.

Otra razón para ti, lector, de seguir leyendo y compartir este libro con tus seres queridos y socios comerciales.

Dicen que el éxito de un libro es 30 % escritura y 70 % mercadeo. Quizás Marco tenía más talento para el mercadeo que para la escritura.

Si pudieras embotellar el "Amor Incondicional" y venderlo en línea por el precio de una botella barata de vino, ¿sería difícil de vender?

Ustedes serán los jueces.

Marco siempre anheló un propósito en la vida. Desde que se jubiló, ha estado viajando a tiempo completo.

Era una bendición, pero siempre incompleta. Se sentía un poco egoísta viajar por esos países pobres y entregarse a actividades como el buceo, el parapente y el paracaidismo. Sin mencionar comer en restaurantes agradables y volar por el mundo.

Siendo justos, su huella de carbono no era la mejor.

Se veía a sí mismo como alguien capaz de servir a las personas, pero se sentía algo alienado de la humanidad.

¿Restauraría el amor incondicional el equilibrio en este enigma?

Después de todo, Marco era un individuo complejo. Debbie Ford, en su excepcional libro *"The Dark Side of the Light Chasers"* (*El lado oscuro de los buscadores de luz*), tenía una perspectiva interesante sobre las polaridades inherentes en nuestro ser.

En lugar de repeler nuestro lado oscuro, nuestras fallas y defectos, deberíamos abrazarlos porque no puede haber luz sin oscuridad, belleza sin fealdad, ni bien sin mal.

Al abrazar nuestras tendencias más perversas, permitimos que las cualidades opuestas crezcan y florezcan.

Así que, en lugar de luchar contra ellas, todo lo que tenemos que hacer es reconocerlas, aceptarlas y transformarlas en algo positivo e inspirador.

Esto difiere del concepto de paraíso e infierno de nuestra ideología judeocristiana. Ya no es una cuestión simple de bien o mal, y nos da la libertad de amarnos y aceptarnos a nosotros mismos.

A muchos de nosotros nos dijeron desde la infancia que no éramos buenos o que éramos inadecuados en muchos aspectos de nuestras personalidades, y, por supuesto, terminamos creyéndolo.

Si no hacemos el esfuerzo de cambiar estas realidades, nunca alcanzaremos nuestro potencial.

Al aceptar el hecho de que somos perversos, podemos trascender esa perversidad y convertirla en algo virtuoso, algo divino.

CINCO

"Cierra los ojos. Enamórate. Quédate allí."

— RUMI.

Mientras trabajaba puerta a puerta para una empresa de seguridad en Denver, Colorado, Marco se unió a un estudio de yoga y asistió a clases matutinas varias veces a la semana. Había practicado yoga regularmente después de separarse de su esposa.

Uno de sus maestros solía decir que podías practicar yoga mientras paseabas a tu perro o realizabas muchas otras actividades. No necesariamente necesitabas una esterilla de yoga o pantalones de compresión para estar "iluminado".

Solo se requiere enfocarte en el momento y ser consciente de la respiración.

Esta conciencia de la respiración es lo que hace al yoga tan poderoso.

Combinado con ejercicios energizantes, flexibles y que exigen resistencia, tiene un efecto calmante en la mente.

Otras actividades aeróbicas, como correr o deportes que implican correr, pueden tener efectos similares. Sin embargo, ciertas escuelas de yoga, cuando se combinan con espiritualidad, tienen el beneficio adicional de mejorar la conciencia.

La vida de Marco cambió cuando probó el yoga Kundalini una mañana en su nuevo estudio en Denver.

La clase era diferente a sus experiencias anteriores.

Cuando el maestro puso música de mantras desde un iPad y los estudiantes se unieron a cantar, tuvo un momento de revelación.

"Cantar mantras es la manera más rápida de conversar con Dios", solía decir su maestro. Guru Nanak, el fundador del sijismo, escribió los mantras en Gurmukhi, de donde se originó el idioma en Punjab, India.

Artistas internacionales grabaron estos mantras en estilos únicos que Marco encontró atractivos durante sus años estudiando yoga Kundalini.

Un par de semanas después, en ese estudio de Denver, una maestra diferente estaba enseñando una clase sobre mantras y meditación. Ella animó a los estudiantes a cantar juntos.

Después de décadas, Marco finalmente cantó en público.

Se había resignado a permanecer en silencio, incluso en la ducha, desde su infancia. Su hermano mayor, Fabrice, consideraba que su voz era terrible y lo llamaba un cantante inútil.

Intentar emular a su ídolo, Neil Young, con su voz aguda, no ayudaba.

Pero ese día, la maestra le elogió su agradable voz después de la clase.

Marco se quedó allí, boquiabierto, incapaz de pronunciar una sola palabra.

Esa maestra tenía una voz encantadora. ¿Tal vez lo había confundido con otro estudiante?

Pero resultó que ella decía la verdad.

Ese fue el comienzo de una nueva creencia para Marco, que delineaba el hecho de que nunca es demasiado tarde para cambiar las propias creencias. Marco estaba a un año de cumplir sesenta.

De hecho, cantar se convirtió en una de sus nuevas pasiones y una tremenda fuente de inspiración divina.

Si te encuentras con algo que resuena contigo, sigue buscando más ecos. De la misma manera que los mineros perforan el carbón para encontrar diamantes.

Marco siempre tuvo un optimismo inquebrantable que trascendía las situaciones más duras.

No podía permanecer deprimido por mucho tiempo, a pesar de experimentar una montaña rusa de emociones a lo largo de su vida.

Cuando no puedes controlar tus emociones, la vida puede ser un viaje turbulento, y las personas que te rodean sufren.

La calma trae consigo una vida en desarrollo y una paz mental contagiosa para quienes están cerca.

Sin embargo, para volverte sabio, debes pasar por varias etapas de insensatez, ¿no es así?

Parecía funcionar de esa manera, racionalizaba Marco para sentirse menos culpable.

Asume la responsabilidad, siente empatía, y la vida se convierte en una danza bajo cielos estrellados.

La lucha emocional te pone a merced de otros, sin dejar otra opción que el modo reactivo.

SEIS

"Tienes dos maneras de vivir tu vida. La primera es creer que nada es un milagro, y la otra es creer que todo es un milagro."

— ALBERT EINSTEIN.

Marco sentía admiración por la naturaleza desde una edad temprana.

Debió haber sabido que existía una inteligencia suprema, a pesar de su educación católica, que era la tradición, ya que sus padres no tenían fe en nada y tenían un nivel de conciencia bastante bajo.

Todo ese dogma judeocristiano lo convirtió en ateo, como la mayoría de sus parientes.

A los doce años, celebró el rito de la primera comunión y rasgó su túnica blanca deslizándose por una rampa frente a la iglesia como un chimpancé. La paliza de su padre marcó el fin de su relación con Jesús y el Espíritu Santo.

Le tomó décadas convertirse en agnóstico. Sentía un poder divino guiando el juego de la vida, pero seguía sin entenderlo.

Sócrates escribió: *"Todo lo que sé es que no sé nada"*.

Al menos Marco entendía que, más allá de su ego, que desfilaba como un gallo en un gallinero, era insensible a todos los que lo rodeaban.

Esa percepción lo hacía arrogante.

Era sectario en su mente. Su perspectiva era la única a considerar.

Esta no era la mejor manera de ganar tolerancia hacia los demás.

La pregunta persiste: ¿Cómo haces las paces con los errores de tu juventud?

Marco, que nunca fue un niño de coro, a menudo se comportaba como un loco para liberar tensiones.

Tenía una gran relación con su hermano Bernard. No era muy cerebral, y todo acababa siempre en pelea.

Después de recibir suficientes palizas de su padre, no tenía ningún deseo de pelear con otros niños.

Así que recurrió a pasatiempos más dañinos, como romper ventanas con piedras o realizar actos similares de vandalismo. Participó en diversas travesuras, como robar fruta de las propiedades de los vecinos, entrar sin permiso en casas de vacaciones y conducir imprudentemente su ciclomotor después de pasar la tarde en bares con amigos, por nombrar solo algunas.

Marco se dio cuenta, durante la tercera semana del "Camino de

Santiago", de que la edad biológica de cuarenta y siete años que había concebido ya no se aplicaba a él.

Después de los primeros días desde el inicio de la caminata, un derrame sinovial en su rodilla derecha y un nervio ciático que se activó le recordaron su juventud malgastada.

Aunque había hecho senderismo en muchos países en el pasado, este Camino en particular ofrecía un conjunto único de desafíos.

Imagina caminar entre veinte y veinticinco kilómetros al día durante meses, con un día de descanso cada semana. Pronto se convierte más en un desafío mental que físico, y te das cuenta de que esto es lo que hace especial esta caminata en particular.

Lo llaman una peregrinación y, como tal, te da la oportunidad de explorar partes desconocidas de tu psique, de ahí el desafío y su justa recompensa.

Marco seguía siendo un hombre joven según los estándares de la *Organización Mundial de la Salud*. Según ellos, no te conviertes en anciano hasta que llegas a tu cumpleaños número sesenta y seis.

Calculó que, con buena salud, podría seguir explorando el mundo hasta los ochenta, y un interesante descubrimiento surgió durante estas caminatas solitarias:

Ralentizar el tiempo teniendo experiencias significativas. Abrazar el pasado con orgullo y alegría en lugar de lamentarse por el paso del tiempo y el envejecimiento.

Esto cambia tu perspectiva y te permite seguir adelante sin arrepentimientos.

Marco creía que perder la capacidad de soñar y presenciar el aumento de la amargura y la incapacidad con el paso de los años sería la realidad más dura.

También sentía que la falta de creencia en la vida después de la muerte hacía que todo el proceso de envejecer fuera una propuesta poco emocionante. No es de extrañar que un gran número de personas requiera medicación.

Debes mantener las cosas en equilibrio. Todo el argumento de consumir la vida en exceso —ya sea con comida, alcohol o drogas— es una propuesta bastante superficial, según él.

"Tu cuerpo es tu templo", como dicen. Si no lo cuidas, es poco probable que logres todo lo que Marco había conseguido.

Esto incluye obtener una licencia de parapente, aprender a bucear y hacer paracaidismo, llegar a los campamentos base del Everest y del Annapurna, y recorrer más de 600 kilómetros en el Himalaya. Sin contar el haber recorrido India en una Royal Enfield durante todo un año.

Como decía su hermana: *"Eso pasa factura al cuerpo"*.

Si echas un vistazo a la lista de deseos de Marco, concluirías que debe estar loco o, en el peor de los casos, delirante.

Nunca le faltó imaginación.

Se dio cuenta de que los sueños, los planes de viaje y muchas actividades mantendrían el fuego encendido durante la noche.

La vida puede cambiar en un instante. Estás cerca de desvanecerte en la nada.

Así que aprecia cada respiración mientras manifiestas un número infinito de ellas por venir. Sigue mirando hacia adelante, no te detengas en el pasado.

Pasamos toda nuestra vida persiguiendo el arcoíris en el horizonte cuando no hay otra alternativa que el momento presente para saborear.

Es la ironía de la sociedad.

Además, no hay nada en el exterior. Todo está ocurriendo dentro de nosotros.

Creamos nuestra propia realidad. Escribamos un buen guion, ya que seremos los actores principales en la obra.

Caminando el Camino, Marco pronto se dio cuenta de que la fuerza de voluntad de los hombres era infinita.

¿Qué hay de la mujer austríaca que partió de su país con un pastor belga hace cinco meses? Fue una hazaña significativa, especialmente porque tuvo que dormir en una tienda de campaña debido a la política de no permitir perros en los albergues. Además, estaba caminando treinta kilómetros al día.

Marco enfrentó una prueba de resistencia mientras continuaba caminando, lidiando con sus propios dolores y molestias. No lo habría hecho de otra manera, de ahí la cantidad proporcional de satisfacción.

En el Camino, la lluvia iba y venía durante cinco días seguidos.

Siempre vístete en capas para evitar empaparte.

Marco había vivido sus primeros veinte años en la Riviera Francesa. No era un gran fanático de la humedad, el viento y el frío.

El sol había sido un espectáculo poco común, pero estaba destinado a cambiar, como siempre lo hace.

El estado de ánimo reciente de Marco era positivo, y prosperaba con los desafíos.

Vive la vida plenamente para abrazar el recordatorio de la mortalidad.

No te haces más joven actuando como si tuvieras la mitad de tu edad, pero las hormonas de la alegría como la adrenalina y la serotonina te dan una perspectiva renovada sobre la existencia y el paso del tiempo.

Muy pronto, se convierte en una danza alrededor de una hoguera.

Marco planeaba darle un giro a la experiencia caminando el "Camino Portugués" en reversa por la costa hasta Oporto. Esa era su forma de diferenciarse de los demás.

Además, ya había encontrado a algunos peregrinos más dignos que él, desde su perspectiva.

Hoy, Marco conoció a un alemán con un perro y un burro. Este último tenía una pata lastimada debido a una herradura desgastada.

¿Pertenecen los burros al "Camino de Santiago"?

Aparentemente, había otro francés en algún lugar caminando el Camino en reversa con cinco burros.

Si hubiera un límite que establecer, ¿dónde lo pondrías?

Es preferible observar y no evaluar a las personas.

La sociedad hace que sea un desafío confiar en aquellos que son diferentes.

Marco creía que, en este Camino, deberíamos celebrar nuestra propia individualidad, al menos dentro de ciertos límites morales.

Es bastante liberador cuando observas el mundo que te rodea y te abstienes de participar en su locura.

¿Ignorar lo que no te sirve y enfocarte en lo que te empodera te hace más cuerdo?

CAPÍTULO
SIETE

"Una palabra nos libera de todo el peso y el dolor de la vida: esa palabra es amor."

— SOPHOCLES.

Después de su retiro de seis semanas en la jungla peruana, Marco encontró paz interior. Las caminatas diarias con una mochila de once kilos no dejaban espacio para la discordia.

Todo parecía encajar: el hermoso paisaje, la cocina local y la arquitectura variada de las diferentes provincias a lo largo del camino.

Otro belga que Marco encontró estaba en su decimotercer Camino y dormía al aire libre por razones económicas. Era un individuo con vastos conocimientos sobre muchos temas, incluidos la microdosificación de LSD, los extraterrestres y las fuerzas electromagnéticas de la Tierra.

No hubo momentos aburridos en este Camino.

Marco se topó con un joven italiano llamado Manolo, que caminaba con una rubia danesa de sonrisa extrovertida.

Al día siguiente, se cruzó con él de nuevo, esta vez caminando solo. Marco tenía gran aprecio por el idioma italiano, y había trabajado una temporada de verano cerca de Palermo, en Sicilia.

Hablar palabras italianas con una gramática decente era bastante fácil para él, pero comprenderlo era un desafío único, debido a la velocidad con la que los italianos hablaban.

Resultó que Manolo lamentaba la muerte de su padre. Marco asumió que había fallecido recientemente.

De hecho, murió de un tumor cerebral a los treinta y nueve años, cuando Manolo tenía solo cinco años, hacía casi dieciocho años.

Poseer un vacío no llenado en su corazón resultó en desperdiciar su vida de manera improductiva, como mostró Manolo al sumirse en una borrachera continua de tres años.

Marco entendía las luchas de un joven de veintitrés años buscando un sentido en la vida.

Manolo lloraba como un niño a pesar de unas primeras dos semanas emocionantes. La ausencia de la danesa probablemente era la causa de su pena.

Marco compartió la historia sobre el niño de cinco años dormido dentro de nosotros, siempre listo para despertar. Quizás ustedes también conozcan a ese niño de cinco años.

El monje vietnamita Thich Nhat Hanh hablaba sobre abrazar y valorar al niño de cinco años que llevamos dentro. A los cinco años, experimentas sufrimiento y dificultades. La falta de empatía o la irritabilidad de tus padres es como un balde de agua helada vertido sobre tu corazón.

Cuando identificas a ese pequeño niño dentro de ti, sabes que necesita tu cuidado. Tal vez lo hayas ignorado intencionalmente, causándole sufrimiento. Es hora de valorarlo, de hablarle con simpatía y compasión. ¿Ves a ese niño respondiéndote y sintiéndose mejor? Y si él se siente mejor, tú también te sentirás mejor.

A continuación, podrías imaginar a tu padre como un niño de cinco años y repetir el mismo ejercicio.

La voz del niño pequeño y la voz del ego a menudo se entremezclan. Cuando lo piensas, tiene sentido, ya que el ego está proyectando tu identidad, y el neurótico niño de cinco años encaja como un guante.

Te preguntarás... ¿Cómo silenciar el sonido de semejante perturbador de la paz?

No es fácil, de lo contrario, podríamos habitar una sociedad mejor y un mundo más pacífico.

Pasa mucho tiempo practicando meditación y yoga, o artes marciales, caligrafía o tiro con arco, para limpiar el subconsciente de ese equipaje neurótico que llevas contigo.

En caso de fracaso, vivir en una cueva del Himalaya durante veinticinco años probablemente funcionaría.

Marianne Williamson, en *"A Return to Love"* (un libro imprescindible), escribió:

"El viaje espiritual es el abandono —o el desaprendizaje— del miedo y la aceptación del amor".

Todo tu descontento surge del miedo. Es una poderosa invitación a rendirte ante un poder superior al rechazar tu ego y abrazar el amor.

Todos ustedes están conectados a través de una energía insondable a la que podrían llamar Dios.

Al encontrar el perdón primero, podrían liberarse del pasado.

OCHO

"Cada uno de nosotros tiene que encontrar su propio camino. Nadie puede darte una mitología. Las imágenes que significan algo para ti las encontrarás en tus sueños, en tus visiones, en tus acciones; descubrirás cuáles son después de haberlas atravesado. Nadie en el mundo fue tú antes, con tus dones, habilidades y posibilidades particulares. Es una lástima desperdiciarlos haciendo lo que alguien más ha hecho."

— JOSEPH CAMPBELL (*MITO Y SIGNIFICADO: CONVERSACIONES*).

Marco viajó por India durante dos años, incluyendo un año completo montando una Royal Enfield Himalayan, una motocicleta que carece de potencia y suena como un tractor, pero es tan resistente como unas viejas botas.

Después de pasar tanto tiempo de pie en el Camino, el mero sonido de una motocicleta pasando lo revitalizaba.

Es una sensación de empoderamiento que roza la vulnerabilidad cuando conduces como uno con el tráfico, el asfalto y el clima.

Marco compró una motocicleta de 125 cc en México para practicar con cambios, ya que sólo había conducido un ciclomotor en su adolescencia. Inspirado por las historias de la amiga de su hermana, Anna, esperaba comprar una Royal Enfield en India.

Ella había pasado años recorriendo India y había publicado todas sus aventuras en Facebook.

Si valoras tu vida, deberías evitar aprender a conducir una moto en India, con sus conductores imprudentes.

Sin embargo, este era el ejercicio definitivo de atención plena.

Un hombre y su máquina, vestidos con equipo de supervivencia, enfrentándose a los elementos.

¡Qué hermoso destino vivir y sobrevivir a la prueba! Marco se volvió adicto a su viaje inicial por Punjab.

Su objetivo final era seguir recorriendo el mundo en moto.

Había viajado extensamente por América del Norte, Australia y Canadá. No había necesidad de repetirlo.

Asia, Europa, América Central y del Sur, y la poderosa África lo llamaban.

Su entrenamiento en yoga Kundalini le había enseñado que había tres mentes: la positiva, la negativa y la neutral.

Para vivir una vida pacífica, uno debe mantener un estado mental calmado y estable, libre de emociones fluctuantes influenciadas por las circunstancias. Este estado de coherencia y ecuanimidad podría ser el reino preferido del Dalai Lama.

La parte del Camino que no decepcionó fue el sufrimiento requerido. Marco disfrutaba salir de su zona de confort. Para él, era un juego justo.

Había estado "dormido al volante" durante un período prolongado. Era *"momento de soltar y dejar que Dios actúe"*, como decía el gurú de su maestro de yoga.

Permite que el Ser Supremo —o el nombre que resuene contigo— te bendiga con luz y gloria.

Luego, sé un observador y observa cómo se despliega. Es una experiencia maravillosa; debes intentarlo.

Marco se sentía emocionado por caminar en este "Camino de la Vida".

En cuanto al Camino, había demasiadas personas, excesivas carreteras pavimentadas y una falta de empatía por parte de los locales. ¿Podría haber sido un fenómeno de 2022 tras el COVID-19?

A las personas no les interesaban en absoluto los peregrinos. Tal vez solo eran indiferentes ante el gran número de ellos.

Mostraban una cautela que a menudo rozaba el desdén.

Algunos viajeros, desafortunados por dormir al aire libre o mostrar marcas de picaduras de chinches, servían como recordatorios de su inseguro mundo.

Te diré el secreto para lograr todas tus metas: ponlas en papel y no dejes que las distracciones interfieran con tus sueños.

Podría tomar medio siglo o más. ¿Qué diferencia hace? El tiempo es irrelevante en el gran esquema de las cosas.

Marco recordó que había estado viajando por Sudamérica con una mochila en 1978, y al llegar a Ecuador, su país favorito en todo el continente, no pudo permitirse visitar las Galápagos.

Viajó allí con su hijo en 2016, cuando navegaron en un catamarán de lujo durante nueve días. Tuvo que esperar treinta y ocho años para ese privilegio.

CAPÍTULO

NUEVE

"No es cierto que la gente deje de perseguir sueños porque enve-jece; envejece porque deja de perseguir sueños."

— GABRIEL GARCIA MARQUEZ.

Independientemente de la situación, Marco tenía una personalidad propensa a la fantasía. Imaginar siempre había sido su forma de escapar de su escudo.

Sentía que las personas deprimidas sufrían de un desequilibrio químico y otros factores que la motivación por sí sola no era capaz de contrarrestar.

Se le ocurrió, mientras comía un plato de cabrito (chivo bebé) en un restaurante en Oviedo, que a pesar de ser pescetariano o pesco-vegetariano, debía ser flexible en sus convicciones.

Así que se tomó otra sangría.

La inflexibilidad de la mente era el peor mal de este mundo, pensaba Marco. Especialmente cuando provenía de la ignorancia.

Woody Allen describe Oviedo como *"una ciudad deliciosa, exótica, hermosa, limpia, agradable, tranquila y peatonal"*, y ciertamente no decepcionaba.

Marco estaba disfrutando de un día de descanso después de nueve días seguidos de caminar.

Nunca se había sentido tan agotado. La sensación en sus piernas era similar a picos de metal perforando sus huesos mientras dormía. Como peregrino, ¿por qué no esforzarse por imitar el destino de Jesús en la cruz? Eso ponía las cosas en perspectiva.

Su abuela Violette solía caminar cuesta arriba hacia una pequeña iglesia en una colina de Provenza, con garbanzos en los zapatos, para hacer penitencia.

Marco había caminado en un yatra en Tamil Nadu mientras hacía voluntariado en el ashram Isha de Sadhguru en Coimbatore, Tamil Nadu. Caminaron durante toda la noche por un sendero rocoso hacia una montaña sagrada, que se suponía debía hacerse descalzo. Marco, junto con muchos otros peregrinos, lo hizo con zapatos.

Si has intentado caminar largas distancias descalzo, entenderás por qué.

Después de un día agradable de caminar, Marco se sentó con un vermut con hielo y un toque de limón. Habían pasado muchos años desde la última vez que probó vermut. Era una bebida popular en Francia durante su adolescencia.

Muy a menudo, las papilas gustativas tienen su propia memoria. Era agradable relajarse con el cuerpo cansado y una perspectiva clara sobre la vida.

Marco tenía pocas preocupaciones en su mundo. Podía ir a donde quisiera y quedarse el tiempo que deseara, siempre que lo hiciera dentro de los parámetros de un presupuesto razonable.

La libertad suprema era la capacidad de elegir tus actividades y tu destino sin limitaciones ni restricciones. Les decía a las personas que se asombraban de su estilo de vida que él había pagado el precio.

Viajaba por el mundo dependiendo de encuentros fortuitos y estaciones cambiantes.

Su lista de deseos era un interminable pergamino de destinos exóticos a lo largo de los siete continentes y una sucesión de hazañas físicas. ¡Un espectáculo digno de admirar! Pensaba que era como alcanzar la línea del horizonte para ver si se alargaba aún más.

Si morir era inevitable, todas estas actividades emocionantes lo mantendrían animado y lleno de vigor.

Cuando Marco era un adolescente, estaba convencido de que no pasaría de los cuarenta. Ahí estaba, en su sexagésimo quinto año, rebosante de vida, lleno de entusiasmo, y, más importante aún, colmado de gratitud.

"La gratitud es el yoga más elevado", decía Yogi Bhajan, el hombre que llevó el yoga Kundalini a América en los años sesenta.

Cuando Marco comenzó a practicar yoga, su vida sufrió una transformación drástica, ya que la amargura, el resentimiento y la codicia se convirtieron en gratitud a través de la alquimia de la respiración.

No podía evitar haber nacido en una familia donde la negatividad era *le plat du jour* (el plato del día).

Marco admiraba a los jóvenes con almas viejas.

A pesar de haber vivido por más de cinco décadas con una conciencia de hormiga (bueno, parecen ser conscientes a nivel bioquímico), parecía atraer a su esfera a personas más jóvenes con energía, luz y alma en abundancia.

Una de las verdaderas bendiciones de nuestra existencia es envejecer sin estar agotado y resentido por todas las desgracias y las relaciones dañadas en nuestras vidas.

Amigos, aquí yace el secreto:

Persigue el faro de luz brillante, el Santo Grial, para hacer las paces y preservar la delgada y radiante llama.

Sin embargo, estas cosas no aterrizan en tu regazo una gloriosa mañana.

Sigue trabajando en ello.

Cuando crees que has limpiado tu desván (tu subconsciente), los viejos esqueletos tienen la costumbre de reaparecer en momentos de debilidad cuando las emociones toman el control de tu psique.

Qué cambio tan radical es aprender a manejar tus sentimientos y ser menos reactivo a los eventos externos.

Marco se preguntaba cuán diferente habría sido su vida si hubiese sabido todo esto antes.

Los jóvenes no pueden recoger los frutos de la vejez, de lo contrario, sería como tomar un examen con una hoja de respuestas.

Marco, un hombre imperfecto, sentía que era un trabajo en progreso guiado por sus errores.

Desde el punto de vista hipotético de Einstein, que nada es un milagro, tu presencia en la Tierra estaría un poco desalineada con las maravillas de la vida.

Marco observó que aquellos que sostenían tales creencias fundamentalmente carecían de conciencia.

A pesar de su ateísmo en la adultez temprana, siempre había sentido una fuerza tangible que gobernaba la existencia.

Sin embargo, porque su mente cartesiana no podía comprender algo tan extraño, era más conveniente no aceptarlo.

Buda dijo:

"No creas en nada simplemente porque lo hayas escuchado. No creas en nada simplemente porque se diga y se rumoree entre muchos. No creas en nada simplemente porque esté escrito en tus libros religiosos. No creas en nada únicamente por la autoridad de tus maestros y ancianos. No creas en tradiciones porque hayan sido transmitidas durante muchas generaciones. Pero después de la observación y el análisis, cuando encuentres que algo está de acuerdo con la razón y es conducente al bien y beneficio de todos, entonces acéptalo y vívelo".

Marco, con su experiencia de vivir en los EE. UU. durante un tiempo, sabía que, a pesar de la abundancia de información en Internet, las personas carecían de la inclinación para buscar la verdad.

Cuanto más caminaba por estos interminables senderos del "Camino de Santiago", más viñetas de su vida aparecían, como luciérnagas en una noche ecuatoriana.

Había tenido la suerte de haber vivido un número asombroso de viajes y experiencias.

Aprender de sus errores tiera crucial. Era su tema recurrente, su forma de percibir y existir.

¿Cuál es el propósito de la vida si carece de las cosas que la hacen digna de recordar y vivir?

Un día, en tu lecho de muerte, harás un recuento.

La noche se alargará, atormentada por arrepentimientos, resentimientos y los fantasmas de tu pasado, si no vives tus sueños.

¿Alguna vez has conocido a personas que siempre se sienten mal por su situación y culpan a los demás por su desgracia?

Al final, el amor que tomas es igual al amor que das.

Y luego, en un instante, un loco termina tu cuento de hadas.

Marca estas palabras: La alegría y el dolor son proporcionales en la vida.

Ciertas personas son ajenas a la ley de reciprocidad, especialmente en sus vidas personales.

"El karma es una zorra", como dicen en los Estados Unidos. En algún momento, tendrás que hacer las paces.

Últimamente, en este Camino, solo había una regla del día:

Sigue caminando y limpia, limpia, limpia.

Reprodujo la canción *"Love"* de Manu Om durante una gran parte del día.

Eso lo mantuvo ocupado, recordando eventos y relaciones específicas de su pasado, y limpiando esos recuerdos sin juicio ni resentimiento de ningún tipo.

Solo limpia esos programas, como si fueran malware en una computadora.

Nuestro subconsciente influye en nuestras acciones. Reconocerlo y limpiarlo es necesario para abordarlo.

Es algo nada menos que milagroso.

Esta joya es tuya, una perla tan rara que deberías compartirla con tus amigos. ¿No dicen que compartir algo es como tenerlo dos veces?

Similar a la gallina de los huevos de oro en la fábula de Jean de La Fontaine: cuida bien de esa gallina y seguirá poniendo huevos de oro. Si le abres las entrañas, descubrirás que era solo una gallina común, después de todo.

Convierte la mierda en oro.

La maestría de un alquimista extraordinario, un Picasso, un Michelangelo, un Joe Vitale.

Marco valoraba su independencia. Después de haber estado casado durante veintiocho años, ya no necesitaba instrucciones sobre qué hacer o cómo pensar.

La soledad siempre estaba presente, sin embargo, era como llevar una mochila pesada. Con el tiempo, te acostumbras a ella, y tu espalda te da un respiro.

¿Cambiarías tu libertad por una vida encadenada?

Marco, con toda su sabiduría recién adquirida, disfrutaba ayudar a las personas y aconsejarlas. Cuando surgían problemas para otros, le recordaban su propio pasado.
Actuaba como un gurú, compartiendo ideas con los viajeros del Camino. Se había convertido en un buen oyente.

Al superar tu ego y la constante necesidad de validación, puedes escuchar las historias de otras personas con el objetivo principal de empatizar y obtener ideas de sus experiencias.

Es liberador aceptar la postura de un espectador en las vidas de los demás y ofrecer consejos basados en encuentros personales.

La lluvia seguía cayendo, y aunque es una alegoría de la vida, le molestaba un poco.

Sin embargo, ya nada molestaba mucho a Marco en esta nueva encarnación.

El hombre inmaduro que reaccionaba con sus emociones *à fleur de peau* (a flor de piel) había desaparecido hacía tiempo.

Debió haber sido una molestia para quienes lo rodeaban.

La visión que da el tiempo era realmente encantadora.

Marco siempre percibió un profundo sentimiento de soledad en este mundo, sin nadie a quien recurrir en busca de apoyo. A menudo experimentaba soledad, como un juguete olvidado en el ático o una voz en el desierto.

Pero con su imaginación ilimitada, logró escapar de las garras de la depresión, a diferencia de muchos otros en su familia.

Para combatir la depresión, considera incorporar ejercicios *prana-yama* (respiración) en tu rutina.

Al inhalar vibraciones positivas y exhalar vibraciones negativas, podrías promover la sanación.

No hay una explicación científica para la depresión porque no existe. Otra razón para subirte a tu esterilla de yoga.

¿Cómo combates la profunda soledad que te lleva a buscar reconocimiento o algo a lo que aferrarte? A costa de quedar atrapado en un abismo sin fin.

Cuando has aprendido a amarte a ti mismo, estar solo ya no es un problema, ya que no dependes de la opinión de los demás para definirte.

CAPÍTULO
DIEZ

"Baila como una serpiente
En el suelo del desierto
Y esa chica que haces temblar
Vendrá a rogar por más.

Baila como copos de nieve
En la alta pradera
Tus penas y dolores
Congelados en gloria.

Baila como si tus pies
Estuvieran atrapados en el barro
Aférrate a su espíritu
Como el rocío a un capullo.

Baila como el sol
Estallando entre las nubes
Grita claro y fuerte
La noche será divertida."

— MARCO, 2014.

Marco podía llenar el vacío a través del acto sexual. Eso no es diferente de ser adicto al alcohol, la nicotina, el juego, el azúcar, la comida chatarra o la cocaína. Pero mucho más insidioso en términos del intercambio de energía.

Descubrió que el sexo le daba poder a su sentido de autoestima.

Sin embargo, fuerzas oscuras tomaron el control de su mente, y perdió la cordura en el proceso.

El deseo de Marco por el sexo precedía a su deseo de una relación. Entonces, adivina cuál alimentará más.

A Marco le gustaba la compañía de mujeres que vendían sus cuerpos por dinero durante sus viajes por Asia, así como en los Estados Unidos y México.

Llámales prostitutas o como prefieras. Muchas mujeres con bebés en casa dependen de ese trabajo para mantener a sus familias.

Podrían cargar ladrillos todo el día en una obra de construcción con sus bebés sentados en la acera, como esas mujeres en India, por unos pocos cientos de rupias. En cambio, eligen usar sus cuerpos de manera más maliciosa. ¿Quién puede juzgar? Los hombres no tienen la perspectiva adecuada para emitir juicios.

Al buscar placer, los deseos principales de un hombre son la compañía y la intimidad.

Las necesidades de intimidad superan a las de perversión en los hombres.

El amor propio es el comienzo de la libertad, evitando la compañía de los hombres. Tal libertad tiene el precio de aislarse de los demás, y la soledad se cuela de una manera abrumadora.

Marco se conectaba con los demás y llenaba el vacío, utilizando su libido e imaginación.

Alguien dijo una vez públicamente: *"No le pagas a una prostituta por sexo, le pagas para que se vaya después"*.

Después de años de intimidad insatisfactoria, anhelaba recuperar el tiempo perdido. El ego y el sexo formaban un cóctel embriagador. Mirando hacia atrás, el sexo era el lienzo perfecto para exhibir su falta de respeto hacia las mujeres y su anhelo de aprobación.

Cuando era adolescente, permitió que pensamientos tontos entraran en su mente sobre tener un pene pequeño o ser un amante inadecuado. Así que fue vigorizante demostrarse a sí mismo que no era el caso en absoluto.

Encontraba gratificante conquistar mujeres y llevarlas a casa, como un león que lleva a su presa capturada a su guarida.

Sé que esta es una terrible analogía que no lo hará ganar el favor de sus lectoras, pero que así sea en aras de la transparencia.

Cuando no salía con alguien, contrataba los servicios de prostitutas para calmar su libido, a veces dos a la vez.

Le gustaban jóvenes. ¿Te preguntas por qué a los hombres mayores les gustan las mujeres jóvenes?

Un hombre puede sentirse atraído por la suavidad y las curvas impecables de una mujer joven. Su objetivo es alcanzar la inmortalidad y preservar su juventud. Así que proyecta sus fantasías en el joven objeto de su deseo.

La compulsión por el sexo promiscuo derrota a los hombres en una crisis de la mediana edad. Un hombre de corazón cerrado es un objetivo aún mayor.

Comenzó a sentirse atraído por los transexuales o *shemales*, como se les llama. Por problemático que pueda sonar, tenía su propia lógica, después de todo.

Poco después de su separación de Hazel, Marco fue a visitar un salón de masajes tántricos en el casco antiguo de Albuquerque. Meses después, se encontró con un artículo en el periódico que revelaba que la policía había arrestado a la dueña y sus acólitas tras desmantelar el negocio.

La Madame pelirroja, con su toque mágico, afirmaba que, a medida que un hombre madura, se siente impulsado a explorar las dualidades entre lo masculino y lo femenino, yendo más allá de las normas sociales.

No lo dijo exactamente de esa manera, pero entiendes la idea.

Marco conocía a muchas mujeres que experimentaban y alababan los encuentros con personas del mismo sexo. Si él fuera mujer, probablemente haría lo mismo.

Sin embargo, no experimentaba ninguna atracción hacia los hombres. Una dulce y femenina *ladyboy* de Tailandia puso esos tabúes sociales a descansar y algo más.

El estado mental de Marco empeoró debido a las muchas relaciones sexuales con el tiempo.

Cada pareja absorbe energía de la otra durante el acto sexual.

El maestro de yoga de Marco destacó una distinción clave entre hombres y mujeres. Los hombres tienen sus órganos sexuales en el exterior, mientras que las mujeres los tienen en el interior.

Los hombres, como los gallos, deben mostrar su libido al gallinero.

En las relaciones heterosexuales, la mujer recibe y absorbe la mayor parte de la energía de un compañero masculino. Ella se vuelve la más vulnerable en términos de intercambio de energía.

Marco estudió Sanación Pránica en Dharamshala, Himachal Pradesh. Es similar al Reiki, pero sin símbolos. Sus maestros le aconsejaron no estrechar la mano de extraños, tal era el potencial poder de la transmisión de energía.

Nos referimos a individuos que poseen poderes oscuros e intenciones malignas, similares a aquellos en la magia negra.

Imagina ser penetrado por un hombre promiscuo. Recibirías la energía de todas sus parejas pasadas, tanto en esta vida como en las anteriores.

Esta es una proposición difícil, ya que todas esas energías se acumulan alrededor del chakra sacro o chakra sexual.

Supongamos que no sabes nada sobre los chakras.

Tenemos siete chakras principales, o incluso once chakras mayores, y muchos más menores según la escuela de Sanación Pránica.

Actúan como vórtices de energía que pulsan y giran alrededor de los órganos principales y, a menudo, son los precursores de enfermedades futuras.

Para simplificar las cosas, el chakra sacro se relaciona con la creatividad y la expresión. Todas esas energías negativas, recuerdos e impresiones psíquicas pueden congestionar o agotar el chakra sagrado.

Una persona con un chakra sacro desequilibrado terminará confundida, sin inspiración y susceptible a la depresión, la agresividad y las tendencias maléficas.

Así que Marco, quien se entregaba a relaciones sexuales poco saludables con todo tipo de parejas, se encontró en una situación similar.

El corazón es el puente entre los chakras bajos y los chakras altos.

Los chakras bajos se centran en la supervivencia, mientras que los chakras superiores corresponden a la conciencia.

No puede existir conciencia cuando todas las energías gravitan hacia abajo.

También siguen el camino de menor resistencia.

El amor, en su forma más pura, siempre se transforma de prejuicio y enojo a empatía y paz.

El Dalai Lama dijo que si se enseñara meditación a todos los niños de ocho años, esto podría detener las guerras en una generación.

Los problemas surgen cuando las energías siguen el camino de la gravedad hacia el desagüe, en lugar de elevarse y abrazar lo Divino.

ONCE

"Solo puedo hablar con mi alma cuando ambos exploramos desiertos, ciudades, montañas o caminos."

— PAULO COELHO.

Mayo de 2022

Había pasado tiempo desde que Marco comenzó el "Camino de Santiago". Tenía una sensación interna de que se había desviado de descubrir la tranquilidad en su alma.

Viajar solo durante los últimos cinco años lo había llevado a entregarse a los placeres accesibles de la vida.

Embarcarse en aventuras en solitario resultó en comprometer su viaje y descubrir la misión de su alma.

Había sido su búsqueda desde tiempos inmemoriales. Había

perdido de vista esa pequeña llama que podía conducir al final del túnel.

Se sentía bendecido de vivir una vida tan plena, obteniendo numerosos placeres y satisfacciones de ella.

Siempre podías contar con Marco para entretenerse a sí mismo y reconocer los muchos milagros en su vida diaria.

Sin embargo, siempre había algo que faltaba.

Todo comenzó en el camino en India, de Chandigarh a Dharamshala, Himachal Pradesh.

Estaba montando su Royal Enfield Himalayan en un día caluroso y agotador.

Debería haber cubierto esa distancia en dos días, basándose en su experiencia.

Era una locura recorrer más de 400 kilómetros en motocicleta en India en un solo día.

Los indios tienen poco respeto o empatía por los motociclistas. Debes estar completamente atento a la tarea, si valoras tu vida.

Estás montando en medio de perros, burros, vacas, caballos, vehículos de todo tipo y forma, y parece que 1 millón de transeúntes.

Sin previo aviso podrían aparecer en tu trayectoria, obstruyendo tu camino.

Tras el final del confinamiento por el COVID-19, había pasado todo el año recorriendo India. Había llegado a Sikkim, cerca de la frontera con Bután y Tíbet.

La burocracia india dificultó la extensión de su visa, así que guardó su moto en un almacén en Siliguri, Bengala Occidental. Buscó pastos más verdes, por así decirlo. Nepal estaba reabriendo sus fronteras a los turistas, y la temporada de *trekking* había comenzado.

Seis meses después, se reunió con su amada moto. La envió por tren a Jaipur, Rajasthan, donde se encontró con su hermano Bernard, quien había ido a India para implantes dentales completos.

Pronto volvió a la carretera, dirigiéndose a Himachal Pradesh, donde había comprado su nueva moto dieciocho meses antes.

Estando fuera de práctica, un viaje de diez horas parecía algo absurdo en ese momento.

Quería viajar todo el camino hasta McLeod Ganj, donde viven el Dalai Lama y su séquito.

En India, estás constantemente zigzagueando entre el tráfico. La carretera se abrió, y empujó a la bestia de 411 cc al límite. Un auto pasó junto a él, fuera de control.

No se acercó demasiado a su moto, como suelen hacer los indios, ni le causó peligro alguno.

Sin embargo, en un instante, sintió toda la frustración y el enojo de alguien empujado fuera del camino demasiadas veces.

El conductor representaba un peligro al conducir de manera errática en la carretera de dos carriles.

Así que se dijo a sí mismo: «*Espera hasta que te alcance en el próximo atasco, te diré unas cuantas verdades*».

Efectivamente, media hora después, reconoció el vehículo compacto atrapado en el tráfico.

Mientras se inclinaba hacia la ventana abierta del lado del pasajero, su moto cayó de lado. No era inusual que perdiera el equilibrio y dejara caer la moto de 200 kilos, sin contar las cajas laterales de aluminio y todo el equipaje.

Marco era inflexible en cuanto a siempre conducir con equipo completo de motociclista.

Una vez que cayó, se levantó de un salto y se lanzó hacia la puerta del lado del pasajero con fervor.

Agarró al hombre por el cuello de la camisa, intentando arrastrarlo fuera del auto y golpearlo.

Al darse cuenta de que todo su cuerpo no cabría por esa vía, optó por apretar su cuello, mientras gritaba repetidamente:

"¡Te voy a matar, hijo de puta!".

No sé cuántas veces estranguló al pobre sujeto.

Cuando se cansó de eso, salió del auto y pateó el espejo retrovisor izquierdo con su bota derecha. Tan pronto como el espejo estalló en fragmentos, el hombre y su máquina se alejaron rápidamente, como si hubiera presenciado una legión de espíritus.

En ese momento, Marco se quedó en medio de la carretera, todavía con el casco puesto.

Su moto bloqueaba el tráfico que venía en camino. Miró fijamente durante un largo rato a los autos y motos, esperando que alguien tocara la bocina para poder elegir a otra víctima. Es una práctica común en India dar serenatas a otros con el claxon.

Al ver a este animal vestido con equipo completo de motociclista, enfurecido con tal intensidad, nadie se atrevió a hacer ruido.

Los indios son, por naturaleza, personas pacíficas, no interesadas en altercados físicos.

Un par de hombres cercanos, sin duda motivados por puro miedo, lo ayudaron a enderezar su moto, y Marco abandonó la espantosa escena.

La ausencia de algún video en YouTube mostrando su acto de furia lo sorprendió. Buscó en internet por semejante espectáculo lamentable durante días después.

Le quedaban unas pocas horas para llegar a Dharamshala. Sería una tergiversación decir que estaba en control de sus facultades.

Comportándose más como un animal herido, buscaba un lugar para esconderse y lamer sus heridas. Cuando llegó a Chandigarh tarde en la noche, un conductor estúpido seguía tocando la bocina detrás de él.

Marco se bajó de la moto para desahogar su frustración. Después de una ronda de insultos, vio a un niño durmiendo en el asiento trasero y decidió abandonar su misión de buscar y destruir, y dar por terminado el día.

¿Qué fue del hombre que pasó tres meses en un ashram de Tamil Nadu, practicando yoga y meditación cinco horas al día durante el confinamiento por el COVID-19?

¿Qué pasó con el sabio que meditaba junto al Ganges en Varanasi, a las 4:30 a. m. cada mañana para su *sadhana* (práctica espiritual diaria), durante semanas enteras?

¿Dónde estaba el estudiante entusiasta que había estudiado Sanación Pránica con sus maestros en Dharamshala durante tres meses, o el aspirante a budista y meditador de Zazen?

Toda la buena energía que había cultivado ahora estaba destinada al estanque de aguas residuales.

No podía recordar la última vez que se había involucrado en una pelea. Y ahí estaba, aterrorizando al vecindario como una escena de *"A Clockwork Orange"*, una película de culto particularmente violenta de Stanley Kubrick.

Estaba acostumbrado a hacer sus combates en el tapete de yoga y a conversar con Dios cantando mantras.

¿Qué podría hacer que un hombre perdiera completamente la cabeza de esa manera?

¿Qué fuerzas malignas llevaron a tal agresión, ira y desesperación?

Pensaba que se había librado de sus demonios internos, habiéndose empapado de una variedad de estudios espirituales y modalidades de la nueva era. Pero ahí estaba, en medio de una calle concurrida, a plena vista del mundo:

Un psicópata vestido con el atuendo de una pandilla de motociclistas, fuera de control y en una espiral descendente.

DOCE

"Debemos estar dispuestos a deshacernos de la vida que hemos planeado, para tener la vida que nos espera. La piel vieja debe ser desechada antes de que llegue la nueva."

— JOSEPH CAMPBELL.

Al día siguiente, recibió un mensaje de WhatsApp de sus queridos amigos Montserrat y Aum, a quienes había conocido en un centro de meditación Zen en Tamil Nadu.

"Marco, tenemos una gran oportunidad para ti en la Amazonía peruana, cerca de Pucallpa".

¿Qué demonios? Estaba en India, y Perú estaba a 16 000 kilómetros de distancia.

Perú no estaba sincronizado con sus planes de viaje en Asia.

Sin embargo, Marco era una sombra de su antiguo yo. Quizás,

desde siempre, solo había sido una figura sombría, perdida en la oscuridad.

A la mañana siguiente, Marco supo que tenía que ir a Perú. No tenía alternativa.

Vendió su moto y voló a Pucallpa.

Su amiga Montserrat, una precoz joven chilena de veintidós años criada en Suecia, había liderado un proyecto de permacultura en una propiedad a dos horas en auto al sur de Pucallpa.

Una pareja suiza había comprado esa propiedad quince años atrás. El propósito principal era salvaguardar ese paraíso selvático de ser invadido por la civilización. Abarcaba treinta y tres hectáreas de bosque con muchos árboles centenarios y un arroyo que lo atravesaba. Rodeado de campos de arroz, servía como un refugio para plantas medicinales.

Este retiro consistía en doce cabañas para huéspedes, en medio de una población local de trabajadores Shipibo con sus propias chozas en un par de hectáreas de terreno despejado.

La ayahuasca es una mezcla de hojas de chacruna y lianas de ayahuasca, combinadas y cocidas juntas. Durante siglos, los chamanes de la selva sudamericana la han utilizado para ceremonias rituales.

Para que conste, hay alrededor de 80 000 especies de plantas en la selva amazónica, que crecen como árboles, arbustos, matas y plantas trepadoras.

Que los chamanes hayan encontrado esta combinación particular elimina la teoría del ensayo y error.

Cuenta la leyenda que los espíritus instruyeron a un chamán

Shipibo para que se adentrara en la selva y mezclara las lianas y hojas de esas plantas respectivas.

El DMT (dimetiltriptamina) es uno de los principales componentes psicoactivos de las lianas de ayahuasca. Sin embargo, el DMT es inactivo como alucinógeno, ya que la monoaminooxidasa (MAO) lo descompone antes de que llegue al sistema nervioso central.

Debe tomarse junto con una planta que contenga un inhibidor de la MAO —en este caso, la chacruna— para evitar la degradación del DMT.

A medida que ha ganado popularidad en Occidente, Pucallpa e Iquitos, en Perú, se han convertido en destinos populares para esta medicina que altera la conciencia.

Es importante señalar que la ayahuasca no es una droga, sino una medicina, a diferencia de las drogas psicodélicas como el LSD y el éxtasis, o cualquier compuesto fabricado en un laboratorio.

Una planta como el cannabis disminuye tus facultades y no puede considerarse una planta medicinal sin eliminar su compuesto de THC.

La cantidad promedio de THC en el cannabis ha aumentado más de diez veces en los últimos cincuenta años, según el Programa de Monitoreo de Potencia realizado por el Instituto Nacional sobre el Abuso de Drogas.

La gente destaca el hecho de que fumar cannabis tiene una larga historia que abarca miles de años. Sin embargo, las variedades disponibles hoy en día pueden ser mucho más potentes, colocándonos en un territorio desconocido.

Cuando se usa de manera ética y bajo una guía adecuada, la investigación ha demostrado que la ayahuasca es segura y no adictiva.

Cuando Montserrat anunció que iba a cultivar árboles, plantas y flores, la gente se rió de ella.

Ambos chamanes declararon que esa tierra, una antigua plantación de coca, estaba estéril e incapaz de generar vida. La tierra era una mezcla de arcilla pura y residuos químicos de pesticidas y fertilizantes.

Montserrat decía que la tierra parecía una zona muerta. Admitió no haber hecho nada durante la primera semana, lo cual divertía a los lugareños. Simplemente paseaba y conversaba con la tierra.

Cuatro semanas era el tiempo mínimo para una dieta de plantas. Marco supuso que tenía trabajo por hacer, así que se inscribió por seis semanas.

Hay una variedad de plantas diferentes, cada una con propiedades específicas.

El propietario le aconsejó que la bobinsana le serviría bien.

La bobinsana es una planta que abre el corazón. Era precisamente lo que necesitaba.

Además, su vejiga, junto con su chakra sexual, estaban en un estado desastroso.

Deberías probar la ayahuasca si sientes ese llamado. Te servirá bien, siempre y cuando mantengas tu mente abierta y tu ego bajo control.

Su primera experiencia con esta medicina ocurrió cuando trabajaba en Baja California, en el departamento de ventas de un resort de lujo.

Al llegar a esta ciudad, una mujer que trabajaba en marketing en el hotel lo invitó a una ceremonia privada. Solo los dos, con una chamana visitante de Tijuana.

Como no conocía a esta joven mujer, le preguntó por qué lo había invitado. Ella respondió:

—Escuché que eras yogui.

El universo trabaja de maneras misteriosas.

«El yoga no era un requisito para tomar ayahuasca», pensó para sí mismo, pero aceptó la invitación. Siempre había querido probar la "Liana del Alma".

El destino decidió.

Para participar en la experiencia de ayahuasca, uno debe seguir una predieta que prohíbe consumir carne, alcohol, drogas, comida chatarra y actividades sexuales.

Marco era célibe, pescetariano y un bebedor moderado, que no consumía drogas ni medicamentos, por lo que el momento era excelente.

El vómito es común entre los nuevos practicantes como una forma de desintoxicarse. La medicina no será efectiva hasta que pases la prueba de purga.

Esa noche, probó la poción por primera vez.

Tuvo la experiencia de su vida. No fue el caso de la joven, quien no estaba en las mejores condiciones. Fumaba marihuana y cigarrillos y bebía demasiado tequila. Pasó la mayor parte de la noche con la cara en un balde, emitiendo sonidos animalescos.

Por el resto de la noche, Marco no escuchó nada de ella. Estaba sentado en una silla mecedora, listo para despegar.

De los altavoces emanaban los sonidos de *ícaros* (cantos nativos inspirados por los espíritus del bosque), que lo ayudaron a relajarse.

Viajó al "otro lado" y dio un largo paseo de ocio en el "gran más allá".

Cabe mencionar que esa noche trascendió su miedo a la muerte.

Habiendo consumido una cantidad satisfactoria de drogas recreativas en su vida, podía reconocer que no estaba intoxicado ni alucinando. Estaba paseando por dimensiones superiores, como en un sueño lúcido.

Todo se sentía tan acogedor y sereno.

Recuerda haber reído mucho. El sofá mecedor se transformó en una alfombra mágica que volaba a través del infinito.

Steve Jobs, el presidente y fundador de Apple, instruyó que se entregara "Autobiografía de un Yogui" de Paramahansa Yogananda a cada invitado en su funeral.

El libro describía los relatos de su gurú sobre lo que sucede después de la muerte. Podrías ser elegible, con un poco de conciencia ganada en la Tierra, para pasar de 400 a 500 años en uno de esos planos etéreos.

Marco vislumbró el más allá y le gustó.

Siempre depende del sanador decidir si necesitas más medicina.

Tomó su segunda copa, mientras Gloria ya había caído en el olvido.

Para entonces, estaba bastante mareado. La chamana se acercó a él con una tercera copa un par de horas después. No quería tomar más medicina esa noche.

Ella le puso la copa en la mano. Durante un largo rato, la sostuvo con fuerza, cuidando de no derramar una gota. Pero no tenía intención de beberla.

En un momento, Marco le preguntó a la curandera por qué pensaba que debía beber más.

Ella respondió maliciosamente:
—¡Porque tú lo mereces!

Dulces palabras para sus oídos. Consumió hasta la última gota, y entonces, se desató el infierno.

La Madre Ayahuasca, como cualquier madre amorosa, te disciplinará en tu camino hacia la iluminación.

¿Y le dio una lección? ¡Vaya que sí!

¿Cuántos esqueletos sacó de su armario esa noche?

Comenzó a vomitar como un hombre poseído.

Sin haber experimentado la purga de ayahuasca en carne propia, es difícil describir los sonidos que emanaban de su garganta, parecidos a un demonio hablando en lenguas.

La energía Kundalini, simbolizada por una serpiente que asciende desde el abdomen y junto a las caderas, causó estragos dentro de su vientre, como una anaconda gigante rebuscando en sus entrañas.

La chamana masajeaba vigorosamente su espalda para que estas fuerzas demoníacas se liberaran. Estaba purgando todo el mal karma de sus vidas pasadas dentro de su balde, y para entonces, era más hombre lobo que humano.

Duró hasta la noche, y escapó de los espíritus malignos como por arte de magia.

TRECE

"No tienes elección. Debes dejar tu ego en la puerta antes de entrar al amor."

— KAMAND KOJOURI.

La dieta de Marco con bobinsana transcurrió sin problemas. A pesar de la cantidad considerable de medicina que estaba tomando, logró mantenerse en control. Eso no le sorprendió tanto, pero le recordó el poder benevolente de esas plantas maestras.

Cada día que pasaba, presenciaba cómo su corazón se abría como el capullo de una flor de loto.

La flor empuja a través del lodo, ascendiendo hacia la luz del sol. El epítome de un sobreviviente, surge de las oscuras aguas fangosas para encontrar el calor y el alimento de la luz.

Goldie Hawn dijo una vez:

"Ya sea que lo tengamos todo o no tengamos nada, todos enfrentamos los mismos obstáculos: tristeza, pérdida, enfermedad, morir y la muerte. Para ganar sabiduría, bondad y compasión, debemos esforzarnos por crecer como un loto, abriendo cada pétalo uno por uno".

No realizó exorcismos ni experimentó la oscuridad consumiendo un rincón de su psique. Todo lo contrario.

Durante las ceremonias nocturnas, revisaba los eventos de su pasado con una nueva perspectiva, impregnada de amor y empatía.

Todos sus problemas pasados tomaron la forma de burbujas de jabón flotando en el aire, y se divertía viéndolas explotar.

Sus problemas pasados provenían principalmente de su naturaleza egocéntrica. El Diccionario de Oxford define a un egocéntrico como una persona que se enfoca en sí misma sin considerar las emociones o deseos de los demás.

En sus transgresiones sexuales, a menudo se comportaba como un ególatra: un individuo egotista o centrado en sí mismo.

Su noble misión seguía siendo trascender su ego y abrir su corazón.

Visitar otras dimensiones estaba bien siempre y cuando pudiera regresar a la realidad y mantenerse con los pies en la tierra.

El psicólogo David Londoño ha trabajado durante diecisiete años con medicinas tradicionales indígenas, tanto como paciente como estudiante. Está afiliado al Centro Internacional para la Educación, Investigación y Servicio Etnobotánico (ICEERS).

David habla en profundidad sobre la complejidad de la disolución del ego en relación con las experiencias con plantas maestras. En una entrevista, explica cómo nuestro ego es esencial y cómo desarrollar una relación saludable con él en lugar de simplemente "perder el ego":

"¿Qué es exactamente la disolución del ego?"

"Para responder a esta pregunta, primero debemos reflexionar sobre la complejidad de lo que es el ego. El ego nos da la sensación de tener un yo. El ego proviene del latín, que significa 'yo', e implica una estructura psíquica responsable de una serie compleja de funciones fundamentales para la salud psicológica. Entre otras cosas, distingue lo interno de lo externo. Es un límite que te da una sensación de independencia, separación e individualidad".

"Por ejemplo, el ego te ayuda a separar tus ideas y necesidades de las mías. Imagina perder el límite del ego durante un tiempo prolongado, no solo por unas horas, sino por días, meses o años. Entonces perderías tu sentido de individualidad, y podrías no saber dónde termina tu cuerpo y dónde comienza el de otra persona. Podrías no saber tu opinión sobre un tema o si necesitas alimentarte".

"Si no tienes un sentido saludable de individualidad, puede ser muy difícil funcionar en el mundo. Necesitamos un sentido del yo para muchas cosas: para terminar un trabajo, establecer límites con alguien o decidir por quién votamos. En principio, el 'yo' tiene todos estos elementos y más".

"En ciertas experiencias con la medicinas de las plantas, los individuos pueden suspender temporalmente su sentido del yo hasta cierto punto. Las personas pueden sentir que se unen o forman parte de algo mucho más grande. El sentido de identidad se amplía. Se sienten conectados con el universo, el cosmos y los demás. Te vuelves mucho más amplio que tu individualidad".

"¿Es eso lo que se conoce como 'trascender' el nivel del ego?"

"Exactamente. Hay una diferencia entre trascender y abandonar o

perder el ego. Las personas experimentan esto de otras maneras, por ejemplo, con el arte, el yoga o la meditación. Algunas tradiciones espirituales lo consideran un tema central y lo ven como una capacidad o incluso como un objetivo de la experiencia humana. En este contexto, el objetivo no es perder la individualidad, sino expandirla y trascender la dualidad".

"Sin embargo, ciertas patologías, como la psicosis o la depresión, pueden debilitar el ego. Una forma de definir la depresión es cuando el ego de alguien está en angustia".

"Desde ciertos puntos de vista, el ego tiene una reputación terrible y se asocia con un exceso de autoimportancia. Por lo tanto, muchas personas hablan sobre la importancia de 'perder el ego'. Se refieren a reducir la arrogancia excesiva que es tan prevalente en el mundo. Sin embargo, estas son cosas diferentes. No se trata de romper o luchar contra el ego, sino de construir un ego saludable".

"A veces, una experiencia de expansión de la conciencia puede llevar a una fragilidad del ego. Por ejemplo, un individuo puede sentirse invadido por los pensamientos de otros, perder la capacidad de elegir o no poder funcionar en el mundo. No hay nada espiritual en eso. Es un problema y, por lo tanto, necesita tratamiento. Esto difiere de una experiencia trascendental".

"¿En qué punto este estado puede ser patológico?"

"Si estás teniendo visiones o experiencias extraordinarias dentro de una ceremonia, eso no es necesariamente 'patológico'. Puede ser inherente al proceso de sanación que es específico de la ceremonia. Sin embargo, si han pasado días desde la ceremonia y sigues escuchando voces que te ordenan salvar al mundo como Jesús, puede ser una señal de una condición patológica".

"¿Cuál es la diferencia? Una es el tiempo y el contexto. Esperamos que ciertos fenómenos ocurran dentro del contenedor de la ceremonia.

Pero si suceden fuera de este contexto, son señales de que algo está mal. Algo que necesita ser observado y atendido. En la medicina tradicional amazónica, los practicantes entienden que ciertas plantas pueden hacer que una persona sea más arrogante. Las manejan con cuidado. A veces, es necesario tener un ego más fuerte para lidiar con la realidad, como en el caso de la depresión".

"Por un lado, está la pérdida del ego. En el otro extremo, está la inflación del ego, que puede sucederle a alguien después de una experiencia con la medicina de las plantas. Sintieron que eran el centro del mundo, y su sentido de orgullo aumentó desde un punto de vista poco saludable. A menudo he visto personas cuyo narcisismo ha crecido después de tomar plantas".

"En la mitología griega, Narciso era un cazador que se encontraba a sí mismo tan hermoso que se obsesionó con su propio reflejo en un estanque. Tal era su fijación que perdió la voluntad de hacer cualquier otra cosa y murió".

"Conozco a alguien con una estructura de personalidad narcisista que, en las ceremonias, se veía a sí mismo como un león poderoso y el líder de la manada. Esta persona sentía que la planta le estaba diciendo que era un ser superior. Sin embargo, lo que apareció en su experiencia era lo que ya tenía dentro: un sentimiento de estar por encima de los demás. Para esta persona, fue un mensaje de la planta que confirmaba que era especial, no un espejo de lo que tenía dentro. Si no puedes entenderlo o trabajar con alguien que te ayude a comprender, es fácil perderte. La planta te está mostrando tu orgullo y narcisismo al verte como un león".

"¿Hay un tipo de personalidad que sea más propenso a perderse de esta manera?"

"Dos estructuras de personalidad son más propensas a caer en una situación patológica: una es una personalidad narcisista, y la segunda es un ego frágil. Ambas pueden perder la barrera que las

separa del mundo. Esto hace que sea más difícil funcionar en la realidad".

"Durante una dieta con plantas en ciertas tradiciones amazónicas, se aseguran de fortalecer aspectos de la estructura de personalidad de alguien antes de administrar la medicina para prevenir una experiencia de disolución del ego. Cuando no tenemos una buena guía, rara vez tenemos acceso a la sabiduría de cómo trabajar con ellas de manera más cuidadosa y sabia. Esto puede llevarnos a lugares para los que no estamos preparados, y podríamos salir heridos".

"Lo mismo ocurre con la meditación. Hay todo un proceso de preparación corporal, mental e incluso ética antes de que alguien tenga ciertas experiencias de conciencia. Esto se debe a que, si viajas sin la preparación adecuada, puede hacer más daño que bien".

"En la medicina tradicional amazónica, algunas plantas te dan una conexión más profunda con la Tierra. La planta bobinsana, por ejemplo, te da la capacidad de arraigarte. Las plantas que aumentan el sentido de individualidad son para alguien que tiene problemas de autoestima...".

Antes de dejar México de forma permanente, en su cuarta ceremonia de ayahuasca, su chamana favorita organizó una ceremonia en una casa que había alquilado cerca del mar.

Después de tomar ayahuasca, la chamana hizo rondas por la casa con una pipa de dos vías llamada *tepi.*

La usó para soplar rapé (tabaco molido mezclado con una variedad de otras hierbas) en cada una de las fosas nasales de los invitados dispuestos.

Los senos nasales de Marco eran bastante sensibles, y no le entusiasmaba la idea de que alguien soplara tabaco por su nariz.

Cuando era niño, siempre tuvo problemas para respirar. Su fosa nasal derecha permanecía permanentemente bloqueada.

No buscó la ayuda de un especialista hasta los cuarenta años, cuando le diagnosticaron un tabique desviado.

Una pared de cartílago divide la nariz en dos cámaras separadas. Se llama *tabique nasal*. Si la pared se desplaza del centro, se conoce como tabique desviado.

Su caso era bastante severo y requirió cirugía. Bajo anestesia local, el cirujano retiró parte del hueso y cartílago, y luego remodeló y reposicionó la estructura subyacente de su nariz.

Los sonidos del hueso fracturándose añadieron un efecto macabro a la escena, que le recordó a *"Marathon Man"*, cuando Dustin Hoffman es torturado por un dentista nazi.

Un par de días después, podía respirar correctamente. Nunca subestimes el poder de la respiración; intenta respirar por sólo una fosa nasal durante un tiempo. Él lo hizo durante cuarenta años.

También sufría de dolores de cabeza sinusales. Venían y se iban sin razón aparente, convirtiéndose en migrañas.

Eso fue lo que lo atrajo al yoga en primer lugar: centrar su atención en la respiración consciente.

Pudo eliminar los dolores de cabeza que lo habían atormentado en su juventud, un logro significativo que requería, por encima de todo, un estilo de vida holístico.

Siempre le sorprendía cuando las personas no podían ver la conexión entre el cuerpo y la mente.

Nuestros pensamientos, sentimientos, creencias y actitudes tienen el potencial de impactar nuestro funcionamiento biológico, ya sea de forma positiva o negativa.

Nuestras mentes pueden afectar cuán saludables estamos.

Cómo tratamos a nuestros cuerpos, lo que comemos, cuánto ejercitamos, e incluso nuestra postura, puede impactar enormemente nuestro estado mental.

Existe una interrelación compleja entre nuestra mente y cuerpo.

"El cerebro, el sistema nervioso periférico, el sistema endocrino y el inmunológico, así como todos los órganos y respuestas emocionales de nuestro cuerpo, se comunican a través de un lenguaje químico compartido". – Dr. James Gordon (fundador del Centro de Medicina Mente-Cuerpo).

Los investigadores han documentado los efectos de la ansiedad y la depresión en el cuerpo.

Enfermedades y dolencias como dolor crónico e inflamación, enfermedades cardíacas, diabetes, problemas digestivos, reducción del deseo sexual y un sistema inmunológico debilitado, a menudo están relacionadas.

Marco había fumado dos cajetillas de cigarrillos franceses sin filtro durante diez años, comenzando en su juventud. Odiaba el tabaco y ya no soportaba el humo, al punto de que se había convertido en algo perjudicial para su vida social.

La chamana lo convenció de que el *mapacho* era una planta sagrada para las tribus amazónicas y que el rapé era un sacramento tribal.

Estaba cómodamente acostado en su sofá, sin prestar atención a las decenas de invitados reunidos en su casa.

La chamana sopló rapé en cada una de sus fosas nasales usando una pipa de hueso. En cuanto el rapé permeó sus membranas mucosas y entró en su torrente sanguíneo, su cabeza explotó como una junta de motor quemada.

No recordaba que la cocaína fuera tan feroz y violenta.

Después de un rato, se calmó tomando respiraciones grandes y rítmicas de manera lenta y poderosa, por miedo a que también su corazón estallara en su pecho.

Incapaz de moverse o hablar, permaneció en el sofá durante un largo periodo.

Esa noche, estaba en simbiosis total con los átomos girando dentro de sus extremidades. Su identidad egoica se había disuelto en un caleidoscopio de patrones, colores y sonidos. Todo su cuerpo se había derretido en el movimiento circular de la Tierra.

Al caer la tarde fue al baño y se acostó en la ducha completamente vestido. ¿Cuánto tiempo pasó con el rostro hacia el desagüe, emitiendo ruidos extraños y alucinando con los patrones y colores de los azulejos cerámicos?

En esos momentos, los demonios que habitaban en él se desvanecieron sin dejar rastro. Quizás siguieron las tuberías hasta disolverse en el océano.

Esa es una parte esencial del proceso de limpieza y purga. Dicen que la Madre Ayahuasca tiene una conciencia propia. Ella no te llevará en la dirección equivocada siempre y cuando tus intenciones y las de tus chamanes sean puras.

Sólo tienes que confiar en *el proceso*, como el tejido de la fibra de tu liberación.

CATORCE

"Los amados son incapaces de morir. Porque el amor es inmortalidad."

— EMILY DICKINSON.

Marco estaba viviendo en Albuquerque, Nuevo México, cuando un viejo amigo vino a visitarlo por unos días.

Habían vendido autos juntos en Portland, Oregón. Su amada esposa, a quien siempre describía como la persona más increíble y hermosa imaginable, había muerto de cáncer unos años atrás.

¿Alguna vez te has preguntado por qué las personas más amables encuentran una muerte prematura en este mundo?

Esta pregunta siempre había atormentado a Marco.

Dado que no podía encontrar una respuesta razonable aparte de que Dios no existe —de lo contrario, nunca permitiría que eso sucediera— convenientemente decidió no creer en Dios.

Es un argumento demasiado fácil. Las carreteras están llenas de peregrinos de baja conciencia que comparten este punto de vista.

Probablemente estén viviendo una vida de gran desesperación, como señala Hemingway en uno de sus libros.

Es un concepto similar al hecho de que, dado que solo vamos a tener una vida, bien podríamos tratar a nuestro cuerpo, y en consecuencia a nuestra mente, como artículos perecederos.

¿No ves la superficialidad de este argumento? Suena vacío, ya que Marco siempre había sido un firme creyente de la vieja máxima: *"Mi cuerpo es mi templo"*.

Su tío Louis, el hermano menor de su madre, murió solo en su apartamento en el sur de Francia. El dueño del bar local, donde su tío iba todos los días por un vaso de vino blanco, o posiblemente varios, se preocupó después de no verlo por un par de días.

Al acceder a su estudio, encontró a Louis muerto. Su hígado había entrado en erupción, probablemente durante la noche.

Louis una vez se jactó de haber bebido diecisiete Ricards antes del almuerzo, un aperitivo de Marsella basado en anís llamado *pastis*, con un 51 % de graduación alcohólica. Es costumbre en Francia servirlo en un vaso largo, tres cuartas partes de *pastis* y una cuarta parte de agua. Un buen hábito para mantener durante décadas, nada menos.

¿Por qué hombres talentosos como su tío —quien podía construir cualquier cosa con sus propias manos, incluido un velero desde cero— desperdician sus vidas y sus matrimonios en un descenso al tormento?

No estoy seguro de la respuesta, pero este es solo el comienzo de este libro, después de todo.

Por cierto, su exesposa Sabine encontró recientemente a su pareja de muchos años —un hombre dedicado a ayudar a los demás y, según todos los relatos, de gran integridad— muerto en la escalera que conducía a su apartamento. Se había asfixiado con una bolsa de plástico alrededor del cuello.

La depresión es esa enfermedad insidiosa y fea que acecha en los suburbios de nuestra sociedad civilizada, lista para abalanzarse indiscriminadamente sobre su presa.

Si no tienes experiencia de primera mano con este tipo de tragedias, basta con leer los tabloides donde abundan noticias de celebridades que terminaron con sus vidas, y observa el choque y la sorpresa de sus seres queridos.

La gran pérdida de Marco en la vida ocurrió cuando su hermano mayor, Fabrice, murió.

Se suicidó a los veintiséis años al tomar una sobredosis de pastillas para dormir.

En ese momento, Marco trabajaba en una agencia temporal en Estrasburgo. Recibió una llamada de un empleado de la agencia que le dijo que alguien en su familia había fallecido.

Por favor, si alguna vez tienes que anunciar la muerte de un familiar a alguien, di el maldito nombre de inmediato.

Antes de que tenga la oportunidad de llamar a casa, no lo dejes elegir quién de su familia preferiría que no fuera.

Tenía una hermana, seis años menor que él. La idea de que pudiera haber sido ella lo devastaba.

En cuanto a Fabrice, no había manera de prever su muerte.

Un año antes, había dejado las drogas y se había separado de su malvada esposa. La última vez que Marco supo de él, estaba estudiando fotografía.

Al igual que Françoise Sagan, quien escribió *"Bonjour Tristesse"*, su hermano había estado inyectándose *Palfium* (morfina sintética) durante varios años. Marco se sintió aliviado cuando supo que había dejado las drogas.

No coincidían en cuanto a la idea de inyectarse drogas.

La vida era demasiado preciosa para tirarla a la basura, junto con algodones ensangrentados y jeringas usadas. Por cierto, en aquellos días, antes del SIDA, tendían a usar las mismas jeringas una y otra vez sin siquiera molestarse en limpiarlas.

Marco pasó su adolescencia, desde los dieciséis años, fumando marihuana y bebiendo en exceso, con algún que otro viaje de LSD. Sin embargo, inyectarse drogas no le atraía, ni física ni psicológicamente.

Estaba viendo de primera mano el daño que esa adicción había causado a su hermano y a su círculo de amigos drogadictos. No era compatible con afrontar la vida cotidiana ni con funcionar como miembro de la sociedad.

No quería saber nada de eso, lo que no lo hacía muy popular con Fabrice y su entorno.

Al crecer, Marco siempre miró a Fabrice con cierto grado de ambivalencia.

Cuando se suicidó, lo asoció con una debilidad que venía del lado de la familia de su madre. Con el tiempo cambió su opinión sobre él.

Dos años los separaban, aunque podría haber sido toda una vida. Era más alto y atlético, con una apariencia atractiva y una mirada severa que lo hacía parecer inescrutable.

Era un ávido lector. "Así habló Zaratustra" de Friedrich Nietzsche era su libro favorito. Esto estaba muy por encima de las habilidades cognitivas de Marco en ese momento.

Desde entonces, Marco ha intentado leerlo en inglés, pero la traducción del alemán usaba muchas palabras de inglés antiguo. El lenguaje shakesperiano nunca había sido su fuerte. Quizás debería intentar leerlo en francés.

Fabrice murió un año antes de unirse a los famosos miembros del Club de los 27: Robert Johnson, Amy Winehouse, Jim Morrison, Janis Joplin, Jimi Hendrix, Brian Jones y Kurt Cobain, solo por nombrar a los más conocidos. Estos brillantes artistas que abusaron de las drogas compartían un denominador común. Eran muy perceptivos. No tomaban drogas para colocarse, sino para atenuar la sobrecarga de información a la que estaban sometidos.

Fabrice era un alma vieja, aunque desconectada de la fuente. Su existencia humana debió de ser una blasfemia para su verdadera esencia.

La vida como humano probablemente le causó un inmenso dolor.

En cualquier caso, un verano entre viajes, cuando su moral estaba bastante baja, Marco sucumbió a la tentación.

Como dicen: *"La miseria ama la compañía"*.

Nunca disfrutó del subidón y se enfermó algunas veces cuando contrajo bacteriemia.

A pesar de esto, para ganarse la aprobación de su hermano, quien había sido un extraño para él, participó en su "miseria bendecida" durante un tiempo.

Con el tiempo, está bastante seguro de que contrajo Hepatitis C como regalo de despedida.

Si hubiera sido unos años después, con la llegada del SIDA, ciertamente no estarías leyendo estas palabras.

Es difícil para él reflexionar sobre todo esto, ya que no disfrutó particularmente la experiencia.

Tampoco lo acercó más a su hermano. Dudo que haya aprendido algo de ello, aparte de ganar un desprecio por las drogas inyectadas e intuir que ese lento descenso a la desesperanza no encajaba con su ADN.

Estaba destinado a cosas más grandiosas, como una colorida puesta de sol en una playa de arena blanca en los trópicos, por ejemplo.

Marco nunca había sido un gran fanático de los productos farmacéuticos.

Nuevos antivirales llegaron al mercado en 2014 para la Hepatitis C, con tasas de curación superiores al 90 % y sin efectos secundarios. No pudo resistir una oportunidad tan buena.

Comenzó el tratamiento, una pastilla al día durante noventa días. El precio de cada pastilla era de $1000. El seguro se hizo cargo de pagar cada centavo y entregó las pastillas sin cargo en su condominio.

La dulce ironía fue que no tenía trabajo en ese momento y pocos activos. Había calificado para una cobertura del 100 % de su seguro gratuito, a pesar de vivir solo en un lujoso condominio. A pesar del mito de que las personas pobres en Estados Unidos no tienen acceso al seguro.

Fue un éxito total. Mis respetos a todos los científicos farmacéuticos.

Todavía no han descubierto un medicamento efectivo contra el cáncer. Por favor, disculpen el escepticismo de Marco al respecto. El cáncer es un negocio gigantesco. ¿Han pasado por alto intencionadamente terapias alternativas?

Pronto, reanudó sus viajes como una forma de escapar de sus circunstancias, pero principalmente para intentar saciar su sed insaciable de descubrir el mundo.

Menos de un año después, en el cumpleaños de Fabrice, estaba en un avión rumbo a Australia. A través de la muerte de su hermano, había probado la mortalidad él mismo.

Eso lo motivó a seguir explorando el mundo, en busca de luz para contrarrestar toda esa oscuridad.

A medida que creces con los miembros de tu familia, se vuelve complicado conocerlos a un nivel personal debido a que cada individuo lleva su propia carga de neurosis.

De repente, se van de esta existencia física, ¿y con qué te quedas?

¿Podría haber, debería haber, habría hecho?

Los budistas piensan que todos los miembros de la familia son como troncos de árboles caídos en un río. En algún momento, se separarán, a veces para siempre.

Marco no había visto a su hijo Bryce durante casi seis años.

¿Cómo hacer las paces con algo así?

Los ríos forjan sus propios caminos según las circunstancias, pero siempre existe la posibilidad de que los ríos divergentes se reúnan.

¿Tal vez nos volvamos a mezclar con todos nuestros seres queridos que se han ido en otra dimensión y tengamos otra oportunidad de demostrar nuestro amor?

Es similar a lo que el Dr. Joe Vitale y el Dr. Len Hew llaman borrar la pizarra blanca de todos los datos, recuerdos y programas.

Volver a cero, paz al fin, Nirvana.

"Lo siento, por favor perdóname, gracias y te amo".

"YO me perdono mí mismo", esa es la quinta frase que Joe Vitale utiliza en su nuevo libro, creado a partir de inspiración divina.

El pronombre *"YO"* es la propia Divinidad, asegurándonos que todo está perdonado sin señalar con el dedo ni culpar a nadie.

Sólo tienes que seguir limpiando sin discriminación ni juicio.

Más fácil decirlo que hacerlo.

Dicen que elegimos a nuestros padres, lo que implica que el alma elige a la madre correcta basada en las leyes del Karma.

Karma es la palabra más malinterpretada en el diccionario.

Comenzar a comprender su significado es como estar en el camino espiritual. Das un par de pasos hacia adelante y pronto te encuentras caminando sin rumbo hacia atrás.

Karma significa acción. Todo lo que eres está hecho de karma.

Aunque nunca podrías escapar del fenómeno de "causa y efecto", puedes elegir el camino de tu destino.

El karma es probablemente la razón por la que las almas se reencarnan en un nuevo cuerpo en primer lugar.

Esto ocurre durante el séptimo u octavo mes de embarazo, según los maestros de yoga de Marco.

Definitivamente pone una nueva perspectiva sobre su crianza disfuncional.

Por otro lado, en este aspecto, no es realmente diferente del resto de ustedes.

La disfunción parece ser la norma cuando se trata de la experiencia particular de cada uno.

Voy a continuar, asumiendo que crees en la reencarnación o, al menos, que crees en Dios.

Ten en cuenta que podría ser cualquier Dios.

Si eres ateo, como Marco lo fue durante la mayor parte de esta encarnación, lo entenderé.

Si eres agnóstico, él también estuvo allí. Supongo que es un buen lugar para estar: sin presiones, sin dogmas y sin compromisos.

QUINCE

"En medio del invierno, descubrí que había, dentro de mí, un verano invencible..."

— ALBERT CAMUS.

Dicen que un bebé elige a sus padres, junto con la latitud y longitud del lugar de su nacimiento.

En cuanto al lugar, Marco había elegido deliberadamente la única e incomparable Riviera Francesa.

Mil novecientos cincuenta y siete fue el mismo año en que Hitchcock filmó *"To Catch a Thief"* con Cary Grant y Grace Kelly; Jacques Anquetil ganó su primer título de cinco en el Tour de Francia en su debut en la competición.

En lo que respecta a los padres de Marco y sus familias, ciertamente había ganado la lotería en términos de disfuncionalidad.

Tenía un talento especial para este tipo de cosas, como verás.

Crecer a poca distancia a pie del mar Mediterráneo ya era un lujo en sí mismo.

Albert Camus escribió elocuentemente: *"Siempre sentí que vivía en alta mar, amenazado, en el corazón de una felicidad real"*.

Él y sus hermanos solían pasar las tardes de verano en la playa.

Recuerda que su hermano Bernard mencionó que el verde de los árboles y el azul del mar no combinaban bien.

Nada encajaba muy bien en los años de juventud de Marco. Pero el azul y el verde no eran combinaciones de colores con las que discutir, al menos para él.

La naturaleza y sus intrínsecos misterios se convertirían en su escape, su *raison d'être* y su musa, ya que principalmente se sentía como un alma solitaria arrojada desde un barco en aguas agitadas, lista en cualquier momento para estrellarse contra la costa rocosa.

En realidad, no entendía el concepto de tener un alma.

Estaba sin un propósito ni una pista, atrapado en un cuerpo por el que no sentía mucho aprecio. Las únicas cosas que lo salvaron fueron una ferviente imaginación y una mente académica.

Esta era la época de la Quinta República.

En diciembre de 1958, Charles De Gaulle fue elegido presidente de Francia con el 78 % de los votos del colegio electoral. Como presidente, De Gaulle ayudó a revitalizar el país y emitió un nuevo franco.

Imaginaba una Europa fuerte que determinaría el destino del mundo.

Si pisara suelo francés cincuenta y tantos años después de su muerte, estaría horrorizado por todas las malas políticas que se aprobaron en ese lapso de tiempo.

La inmigración está fuera de control, especialmente cuando los inmigrantes no se asimilan. El concepto francés de universalismo podría ser un ideal que ya no es sostenible.

La hermana de Marco comentó recientemente sobre la situación política de Francia, específicamente sobre el Frente Popular Nuevo de extrema derecha ganando la segunda vuelta de las elecciones legislativas.

"La izquierda luchó por el trabajo y los trabajadores en tiempos pasados. Ahora lo hace por una ecología falsa, la normalidad de género, la inmigración masiva, el antisemitismo, el neofeminismo contra los hombres blancos y heterosexuales, impuestos más altos, un aumento del impuesto de sucesión y una ideología única y dictatorial. ¡No es lo que solía ser!".

Cabe señalar que algunas de las cosas a las que se refería se originaron en los Estados Unidos, como el Movimiento Woke.

Como en otros lugares, los años sesenta fueron una época de grandes cambios y progreso en Francia, en términos de economía y crecimiento.

En los Estados Unidos, donde las tensiones raciales, las protestas estudiantiles y los nuevos estilos de vida y movimientos se desarrollaban, había mucho malestar, pero no más que en otros lugares. Una vez que se hicieron cambios en el sistema universitario, los estudiantes franceses volvieron a las aulas.

Los cambios en los estilos de vida de las mujeres fueron paralelos a los de Estados Unidos y el resto de Europa.

En cuanto a su madre, criar a cuatro hijos y tener que lidiar con la violencia y el mal humor de su esposo, a Marco no le parecía una forma de emancipación.

El dinero no era un problema.

Su padre, en busca de validación y para esconderse de una infancia pobre y traumática, pasaba gran parte de sus días trabajando arduamente en su negocio.

A su favor, lo hizo excepcionalmente bien. Comenzando desde cero y, finalmente, adquiriendo un terreno y construyendo un hangar en su propiedad, aseguró una jubilación cómoda.

Fuera del trabajo, no había mucha alegría en el hogar; ser un fuerte disciplinario no lo hacía muy querido por el resto de la familia.

Marco recuerda hacer el saludo nazi con sus dos hermanos cuando su padre regresaba del trabajo. Alrededor de las 9 p. m., la mayoría de las noches, estacionaba su vehículo en el camino de entrada, solo para ser recibido con un *"¡Heil Hitler!"*.

Si su padre hubiera sido boxeador, podría haberse ahorrado el costo de comprar un saco de boxeo, ya que Marco tenía demasiado fuego dentro de él y su padre necesitaba un desahogo. Hacían una buena pareja de *sparring*.

Marco siempre estaba haciendo travesuras y pagando el precio por ello.

¿Qué más podría hacer un padre desorientado, perseguido por muchos fantasmas de su pasado, además de desahogar sus frustraciones en su hijo menor, quien siempre parecía estar en el lugar equivocado en el momento equivocado?

Era un hombre grande y fuerte, y puedes imaginar que sus bofetadas no eran para los débiles de corazón.

De hecho, mientras volvía a ver *"Game of Thrones"*, Marco podía identificarse con Theon Greyjoy y el abuso que sufría a manos de su carcelero, Ramsay, aunque sin las amputaciones con cuchillo, claro está.

Cabe señalar que Marco guardaba un cuchillo de carnicero en su habitación.

Muchas noches, durante las peleas de sus padres, fantaseaba con enfrentarse a su padre y poner fin a su miseria colectiva de una vez por todas.

Sin embargo, nunca encontró el valor.

En última instancia, su padre no podía controlar sus emociones y era un bruto.

¿Por qué Marco no aprendió a calmarse, al menos cuando su padre estaba cerca? Esas palizas habrían cesado.

Un patrón recurrente viene a la mente aquí. Marco siempre tuvo una actitud desafiante; tenía que hacer las cosas a su manera, incluso cuando eso parecía contrario a sus propios intereses. Para él, aprender lecciones valiosas requería una cierta dosis de drama. De lo contrario, esas lecciones no se fijarían en su mente.

Sadghuru dijo: *"El karma es el fundamento de la vida. Transformar estas piedras fundamentales de quienes somos en ruedas que rueden y luego en alas que vuelen es la esencia del proceso espiritual"*.

En retrospectiva, eso tenía perfecto sentido. El proceso creativo de convertir piedras en ruedas y luego en alas era, de hecho, una tarea ardua.

Desde muy temprano, sus compañeros lo etiquetaron como un poco loco. Eso era solo una forma de disociarse de la normalidad.

Puedes deducir que él y sus hermanos eran colectivamente un desastre en sus años de adolescencia.

Mientras tanto, su madre estaba atrapada en este enigma sin esperanza y se volvió cada vez más incapaz de escapar de sus disposiciones maníaco-depresivas.

Años después, la tesis de su hermana para su título en psicología concluyó que su padre era un padre autoritario y castrante, y su madre era frágil con tendencias depresivas hacia el final de su vida.

¡Aleluya!

Bueno, no era un matrimonio feliz, ni un hogar lleno de amor y compasión.

Marco llegó a darse cuenta, en sus años posteriores, de que eso lo había hecho ser quien era.

No tiene sentido jugar a ser la víctima una vez que entiendes que todo sucede por una razón.

Estas son las pruebas y los obstáculos que necesitas superar para trascender tus pequeñas miserias y aspirar al infinito.

En ese momento, no tenía absolutamente ningún concepto de infinito. Para su mente, todo era blanco o negro.

Aunque tenía una fuerte atracción por los colores, no podía realmente discernir a través del espectro de colores.

Su mente cartesiana solo veía las polaridades.

Su salvación era una imaginación fértil que lo llevaba a los cuatro rincones del mundo y más allá de esa línea imaginaria del horizonte, donde el dolor usualmente se convertía en éxtasis.

Sí, Marco era el soñador definitivo, y en el dosel de sus locuras y delirios, un caleidoscopio de colores brillantes iluminaba sus días y noches.

Era un niño lleno de vida a pesar de todo ese caos.

En cualquier caso, su mente siempre venía al rescate con sus tendencias analíticas para hacer que todo fuera correcto o incorrecto.

Uno pasa una vida entera con nociones preconcebidas absurdas sobre nuestra existencia que no reflejan en absoluto la realidad.

¡Qué desperdicio de energía!

Sus mejores recuerdos de su infancia estaban relacionados con la comida.

Su madre era excelente cocinera, mientras que las habilidades de su abuela en la cocina eran asombrosas. Con su pasta casera, salsas que se derretían en la boca y su sabiduría, los recuerdos de las cenas familiares al aire libre aún llevan los aromas joviales del verano.

CAPÍTULO

DIECISÉIS

"No importa si el paraíso es un señuelo
O si la vida está llena de desgracias
Soy el dueño de mi destino,
Soy el capitán de mi alma."

— WILLIAM ERNEST HENLEY.

La luz del sol y la naturaleza fueron una parte integral de la vida de Marco mientras crecía.

Podrías decir que su imaginación y resiliencia, alimentadas por su conexión con la naturaleza, compensaron su falta de amor y atención.

Su padre, quien tenía la costumbre de deshacerse de su frustración abofeteándolo en la cara con sus manos robustas, simplemente estaba repitiendo el ciclo de su juventud.

Nunca admitió haber soportado palizas de su propio padre, pero su muerte a los cincuenta y seis años por cáncer de hígado confirmó la sospecha de Marco de que el alcoholismo era la causa.

Confesó a su sobrina que su padre solía encerrarlo en un armario.

Los abuelos de Marco emigraron de Varsovia, Polonia, después de la Primera Guerra Mundial. Vivieron en la parte industrial del norte de Francia, donde su abuelo trabajaba como minero.

Eventualmente, se establecieron cerca de Toulouse, en el suroeste de Francia.

Su padre solía contar la historia de cómo su madre marcaba el pan con un cuchillo para evitar que los niños lo comieran en su ausencia. Esto sugiere que eran extremadamente pobres.

Su abuela abandonó a su familia cuando su padre tenía cinco años. Siempre fue la villana del cuento. Sospecho que el abuso de su esposo contribuyó a su traición.

Afortunadamente, su hermana Suzette, que tenía solo doce años, asumió el papel de criarlo y demostró ser una auténtica santa.

El padre de Marco tenía otra hermana, cinco años mayor, con cabello rubio rizado, ojos azul profundo y una apariencia de estrella de cine. Marco sólo supo de ella en su adolescencia tardía.

Fue secuestrada, violada y estrangulada por un asesino en serie que había masacrado a dieciocho mujeres antes de ser abatido por la policía. Ella había sido su última víctima y acababa de cumplir dieciocho años.

Liliane estuvo desaparecida un par de meses antes de que la encontraran en el Tarn, el río local que atraviesa su pueblo. Estaban dragando el agua, ¿y adivina quién la encontró?

Sí, no podría inventarme esto: el abuelo de Marco era el dragador de turno ese día.

¡Imagínate esto por un momento!

Si tal trauma no fue suficiente para volverlo loco o empujarlo a beber hasta morir, no estoy seguro de qué lo sería.

El karma no había sido amable con esta familia, pero Marco creía que había elegido a sus padres por un llamado divino.

Ahora, en esta vida, Marco estaba trabajando para la recuperación de su alma. Con suerte, no necesitará volver para más turbulencias.

A finales de los años cincuenta, buscar ayuda de psicólogos o chamanes no era algo común para quienes buscaban superar sus problemas subconscientes y liberarse de los demonios que los atormentaban.

Aunque el chamanismo tiene una larga historia entre los grupos indígenas, ni de lejos era algo que las personas en las sociedades modernas europeas adoptaran.

Marco no se sentía intelectualmente atraído hacia el chamanismo. Más bien, le parecía una progresión natural dentro de su evolución.

En su visita a la Amazonía ecuatoriana con su hijo, conoció a un chamán y sintió que experimentar la ayahuasca en un futuro cercano era inevitable.

Volviendo a sus padres. Por bien intencionados que fueran, continuaron ese ciclo de abuso, trauma y falta de amor en la siguiente generación.

Marco, un alma joven que tomó conciencia tarde en la vida, luchó con su matrimonio y la educación de su hijo. Pero esa es una historia para otro capítulo de este libro.

A veces, su hermana y él se miraban y comentaban que era un milagro que fueran normales después de todo aquello.

Aunque, claro, habría que definir qué es "normal". Esa palabra tiene un matiz de conformidad que no me agrada mucho.

Más tragedias siguieron en el camino de la familia.

El medio hermano de su padre murió en un accidente en su scooter al cruzar un paso de ferrocarril. Su prima Julianne iba de acompañante, pero salió ilesa.

El hijo de Julianne, que era hemofílico, murió de SIDA a los quince años, cortesía de plasma proveniente de América antes del inicio de la pandemia.

Su primo, un año mayor que él, estaba en la misma situación, pero su infección nunca progresó a SIDA.

Años después, el esposo de Julianne, Romain, sufrió la amputación de una pierna tras complicaciones con la diabetes.

Cuando el hijo de su hermana Arielle cumplió dos años, ella quedó viuda.

Fabrice terminó quitándose la vida.

La avanzada Alzheimer y senilidad de su tía Suzette la llevaron a la pérdida total de sus facultades mentales. Fue confinada a un hogar de retiro y permaneció en estado vegetativo hasta su fallecimiento a los 99 años.

Había sobrevivido a su hermano menor por un par de años.

Como prisionero de guerra, su esposo André contrajo tuberculosis y soportó una mala salud por el resto de su vida.

Sufrió un ataque al corazón frente a su casa y colapsó en el camino de grava. La intervención de los paramédicos impidió que encontrara la paz eterna ese día. Tras su recuperación, le realizaron una traqueotomía y permaneció conectado a una máquina de oxígeno durante varios años.

La última vez que Marco lo vio, sintió su sufrimiento. Su voluntad de vivir había desaparecido bajo la blasfemia de su absurda supervivencia.

Su padre se unió a la Marina cuando tenía dieciséis años y participó en la guerra de Indochina.

Después de que las guerrillas lideradas por Ho Chi Minh derrotaran a los franceses en 1954, eso se convirtió en el preludio de la Guerra de Vietnam. Para entonces, los estadounidenses querían detener la expansión del comunismo a toda costa.

De vuelta en Francia, su padre tuvo un accidente de moto con su Moto Guzzi.

Estuvo en el hospital durante dieciocho meses. Terminó con una gran cicatriz que recorría el costado de su rostro. Su pierna quedó gravemente dañada y quemada por el escape de la moto.

Eso le dejó una herida del tamaño de una moneda pequeña que nunca sanó y requería vendajes constantes debido al sangrado y la secreción de pus.

También tuvo una infección por estafilococos y contrajo tuberculosis mientras estaba en el hospital.

Marco no estaría aquí hoy si su madre no hubiera sido parte de un programa de correspondencia con marineros heridos. Así fue como se conocieron sus padres.

Su padre era, sobre todo, un hombre orgulloso. Pueden imaginar que se sintió marginado por los demás debido a su pierna herida.

El dolor físico en sí mismo debió ser la causa de un tremendo sufrimiento a lo largo de su vida.

El paso del tiempo hizo que Marco se diera cuenta de que todos cargamos con nuestra propia cruz.

Algunos la llevan con más dignidad; otros terminan sucumbiendo bajo su peso.

Al crecer en una familia de inmigrantes empobrecidos y sin educación, toda la existencia de su padre giraba en torno a buscar validación de los demás.

Sin embargo, encontraba consuelo en el trabajo duro y en proveer bienes materiales para su familia. Así que, donde el amor no existía, el dinero actuaba como el gran compensador, al menos a sus ojos.

Viviendo entre algunas familias Shipibo mientras escribo este libro, no puedo evitar notar muchas risas durante el día. El dinero no es la raíz del mal, pero tampoco lo es su ausencia.

Viajando por el mundo, me llama la atención que el tamaño del corazón de las personas a menudo es proporcional a su falta de fondos. Ser pobre no deja otra opción que abrazar lo poco que se tiene.

Así que, cuando el padre de Marco llegaba a casa tarde en la noche después del trabajo, era más un policía malo que un padre.

Su pobre madre se perdió en el caos. Estaba demasiado preocupada con su neurosis para lidiar con el drama.

Su abuela materna, Violette, era una sabia según los estándares modernos.

Había criado a cinco hijos y perdió a su esposo por un ataque al corazón (podría haber sido un aneurisma cerebral) mientras cuidaba el jardín, como Al Pacino en "El Padrino 3". Tenía sólo cincuenta y tres años.

Recuerda que su abuelo era un buen hombre, ya que siempre le daba chicles. Marco tenía seis años cuando murió.

No tengo idea de cuáles eran los problemas en esta familia, en este ciclo de vidas.

Cuando añadimos nuestras encarnaciones pasadas a la ecuación, puede convertirse en un verdadero desastre.

En los márgenes de la Amazonia, busca el perdón limpiando todos los datos, un proceso que el Dr. Len describe como eliminar la basura y comenzar de nuevo desde cero.

Haciendo esto, podrías cambiar la conciencia del mundo, un recuerdo a la vez.

Volviendo a la familia de la madre de Marco.

En este lado del Atlántico, no encontrarás un grupo de individuos más apáticos y neuróticos.

Sus bisabuelos maternos eran de Piamonte, Italia, y emigraron a Francia, donde nacieron sus hijos.

Así que ya habían perdido el idioma italiano, a diferencia de sus abuelos paternos, quienes hablaban polaco y ruso con fluidez (al menos su abuelo lo hacía).

Puedes imaginar que, durante esos años, hablar un idioma que sonara como alemán llevaba un estigma en Francia. Como resultado, ni su padre ni su tía hablaban una palabra de polaco.

Sus hermanos eran el ejemplo clásico de inmigrantes italianos, trabajando duro en los campos y ahorrando cada centavo de su labor, mientras que su bisabuelo materno sucumbió a la gripe española.

A los 104 años, su tía falleció, mientras que sus dos hermanos murieron a los noventa y nueve. Cuando se cayó y no se recuperó de una fractura de cadera, su abuela murió a los noventa y cuatro.

De cualquier manera, la negatividad y un gran sentido de victimismo corrían desenfrenados, al menos desde la perspectiva de su madre y sus hermanos, como un virus que infecta un software de computadora.

¿De dónde venía esto? No pretenderé saberlo.

Eran personas decentes con buenos corazones, pero culpaban de su angustia a los demás, sin darse cuenta de que era producto de ellos mismos.

Adéle, la hermana mayor de su madre y su madrina, abrazó su fe católica como una evangelista frustrada.

Terminó en un hogar de ancianos, habiendo alejado al único de sus tres hijos que se había ocupado de ella, junto con su esposa, durante muchos años. Terminó sola, deprimida y cada vez más amargada con su situación a medida que pasaban las estaciones.

A pesar de dedicar toda su vida a Jesucristo, ¿por qué no estaba feliz y contenta con la perspectiva de ir al cielo?

Marco debería ser más amable con su memoria, pensando que todas las oraciones que hizo a favor de su ahijado dieron frutos.

De lo contrario, quizás no estarías leyendo estas palabras.

En su funeral, sus dos hijos menores se marcharon después del servicio en la iglesia. Ni siquiera se molestaron en seguir el cortejo hasta el cementerio para ver enterrar a su madre. Le dijeron a Arielle que tenían una cita.

Marco no vaciló y los eliminó de sus contactos de Facebook y de su lista de Navidad de inmediato.

Los franceses tienen una tendencia a quejarse.

Debe ser el pasatiempo nacional favorito de los franceses, a la par con mojar un *croissant* en tu café o jugar al *tiercé* (carreras de caballos) los domingos por la mañana.

Atrapado entre su padre, quien debió ser la persona más crítica de su generación, y su madre, la más negativa de la suya, Marco estaba marcado desde el inicio.

No es de extrañar que saboteara su carrera y sus relaciones con su constante actitud de que siempre faltaba algo, sintiéndose con derecho a más.

Ah, la negatividad y el sentido de tener derecho a privilegios son la antítesis de la gratitud.

La gratitud te da una gran actitud. Te sientes pleno y agradecido.

El paso del tiempo permite un crecimiento y transformación infinitos.

Cuando él descubrió el santo grial de la gratitud, su vida se transformó en un reflejo de esta nueva sabiduría, brillando como las facetas de un diamante bajo la luz del sol.

El karma en la familia de su madre ha sido menos trágico pero más insidioso, como un grifo que gotea y eventualmente se convierte en una inundación.

Eran disfuncionales, por decir lo menos. Sin embargo, el sentido general y penetrante de victimismo en el lado de la familia de su madre se llevó el gran premio.

Las víctimas se rinden ante las circunstancias, mientras que los luchadores, como en el lado de su padre, siempre parecen encontrar la fuerza mental para sobrevivir y prosperar.

Marco estaba decidido a no rendirse con sus sueños. A pesar del desafío de superar las tendencias neuróticas heredadas, creía que con tiempo y esfuerzo, podría tener éxito.

Tomemos a su prima Julianne, la hija de Suzette, como ejemplo.

Mientras daba a luz a su único hijo, Fabien, sufrió un derrame cerebral. Como resultado, tuvo que someterse a años de rehabilitación para recuperar su capacidad de hablar y ahora arrastra las palabras al hablar. La parálisis parcial afectó el lado izquierdo de su cuerpo.

Sonreía hacia el exterior a pesar de sus pruebas, conducía su propio auto con dirección y caja de cambios modificadas, y vivía como una mujer independiente.

Después del fallecimiento de Fabien por SIDA, visitaba fielmente su tumba cada día.

Con su distintivo andar similar al de un pato, recorría una distancia total de catorce kilómetros, enfrentándose a todo tipo de clima. Durante muchos años, nunca faltó un solo día.

Ella asombraba a Marco con su fuerza de voluntad y persistencia. A pesar de su condición, no podía imaginar la inmensa devoción requerida para superar tal tragedia.

En comparación, su madre se quejaba toda su vida de sus circunstancias, ¿y adivina qué atraía?

Después del divorcio de su padre, cada perdedor del pueblo.

Bendita seas, madre. Lo siento, por favor perdóname, te doy las gracias y te amo.

Sospecho que podrías regresar pronto en un cuerpo diferente para aprender las lecciones que te perdiste.

Su madre siempre expresó su deseo de evitar envejecer como ciertos parientes.

Poco después de ingresar a un hogar de retiro, murió a los ochenta y un años de un aneurisma cerebral, sin duda autoprovocado.

La noche antes de su muerte, Marco la llamó al hogar de retiro, algo que lamentó no haber hecho más a menudo. La recepcionista le informó que estaba jugando al póker con otros residentes, expresando lo mucho que disfrutaba esos juegos semanales.

¿Qué le dirías a tu madre si supieras que sería tu última conversación con ella?

Por favor, reflexiona sobre esto por un rato.

Por cierto, era el Día de la Madre y Marco fue demasiado duro con su madre.

Ella era el alma de las fiestas, una cocinera y anfitriona increíble, y, en última instancia, tenía el corazón más bondadoso. Nadie habría negado estos hechos en su funeral.

Su hermana menor murió de leucemia a los setenta y tres años. Con una buena pensión y una perspectiva brillante de la vida, su voluntad de vivir nunca estuvo en duda.

Marco tuvo un enamoramiento con ella durante sus años de

adolescencia. Su mente fértil y sus hormonas descontroladas debieron estar en sintonía con su aura de mujer sexualmente perturbada.

Otro ejemplo de trauma transgeneracional del lado de la familia de su madre. Pensando que había casos más problemáticos en esta línea familiar, Marco debería tener mucha inspiración para su próxima novela.

Su hermano menor comentó recientemente: *"Soy el último que queda"*.

Es el padrino de Marco y nació dos días antes que el Dalai Lama, el Día de la Independencia de Estados Unidos. Aunque no se han visto mucho en las últimas décadas, siempre compartieron un vínculo.

Sería difícil encontrar a una persona más amable; con inclinaciones artísticas y una gran sensibilidad, aunque totalmente desconectado de su alma.

DIECISIETE

"No tienes que elevar tu conciencia, tienes que elevarte a ti mismo para encontrar acceso a ella."

— SADHGURU.

Marco nunca sintió que pertenecía. Sus padres nunca lo favorecieron por ser el "patito feo".

Ciertamente disfrutaba causando problemas; no en el sentido de que fuera un niño malo, sino que necesitaba liberar algo de energía.

Con la escuela siendo demasiado fácil, recurría a hacer payasadas para llamar la atención y buscar risas.

A medida que creció y se convirtió en un adolescente, perdió interés en la escuela.

Estados Unidos y el Gran Oeste Americano siempre lo fascinaron.

Poco sabía que pasaría más de la mitad de su vida en los Estados

Unidos. Partió unos meses después de que Donald Trump asumiera la presidencia en 2017.

No fue una coincidencia que Marco dejara el país. Estados Unidos se había vuelto demasiado polarizado.

Su búsqueda del "Sueño Americano" había sido un experimento interesante en sí mismo.

Pero cuando el humo se disipó, no quedaron muchas estructuras que valiera la pena salvar. Se había convertido en un páramo desolado, al menos en su paisaje interno.

En su percepción, la tierra de la leche y la miel contenía todos los males de la sociedad. Trump encontró el lugar perfecto para aprovechar la ola de descontento y odio. Simplemente capitalizó la propensión de la gente a culpar a otros por sus desgracias. Después de todo, era un maestro en señalar con el dedo y jugar el papel de víctima.

Marco había desperdiciado años de su vida encontrando defectos en las personas.

Había tomado la decisión consciente de no participar más en estas actividades que le robaban energía.

Laura Berman escribió un libro impactante titulado *"Quantum Love"*, que estuvo en la lista de bestsellers del *New York Times*.

Habla sobre el Dr. David Hawkins, quien demostró la existencia de un campo de energía generado por diversas emociones.

Desarrolló una escala llamada "Mapa de la Conciencia" que asigna valores de frecuencia distintos a diferentes emociones, que van desde la vergüenza (20) hasta la iluminación (700+).

El amor se sitúa en 500 en la escala, y la culpa, que aparece como remordimiento, en 30.

Cabe destacar que estos números no son lineales. La iluminación, por ejemplo, tiene el potencial de ser varios millones de veces más poderosa que la vergüenza.

La física cuántica muestra que todo en el universo está compuesto por partículas u ondas, vibrando como cuerdas a diferentes frecuencias.

Cuando un cuerpo vibracional de una resonancia más fuerte influye en otro dentro de su campo, se llama *entrainment* (sincronización).

Laura Berman sugiere que elevar tus vibraciones emocionales a través de la coherencia no solo mejora tu propio bienestar, sino que también te permite influir en los demás.

Funciona eficazmente para parejas, familias e incluso para la paz mundial.

Una persona en un estado de amor puro podría impactar a 150 000 personas que se sincronizarían con estas altas frecuencias de amor.

Un Buda o Jesús en sus estados de dicha causarían la sincronización de varios millones de individuos.

La supervivencia de nuestra especie depende de la conciencia de los habitantes del planeta. Esto podría suceder en un futuro previsible, pero ¿a qué costo?

DIECIOCHO

"No hay atajos hacia ningún lugar que valga la pena."

— BEVERLY SILLS.

Antes de siquiera hacer planes para la universidad, Marco dejó caer una bomba sobre su padre, quien soñaba con que él se convirtiera en médico o algo igualmente impresionante.

Estaba harto de la escuela y decidió abandonar el nido parental. Empacó su mochila y se fue a un pueblo cerca de la frontera española para *les vendanges* (la vendimia) junto con su hermano Bernard.

Trabajando en los campos, conoció a una linda y despreocupada morena castellana que venía de Barcelona. Felisa no hablaba una palabra de francés, y el español de Marco era inexistente.

Recurrían a comunicarse con gestos. Bajo la pasión de la juventud, las hormonas hicieron su trabajo.

Después del final de la temporada en el sur de Francia, se dirigieron a la región de Cognac, conocida por su auténtico brandy de vino.

Marco finalmente trabajó tres temporadas consecutivas en una finca dirigida por dos hermanos y su familia.

En aquellos días se valoraban mucho a los trabajadores de los campos.

La madre y sus nueras manejaban la cocina con gran eficiencia.

La calidad de la comida era comparable a la de un restaurante de cinco estrellas.

Criaban pollos, patos, conejos y perdices en la granja. Los anfitriones recogían *cèpes* (hongos porcini) en el bosque y usaban las verduras más frescas y los mejores cortes de carne de res de la región. También hacían pasta casera y dulces.

A cada trabajador le daban un litro de *eau de vie* al día, además de todo el vino que pudieran beber.

Cómo lograban llegar a trabajar a tiempo por la mañana sigue siendo un misterio, pero trabajaban duro y se divertían aún más.

Todos los domingos, el jefe sacaba una de sus preciadas posesiones de la bodega y la compartía con moderación con sus invitados. Un coñac de 100 años desafía toda descripción. Una verdadera celebración para los sentidos.

A veces iban a los bares del pueblo más cercano y causaban estragos.

A lo largo de sus viajes, Marco nunca dejó pasar la oportunidad de trabajar en los campos durante la temporada de cosecha. Estas están entre sus mejores memorias.

Cuando terminó la temporada, Marco se fue a vivir a Barcelona.

Felisa tenía un apartamento y un trabajo de medio tiempo como anfitriona de bar, ganando buenas propinas.

Antes del euro, España era extremadamente barata. Podías comer tapas y beber sangría o absenta todo el día y aún te quedaban pesetas para el resto de la semana.

Mientras el régimen de Franco se acercaba a su fin, la gente se manifestaba cada vez más en las calles.

La vida en Barcelona era muy divertida. Marco tenía diecinueve años y no le preocupaba nada en el mundo, excepto los pequeños demonios en su propia cabeza.

Vivía en un país extranjero, hablando un idioma diferente. *«Esta es una buena manera de disociarme de la realidad»*, pensaba.

Comunicarte en un idioma que no es el tuyo puede hacerte sentir que estás abrazando una nueva identidad, lo cual le venía de maravilla.

A los trece años, el padre de Felisa la echó de su apartamento. Le ordenó que no volviera hasta que encontrara un trabajo. Ella tenía poca educación sobre los asuntos del mundo, pero se reía mucho, incluso de las cosas más tontas.

En contraste, la ira de Marco parecía justificada.

Los eventos de tu vida definen tu perspectiva sobre las circunstancias, lo que a su vez dirige tu comportamiento.

Así que no todo era color de rosa en el campamento de Marco. Era sensible y escondía su inmadurez emocional bajo una falsa valentía, confiando demasiado en las escapatorias que le brindaban el alcohol y las drogas.

Amaba a los españoles y su actitud despreocupada hacia la vida. Había muchas cosas sucediendo en esta ciudad y oportunidades interminables para participar en toda la diversión.

Pronto alquilaron una casa en un pequeño pueblo de Menorca, en las Islas Baleares, para el verano. En ese momento, era una isla tranquila con hermosas playas, llena de encanto sereno.

Durante el verano, los pueblos de la isla se turnaban para organizar festivales de tres días que se convertían en grandes fiestas con caballos de pura raza.

Las personas tomaban turnos para golpear al animal, y mientras el jinete lo obligaba a pararse sobre sus patas traseras, gritaban: *"¡Olé!"*.

A los menorquines les gustaba festejar. Su bebida preferida era ginebra con Coca-Cola. El alcohol y la sensibilidad hacia los caballos no eran una buena combinación.

Después de uno de estos eventos, por la madrugada, Marco terminó en la comisaría de la Guardia Civil. Estaba medio desnudo, llevaba aretes de plumas y se había pintado la cara como un guerrero comanche. Estaba completamente intoxicado.

La Guardia Civil en tiempos de Franco era conocida por ser bastante dura y abusiva, pero ese día estaban en modo de fiesta. Marco tuvo suerte.

Antes del final del verano, recibió sus papeles militares. En ese momento, el *service militaire* era obligatorio en Francia.

Tenía que presentarse en la 7ª unidad de Infantería en Aviñón por un año, o proporcionar una razón válida para no hacerlo.

En su formulario de inscripción, les dio una razón simple por la que no se presentaría. Escribió en letras grandes: *"PARANOICO"*.

Una semana antes de la fecha límite, fue convocado al pabellón psiquiátrico del hospital militar en Marsella.

Para hacer un caso convincente, Fabrice le dio algunas pastillas. Le dijo que se tomara un par justo antes de entrar al hospital.

No tenía idea de la naturaleza diabólica de esas pastillas, pero pronto lo descubriría.

El hospital lo evaluó durante tres días antes de su consulta final con un psiquiatra.

Todo parecía un asunto casual. Compartía una gran habitación con ocho jóvenes en situaciones similares.

Sospechaba que uno de ellos podía ser un espía, así que se concentró en jugar su papel.

Veinte minutos después de cruzar las puertas del hospital, comenzó a comportarse involuntariamente como un verdadero esquizofrénico.

Se había considerado un buen comediante. Ahora las líneas de la realidad estaban totalmente borrosas. Estaba perdiendo el control.

Fuera de sí.

Un joven inteligente fue observado en la misma habitación durante seis meses. Sabían que estaba fingiendo y estaban decididos a hacerlo pagar por ello. Estaba angustiado por la idea de quedarse allí durante el resto de su servicio.

Para sus compañeros, Marco estaba realmente loco, y se lo recordaban en numerosas ocasiones durante su estadía. Él no estaba en desacuerdo con ellos.

Sin embargo, toda la situación no estaba completamente desprovista de diversión y camaradería.

El psiquiatra estuvo de acuerdo con ellos en su último informe.

Marco sólo recuerda sus profundos y penetrantes ojos negros.

Ahora, podía regresar a sumergirse en el azul del mar Mediterráneo.

Felisa se cansó de mantener al joven ingrato, y las cosas comenzaron a ponerse tensas.

Decidió ir a Andorra al final del verano tras conseguir un trabajo como lavaplatos en un restaurante de lujo.

Si te contara ciertos incidentes que ocurrieron en la cocina de un restaurante, te horrorizarían. Especialmente cuando los empleados sienten que no están siendo tratados de manera justa.

Para no herir tus sensibilidades, no entraré en los detalles espeluznantes de lo que sucedió en esa cocina en particular. Vayamos directamente a una historia en especial.

El chef era un español grande y corpulento, un exlegionario extranjero. Marco, que en cierto modo estaba tan loco como él, tenía una buena relación con él. Estaban trabajando en su turno de la tarde mientras el dueño y su esposa estaban fuera por una ocasión especial.

El dueño era un hombre decente, pero su esposa era mala y condescendiente con los empleados.

Habían encontrado formas creativas de vengarse. ¿No prometí guardar silencio?

Era el cumpleaños del chef ejecutivo. Agarró una botella de

whisky del bar, y la terminaron en poco tiempo, bebiendo directamente de la botella.

Se emborracharon, bajaron al refrigerador de almacenamiento y protagonizaron la pelea de comida más épica de todas.

Duró hasta que todos los huevos, tomates y el contenido completo del refrigerador se convirtieron en proyectiles, estrellándose contra las paredes y techos de toda la sección inferior.

Se comportaron como psicópatas. Las mujeres que trabajaban en limpieza tuvieron que limpiar todo el lugar para encubrir sus actos vergonzosos.

Les tomó casi toda la tarde, mientras los dos borrachos se recuperaban.

A la mañana siguiente, el dueño despidió a todo el personal, trece empleados en total.

Sospecho que ninguno de ellos tuvo problemas para encontrar otro trabajo de inmediato, ya que era temporada alta.

Aquí, Marco todavía siente una mezcla de remordimiento y emoción. Después de todo, fue una pelea colosal.

Eventos de esta magnitud solo ocurren una vez en la vida. Hay que apreciarlos por lo que valen. Por eso debería disculparse nuevamente con el dueño y todo el personal, ya que la sensibilidad aún no es su punto fuerte.

Regresó a Menorca con un poco de dinero en el bolsillo.

Esperaba reanudar su relación con Felisa. Durante su ausencia, ella había encontrado una alternativa más prometedora, un joven hippie que hacía sus propias joyas.

Ella le devolvió su libertad, y él la aceptó a regañadientes.

Se quedó en la isla por un tiempo. A cambio de alojamiento y algo de dinero, ayudaba a una anciana con el jardín y el mantenimiento, entre otras tareas.

Eventualmente, regresó a Francia, tan arruinado como siempre.

DIECINUEVE

"El consuelo de tener un amigo puede desaparecer, pero no el de haberlo tenido."

— SENECA.

Poco después, conoció a un individuo de cabello largo y barba apodado *"Titou"*, derivado de *petitout* en el dialecto provenzal, que significa pequeño.

Compartían una afinidad por beber cerveza y fumar marihuana.

Eventualmente, hicieron planes para ir juntos de mochileros por Sudamérica tan pronto como pudieran ahorrar suficiente dinero.

Llegó el día en que Marco y Titou partieron en un viaje de siete meses por Sudamérica.

Este viaje se convirtió en una odisea digna de Homero, donde los chicos se convirtieron en hombres.

En una playa de arena blanca en Barbados, conocieron a dos chicas francesas que planeaban recorrer un camino similar como mochileras.

Su compatibilidad los llevó a futuros encuentros en lugares diversos. Es inquietante recordar cómo solían viajar antes de la era de Internet.

Hablaban de encontrarse en una fecha posterior, y, como por orden divina, todos estaban allí, compartiendo el mismo espacio durante meses después.

Arianne era una bonita morena que irradiaba una energía sexual de espíritu libre, pero su amiga Céline no era tan atractiva y era mucho más pudorosa y reservada.

Persiguiendo la misma mariposa, Marco y Titou terminaron enredando sus redes.

A pesar de esa dinámica, los cuatro formaron una bonita amistad.

En Río de Janeiro, se reunieron nuevamente con estas dos ingenuas. Estaban acompañadas por dos suecos atractivos, uno de los cuales era medio metro más alto que Titou.

Meses después, recorrieron juntos el "Camino Inca" bajo una lluvia torrencial. Sin embargo, eso no empañó la experiencia.

Avancemos hasta una discoteca en algún lugar de Bolivia. Las bebidas corrían y la música estaba increíblemente alta, como les gusta en los países latinos.

Arianne y Marco estaban bailando juntos, poniéndose bastante cómodos el uno con el otro.

A medida que avanzaba la noche y el alcohol hacía efecto, Marco comenzó a despotricar contra las mujeres y todo el *freaking* planeta.

El dueño los echó del bar y amenazó con llamar a la policía.

¿Qué esperas de un joven de veintiún años con la cabeza hecha un lío?

Era una batalla constante mantener sus emociones bajo control cuando estaba sobrio.

Sin embargo, con unas copas de más, se hundía en un mundo de paranoia, odio y frustración.

Cuando Marco despertó a la mañana siguiente, Arianne estaba en la cama de Titou.

Imperturbable, su astuto intelecto acudió al rescate, como siempre, alimentando sus delirios y su ego.

Viajaron juntos durante unos días por el Altiplano boliviano, una vasta meseta a 3650 metros de altitud.

Hicieron el trayecto en la parte trasera de un camión descubierto. El clima frío hizo que los dos amantes actuaran como adolescentes en celo.

Marco recuerda hacer contacto visual con Céline de vez en cuando y esbozar una sonrisa irónica.

Dos años después, al regresar de Canadá, Marco descubrió que Titou y Céline ahora vivían juntos. Eventualmente, se casaron.

En una visita posterior para pasar la noche en casa de su amigo, habían invitado a Arianne para la velada.

Esta vez, no pudo resistirse a sus encantos.

Se enamoraron el uno del otro. Ella lo acogió en la casa de su madre, donde vivía. Se notaba que Marco estaba en sus buenos términos.

Dos semanas después, se despertó y se fue como un ladrón en la noche. Se dirigió a trabajar a Alemania, para ganar algunos *deutschemarks*.

Sin embargo, se estaba volviendo demasiado apegado a la joven. Esa fue su manera de protegerse del dolor en su corazón.

Un patrón recurrente que resurgiría en el futuro cada vez que alguien se acercara demasiado a su punto vulnerable.

Poco después, Céline dio a luz a una hermosa niña a la que llamaron Zoé.

Titou tenía una personalidad adictiva y continuaba abusando del alcohol y las drogas.

A pesar de comprar una hermosa casa cerca de Aix-en-Provence, no logró apaciguar los demonios internos de Titou.

Eventualmente se divorciaron, y Titou se fue a un lugar del que siempre había hablado: la Guayana Francesa, para comenzar una nueva vida.

Años después, Marco se enteró de que había muerto en un accidente automovilístico. Acababa de cumplir cincuenta años.

Volviendo temprano en la mañana de una salida de navegación con amigos, chocó contra un árbol.

Estaba solo al volante. Marco recuerda que su amigo era un conductor hábil y responsable. ¿Quién sabe si había bebido demasiado El Dorado, el famoso ron de la Guayana, la noche anterior al accidente?

Tuvieron experiencias intensas juntos, pero apenas se conocían realmente.

Qué lástima que estos dos corazones cerrados nunca se abrieron el uno al otro.

A lo largo de nuestras vidas, luchamos por comunicarnos con aquellos a quienes queremos.

Lamentablemente, solo podemos darnos cuenta y expresar nuestra empatía y compasión por su dolor y sufrimiento después de que han fallecido.

No habrá una segunda oportunidad en esta vida para decirles que los amamos.

Con todos sus viajes, Marco había hecho muchas amistades, pero pocos amigos verdaderos.

Céline se convirtió en su mejor amiga. Para él, era una especie de figura santa. Tuvieron grandes risas y un afecto genuino el uno por el otro.

Aunque nunca discutía sobre religión, tenía una profunda fascinación por los libros religiosos.

En lugar de trabajar en el sector privado por un mejor sueldo, dedicó su vida a ayudar a otros necesitados y se convirtió en enfermera.

Una vez que se jubiló, siempre hablaba de regresar a la India, donde había viajado como mochilera con Titou.

Con una casa en el campo pagada y una modesta pensión, ella se imaginaba cuidándose mejor en sus años de retiro.

Sin embargo, una nueva legislación en Francia retrasó su jubilación dos años.

Una vez le confió a Marco que, como muchas mujeres que priorizan a los demás, estaba cansada de descuidarse a sí misma durante tantos años.

Marco estaba trabajando en México cuando Zoé le envió un mensaje diciendo que su madre había muerto de leucemia a los sesenta y cinco años, después de una breve enfermedad.

Le rompió el corazón. Si alguien no merecía morir en ese momento, era Céline.

Lamentablemente, nunca tendrá la oportunidad de abrazar y sostener a sus dos nietas, que nacieron unos años después de su muerte.

Desde una perspectiva cristiana, merecía estar en el cielo.

Marco lo veía de otra manera. Un alma es energía pura, ardiendo para siempre como una antorcha olímpica.

Independientemente de si las personas están vivas o muertas, su energía seguirá irradiando alrededor del cosmos.

Sólo necesitamos nutrirnos de la energía de nuestros seres queridos que han partido y perpetuar su presencia dentro de nosotros.

En nuestros corazones, debemos permitirles brillar como las innumerables facetas de un diamante que captura la luz del sol, y llevarlo con orgullo en nuestro pecho como una *boutonnière*.

Aunque no podamos compartir una botella de rosé, *"el cielo es el límite"*, como dicen.

Disociarnos de conceptos simplistas de cielo e infierno es, de hecho, refrescante.

VEINTE

"Así como una vela enciende otra y puede encender miles de otras velas, un corazón ilumina otro corazón y puede iluminar miles de otros corazones."

— LEÓN TOLSTÓI.

Antes de que Marco emprendiera su retiro de tres meses en Perú, voló a Cusco.

En la última década, el "Camino de Salkantay" había surgido como una excelente alternativa al "Camino Inca".

Afortunadamente, no tienes que reservar la caminata del Salkantay con meses de antelación. Es más larga, más difícil, más alta y, simplemente, espectacular.

En una sección del camino, tienes una vista diferente de Machu Picchu y estás cerca del sendero Inca original.

Marco eligió este lugar para hacer un altar para sus amigos, quemar incienso y rememorar su aventura juntos de hace cuarenta y cuatro años. No había podido contactar a Arianne. La última vez que se encontraron fue en la velada de Céline hacía ya mucho tiempo.

Esa mujer, que una vez fue tan hermosa, no había envejecido con gracia. «*Tanto por fantasear con el pasado*», pensó.

Tenía dientes negros, un vientre desfigurado y una complexión amarillo pálido que, a los ojos de Marco, apestaba a enfermedad hepática. ¿Podría estar posiblemente muerta ya?

Por si acaso, Marco reservó un lugar para ella en el altar. No podía evitar pensar que él era el último mosquetero que quedaba, todavía enfrentándose a la vida con su espada décadas después.

Eso lo llenó de orgullo y gratitud. No cambiaría su vida por nada.

Sin deseos de regresar, se había alejado de los Estados Unidos hacía casi seis años.

Después de haber pasado tres décadas probando el "Sueño Americano", se dio cuenta de que el experimento había terminado.

Es normal mirar los períodos anteriores con un poco de nostalgia.

Ya no eres la misma persona que eras cuando ocurrieron todos esos eventos del pasado. Tu experiencia y la sabiduría adquirida han polarizado las lentes a través de las cuales ves y percibes las cosas.

El problema surge cuando las personas se identifican con la suma de todo lo que les ha sucedido y con las personas con las que interactuaron.

La nostalgia puede convertirse en aquello que nubla los juicios y distorsiona la realidad.

Sin embargo, cuando el enfoque está en cosas negativas o doloro-sas, pronto toma su propio camino de ida hacia el caos.

VEINTIUNO

"Así que quieres domarme
Hacerme todo tuyo
Cantarme dulces nanas
Cortar la punta de mis alas
Ponerme en una jaula dorada
Volverme un sabio
Por encima de todo lo demás.

Oigo el viento girando
Y la marea llamando
Soy como la arena más fina
En la palma de tu mano
No soy quien piensas
Tengo espacio en mi corazón
Para que otros pájaros canten.

Así que quieres domarme
Y alimentar mi cordura
Caminaríamos por esa playa
Y veríamos el sol rojo hundirse

En ese mar turquesa
Un arcoíris al alcance
Más allá de ese puerto seguro,

Un manto de pinos
Y tus cenas elegantes
Mi mente en una pecera
Y mis sentidos desquiciados
No soy quien piensas
Tengo espacio en mi alma
Para que águilas calvas se eleven.

Así que quieres domarme
Y desarmar mi voluntad
No soy lo que pensabas
Tengo espacio en mi parcela
Para que otras semillas crezcan
No es lo que parece
Tengo espacio en mis sueños

Para que fluya su dulce amor."

— MARCO, 2013.

Marco y Hazel habían excedido sus visas de turista en Australia por más de tres años. Decidieron que era momento de irse a los Estados Unidos.

Al ver los sellos de sus pasaportes en el aeropuerto de Perth antes de su partida, el oficial de inmigración llamó a su supervisor. El encargado los llevó a una oficina donde dos hombres los entrevistaron.

Con curiosidad, les preguntaron sobre su paradero y cómo se habían mantenido durante esos años.

Marco dijo que habían estado explorando juntos ese increíble país de Australia todo el tiempo.

Su padre le enviaba dinero de vez en cuando, cuando lo necesitaba.

Los dos joviales oficiales se miraron entre sí con una sonrisa irónica en sus rostros. Uno de ellos estampó sus pasaportes y dijo: *"Good on ya, mates, 'ave a good one"*.

Eran los buenos tiempos antes de las computadoras, los números de seguridad social y las fotografías en las licencias de conducir.

Marco tuvo varios trabajos, incluyendo obrero de construcción, taxista, fotógrafo, conserje, camarero, barman, pintor y trabajador agrícola. Su licencia de taxista, que tenía su fotografía, estaba a nombre de Steve Henwood (un regalo de un compañero mochilero al dejar el país).

A menudo le decía a la gente que su madre era francesa y su padre británico. De lo contrario, su nombre preferido era Marc Dubois, un nombre que le parecía más exótico.

Hazel también tuvo su buena parte de ocupaciones.

Poco después de llegar a Francia, planearon obtener una licencia de matrimonio.

Marco sólo estaba interesado en casarse para obtener su *green card* para la "Tierra de la Libertad y el Hogar de los Valientes".

Esa no era una manera muy romántica de tratar la noble institución del matrimonio, ni a su novia.

Lamentablemente, no le importaba nadie más que él mismo, sin tener en cuenta el impacto de sus acciones.

Por alguna razón oscura, probablemente el trauma de su infancia, no quiso involucrar a sus padres. Su hermano Bernard vivía en Burdeos con su novia, y estaban fuera de la ciudad.

Su apartamento estaba disponible, y se encontraba a 500 metros a pie de la *mairie* (oficina del alcalde). Tomaron esto como una señal y arreglaron los trámites necesarios.

La burocracia francesa puede ser caprichosa, y eso es quedarse corto. Las dos ancianas encargadas de la administración no simpatizaron con la pareja marginal desde el principio.

Durante los días siguientes, les hicieron la vida difícil al exigir siempre algún documento adicional que no tenían. Parecía, de una manera sutil pero sádica, que disfrutaban del proceso.

Al cuarto día, quedó claro que no tenían intención de otorgarles la licencia de matrimonio.

Marco era bastante temperamental en ese entonces.

Se enfureció y comenzó a subir corriendo las escaleras, gritando a todo pulmón:

—¿Dónde está ese maldito alcalde? Quiero decirle lo que pienso, ¡maldita sea!

Corrió por todo el pasillo hasta que vio un cartel en una puerta que no tuvo tiempo de leer. Entró como un loco.

Un hombre de unos treinta años estaba sentado en un escritorio y preguntó, con un tono sorprendentemente tranquilo:

—¿Qué está pasando?

Dos policías entraron a la oficina con esposas y armas en las manos.

El hombre rápidamente se levantó, se interpuso entre los oficiales y Marco, y afirmó:

—*Está bien. Yo me encargo.*

Los oficiales se retiraron, y el caballero le indicó que tomara asiento, se calmara y explicara la situación.

Diez minutos después, estaban riendo como viejos amigos.

Cuando Marco usó el término "viejas brujas" para describir a las dos mujeres, el asistente del alcalde esbozó una sonrisa sarcástica y reconoció que eran excesivamente celosas en su trabajo.

Pronto bajaron juntos las escaleras, acompañados por los policías, que habían permanecido detrás de la puerta cerrada durante toda la conversación.

Hazel sintió alivio al darse cuenta de que su futuro esposo había evitado el arresto.

El asistente del alcalde les indicó que regresaran a la mañana siguiente.

Dos días después, el asistente del alcalde y su novia fueron sus testigos mientras eran declarados marido y mujer. A cada lado del funcionario estaban las dos ancianas, a quienes Marco no les ahorró una sola mirada asesina ni por un instante.

Hazel debió haberse preguntado, en primer lugar, por qué se estaba casando con este maniático.

La pareja recién casada y sus testigos salieron a tomar unas copas después.

Su matrimonio duraría veintiocho años, lo que en retrospectiva parece una eternidad.

Dado que el alcalde de Burdeos era Jacques Chaban-Delmas, quien había sido Primer Ministro bajo el mandato del presidente Georges Pompidou, Marco podría haber terminado en la cárcel.

En cambio, partieron hacia América dos meses después. El año era 1985.

VEINTIDÓS

"La pasión llevará a los hombres más allá de sí mismos, más allá de sus defectos, más allá de sus fracasos."

—JOSEPH CAMPBELL.

Ronald Reagan estaba a mitad de su segundo mandato como presidente. *"Back to the Future"*, la icónica película con Michael J. Fox, fue la más taquillera del año.

Todo parecía más sencillo viviendo en los Estados Unidos, desde comprar un auto nuevo hasta recibir una tarjeta de crédito por correo. Había letreros que decían *"Se busca ayuda"* en cada esquina.

Las personas eran amables y fáciles de tratar, a diferencia de Europa, donde siempre parecían tan distantes.

Durante siete años, Marco y Hazel persiguieron su pasión por los viajes al extranjero, exploraron el país y obtuvieron títulos de escuelas técnicas en fotografía y artes culinarias, respectivamente.

El Gran Oeste Americano cumplió con las expectativas.

Habiendo crecido viendo películas del Oeste, a Marco le fascinaba caminar por los pasos de sus héroes. Viajando de la costa Este a la Oeste, pasaron meses acampando y recorriendo los diversos Parques Nacionales.

Con paisajes espectaculares y una abundancia de espacio y oportunidades, era fácil imaginarse como un pionero.

Marco, como siempre, enfrentaba dificultades para manejar sus emociones, especialmente cuando estaba dentro del espacio cerrado de un automóvil y se perdían.

Debió haber sido una molestia para quienes lo rodeaban. Nada parecía molestar a Hazel, quien era la estoica, guardando todo para sí misma.

Se mudaron a Portland, Oregón, en 1992, y él comenzó una carrera en ventas. Cuando no trabajaba en conserveras durante el verano en Alaska, trabajaba como fotógrafo durante la mayor parte de los últimos nueve años.

Cuando eres niño, te rebelas contra tus padres y haces lo opuesto a lo que ellos imaginaron para ti. A medida que envejeces, inconscientemente los reflejas.

El padre de Marco había comenzado su carrera vendiendo autos y eventualmente construyó un exitoso concesionario de caravanas.

Así que Marco se convirtió en vendedor de autos, una ocupación que mantendría durante trece años. Muchos años después, el director de un resort de tiempo compartido en Albuquerque le dijo que era el vendedor con el talento más natural con el que había trabajado. El hombre en cuestión poseía una amplia experiencia en su campo.

No sé si estaba alimentando su ego o no. Aunque fue halagador, a Marco le costaba aceptar el concepto.

Cuando estás ocupado luchando contra los demonios dentro de tu cabeza, ves el éxito como un acto de equilibrio frente a tus problemas. Eventualmente, pierdes el equilibrio y comienzas a sabotearte a ti mismo.

Era como un rompecabezas, alternando entre altibajos tremendos.

Si estas últimas afirmaciones definían su carrera en ventas, que así fuera. Nunca disfrutó trabajar. Siempre envidió a las personas que tenían una pasión genuina por su profesión.

Cuando decían: *"Encuentra algo que ames hacer y no trabajarás ni un solo día de tu vida"*, desafortunadamente, nunca aplicó para él.

Hazel nunca se quejó de su trabajo, ni siquiera cuando estaba enferma o embarazada de siete meses. Esa era una cualidad que él realmente admiraba en ella.

No ayudaba el hecho de que Marco trabajara durante veinte años en industrias donde la ética solía estar al final de la lista de prioridades.

Cuando tus ingresos dependen completamente de las comisiones, debes priorizar hacer una venta por encima de la verdad o la empatía.

Le molestaba cuando vendía autos en los que los "imbéciles" siempre obtenían ofertas increíbles, mientras que las personas más amables terminaban siendo estafadas.

Marco era el maestro del prejuicio. Había perfeccionado esa ciencia inexacta mientras vendía autos.

Como podía elegir a sus víctimas, diseñó una forma elaborada de descalificar a los clientes que consideraba indignos o una pérdida de tiempo.

A menudo, tenía razón en sus suposiciones.

Por la forma de su nariz, cómo vestían o caminaban, pasaba junto a posibles compradores sin inmutarse.

A menudo, sus zapatos eran el factor determinante.

Una vez leyó que la mayoría de las mujeres eligen a una pareja potencial basándose en tres factores: sus dientes, sus uñas y sus zapatos. Así que tal vez estaba en lo cierto.

A pesar de su pereza y actitud prejuiciosa, logró un éxito decente.

El poder de crear tu propia realidad aún era desconocido para él. Pero su actitud negativa a menudo generaba resultados negativos.

¿Te imaginas si hubiera abrazado la positividad y seguido la corriente?

Combinar individuos altamente competitivos y egos grandes dentro de un equipo puede crear una mezcla explosiva que destroza tu brújula moral. ¿Con qué te quedas?

A veces, sales de una pelea ileso. Otras veces, recibes una paliza.

Es bueno que Marco se haya retirado hace cuatro años. Para entonces, estaba tan desmotivado que ya no podía vender hielo a los esquimales.

Había leído *"Los Cuatro Acuerdos"* de don Miguel Ruiz.

Parecía que estaba aplicando los principios descritos en el libro.

Al revisar los cuatro acuerdos, estaba lejos de cumplirlos:

1 - *Sé impecable con tus palabras.*

Aunque estaba comprometido a hablar con integridad, tanto con los clientes como consigo mismo en su diálogo interno, sus veinticinco años en ventas de alta presión contradecían esta afirmación.

2 - *No te tomes nada personalmente.*

Marco siempre se tomaba todo personalmente, ya que percibía que todo giraba en torno a él.

Las cosas que otras personas dicen no tienen relevancia contigo. Siempre se trata de ellos.

3 - *No hagas suposiciones.*

Ya sabes lo que dicen: *"Cuando asumes, haces un tonto de ti y de mí".*

Marco daba un paso adicional más allá de asumir.

También juzgaba, formando una opinión sobre la intención según su propia corrección moral (o falta de ella). Esto era un terreno resbaladizo.

4 - *Haz siempre tu máximo esfuerzo.*

La culpa y el creciente autojuicio provienen de no dar lo mejor de ti.

Al no disfrutar lo que está sucediendo en este momento, uno vive en el pasado y está sólo medio vivo.

Esto lleva a la autocompasión, el sufrimiento y las lágrimas.

Había también un quinto acuerdo:

5 - *No creas en ti mismo ni en nadie de manera incondicional.*

Es difícil no creer en ti mismo sin ser delirante cuando sólo escuchas la voz de tu ego.

En cuanto a creer en los demás, haz una investigación completa antes de confiar en alguien incondicionalmente.

Cuando se trataba de seguir los "5 Preceptos" del budismo, estaba completamente fuera de camino.

Para cumplir con los preceptos, debes comprometerte a abstenerte de matar seres vivos, robar, conducta sexual inapropiada, mentir e intoxicación.

Están destinados a desarrollar la mente y el carácter dentro de la doctrina budista para avanzar en el camino hacia la iluminación.

VEINTITRÉS

"Los malos tiempos tienen un valor científico. Son ocasiones que un buen aprendiz no dejaría pasar."

— RALPH WADO EMERSON.

Marco y Titou vivieron su buena dosis de situaciones estresantes mientras mochileaban por Sudamérica durante siete meses.

Brasil fue un país difícil de recorrer.

Estaban tan felices de cruzar la frontera con Paraguay después de seis semanas en Brasil. Cuando viajas con un presupuesto ajustado, terminas en las peores partes de la ciudad que la mayoría de los turistas evitan.

Eso implicaba quedarse en los hoteles más baratos posibles, sin espacio para discriminación ni mejor juicio.

Al llegar a una nueva ciudad, Marco dejaba a Titou en un bar o café con las mochilas y salía a buscar un hotel. Como el precio siempre era el factor determinante, terminaban alojándose en auténticos antros.

Una vez, en Belem, se vieron obligados a encerrarse en su habitación mientras las prostitutas locales golpeaban su puerta durante la mayor parte de la noche. Estas mujeres no se rendían fácilmente, pero los dos viajeros resistieron más por razones económicas que morales.

En Recife, le robaron a Marco sus zapatos de *trekking* nuevos, con cordones rojos brillantes, una noche.

Llegaron tarde a la ciudad y tomaron la no tan inteligente decisión de dormir en un parque.

En un hotel de Bahía, al borde de una favela, las peleas y los disparos los mantuvieron despiertos hasta el amanecer.

Mientras caminaban por la ciudad una tarde, un grupo de niños los acosó pidiendo dinero.

Titou se impacientó con ellos por ser demasiado agresivos y los apartó.

Poco después, un joven se acercó a Titou con la mano derecha extendida para estrecharla.

Tan pronto como Titou le dio la mano, el joven lo golpeó en la cara con un palo de madera que había escondido detrás de su espalda. El golpe falló su ojo por medio centímetro y le abrió una gran herida cerca de la ceja. La sangre no dejaba de brotar.

En ese momento, el atacante cruzó la calle, y los tres se enzarzaron en una batalla de lanzamiento de piedras hasta que se cansaron. Para entonces, la sangre había cubierto completamente la cara y la ropa de Titou.

Intentaron detener autos que pasaban, pero sin éxito.

Al final, se vieron obligados a pagar una suma considerable por un taxi que los llevara al hospital.

Pasaron toda la noche esperando a que un médico cosiera la cara de Titou, ya que la sala de emergencias estaba llena de un elenco ecléctico de personas heridas. Fue una experiencia bastante traumatizante.

Titou necesitó ocho puntos de sutura, y a la mañana siguiente, su cara estaba tan hinchada como un balón de fútbol. Pero no la versión brasileña del *Jogo Bonito*.

Por supuesto, cuando consumes drogas, terminas asociándote con los personajes menos deseables.

En países opresivos como los de Sudamérica, esto presentaba algunos desafíos, y vivieron muchas situaciones sórdidas.

Ahora imagina ser lo suficientemente inocente o estúpido como para llevar tu pequeña bolsa de marihuana a través de las fronteras.

Uno de estos dos "brillantes" trotamundos llevaba una bolsa de marihuana en sus calzoncillos al cruzar la frontera boliviana, nada menos.

Curiosamente, el oficial de aduanas les preguntó si querían comprar algo de droga más tarde. Tal vez los estaba poniendo a prueba, pero ciertamente fue peculiar.

Pasaron la noche en este pequeño pueblo fronterizo.

Marco estaba a cargo de los pasaportes, los cheques de viajero y el dinero en efectivo en una bolsa que llevaba colgada del hombro. No sé por qué no había encontrado una forma más discreta de hacerlo.

De todos modos, había colocado su bolsa de dinero debajo del colchón y su alijo de marihuana junto a ella antes de acostarse.

A las 2 a. m., tres oficiales de policía irrumpieron en la habitación, acompañados por el gerente del hotel. Comenzaron a registrar sus mochilas buscando drogas.

Los agentes de la ley y el personal del ejército en esos países nunca son sutiles ni amigables.

Cuando le pidieron a Marco que les mostrara los pasaportes, él metió la mano debajo del colchón para recuperar su bolsa.

No puedo explicar por qué ninguno de los tres policías volteó los colchones en ese momento. Sin embargo, no estaba en su destino terminar en una cárcel boliviana.

Podrías suponer que Marco aprendió una valiosa lección ese día, pero eso sería sobreestimar las habilidades cognitivas de un joven de veintiún años.

Titou tenía aún menos excusas. Él era cuatro años mayor.

Santa Cruz de la Sierra era una de las capitales mundiales de la producción de cocaína en esos días.

Allí, podías encontrar cocaína con una pureza del 80 %, mezclada con acetona en lugar de éter. Marco no era un aspirante a químico, pero tenía la reputación de ser la mejor.

Al llegar a esta encantadora pequeña ciudad en las tierras bajas del Amazonas, un extranjero amable los saludó, les recomendó un hotel y los invitó a la casa de un narcotraficante local esa misma noche.

Era una hermosa propiedad colonial, y esa noche había unos veinte invitados extranjeros, todos hombres.

Un chef privado sirvió platos suntuosos en una gran mesa comunal durante toda la velada. El vino francés y los cócteles fluían libremente.

El anfitrión, de cabello rizado salvaje, los deleitaba con su piano de cola, tocando sinfonías de Beethoven como un pianista de concierto poseído.

Desaparecía detrás de una puerta cerrada por un rato, presumiblemente donde estaba el laboratorio.

Luego regresaba con un gran recipiente de cocaína, del tamaño de un envase grande de yogur, y una cuchara de madera. Recorriendo la mesa, tomaba turnos para empujar una generosa cantidad de polvo blanco bajo las fosas nasales de cada invitado.

A pesar de su incapacidad para articular una sola palabra esa noche, Marco había "dominado" las leyes más intrincadas del universo.

Estas orgías de excesos continuaron durante las siguientes dos noches hasta que un ápice de sentido común emergió de repente en la corteza cerebral de estos jóvenes tontos.

Estuvieron a punto de convertirse en reclutadores para este narcotraficante, lo que habría significado una segura caída al infierno. En las primeras horas de la cuarta mañana, abandonaron la ciudad.

Les sorprendió que nadie los persiguiera para cobrarles sus deudas, a pesar de esos días de excesos gratuitos.

VEINTICUATRO

"Nunca vi hombres tristes que miraran
Con ojos tan anhelantes
A esa pequeña tienda azul
Que los prisioneros llaman cielo."

— OSCAR WILDE.

Un pequeño pueblo ecuatoriano en las montañas cerca de Ibarra, a tres horas y media en automóvil de Quito, se hizo famoso en los años setenta.

Bob Dylan, miembros de Pink Floyd y Joan Baez viajaron allí para experimentar las delicias locales: hongos mágicos que abundaban en los campos.

Una mujer llamada Aida había abierto un hotel en este pequeño pueblo cerca del volcán Imbabura.

Este era un destino preciado en el itinerario de los dos mochileros.

Se hicieron amigos de un joven de la parte francófona de Suiza que llegó en el autobús desde Quito.

Procedieron a los campos para recolectar hongos después de dejar sus mochilas en la habitación.

Los hongos mágicos en Ecuador, a diferencia de otras partes del mundo, son grandes y blancos, llenos de agua, y la carne en su interior es azulada.

Llenaron un par de bolsas con estas delicias y las llevaron de regreso a su habitación.

Aida les había advertido de antemano que tuvieran cuidado con la policía.

Marco levantó una baldosa del techo en su habitación y extendió los hongos en el espacio de arriba para que se secaran. Para la cena, Aida les preparó su famosa tortilla de hongos, y sus espíritus se elevaron.

Había una banda de música tocando en el pueblo. Se sentaron en un patio al aire libre y pidieron una jarra de "chicha", un tipo de cerveza de maíz fermentada que era la bebida alcohólica básica en los Andes.

Rieron incontrolablemente y se maravillaron con las terrazas multicolores que se extendían ante ellos como piezas de un rompeca- bezas. Las luciérnagas iluminaban el cielo como fuegos artificiales en el 4 de julio, mientras los distorsionados sonidos de los instrumentos de viento creaban una música hipnótica.

A la mañana siguiente, regresaron a los campos.

Esta vez, iban recogiendo y comiendo hongos mientras camina- ban. Estaban colocados cuando un auto con tres policías vestidos de civil se detuvo en el camino de tierra adyacente a los campos de vacas.

Tuvieron tiempo de tirar todo antes de que los hombres llegaran hasta ellos.

Sin embargo, debía ser bastante obvio lo que estaban haciendo, con los dedos manchados de azul y con rayas azules corriéndoles por las mejillas.

Los policías los llevaron a su hotel, revolvieron su habitación y cuestionaron a la dueña sobre ellos.

Luego subieron de nuevo a la camioneta, condujeron durante una hora hacia lo alto de las montañas, hasta que llegaron a la cárcel local.

Marco, el único que hablaba español, instruyó a sus amigos a quedarse callados y no hablar de hongos mágicos ni drogas para evitar incriminarse.

Debían seguir hablando en francés y asumir que nadie los entendería, como hacen muchos turistas franceses cuando están en el extranjero.

Fue una buena idea, ya que los separaron en la cárcel y los llevaron a habitaciones distintas para interrogarlos.

Durante un par de horas, varios hombres se turnaron para jugar al policía bueno y al policía malo.

Comenzaron siendo muy casuales y amistosos.

Solo querían que Marco les dijera que estaban divirtiéndose en los campos ese día.

—No es gran cosa —decían—. Todos los extranjeros vienen aquí por la misma razón, y es de conocimiento común. Simplemente sé honesto con nosotros, y te dejaremos ir.

Marco había visto su buena dosis de películas *policiers* (de detectives) y dramas sobre penitenciarías extranjeras. No se tragó ni una palabra de eso.

Dejó claro a sus captores que él y sus compañeros no tenían ningún interés en sustancias alucinógenas y peligrosas como los hongos mágicos.

Solo estaban caminando por los campos esa mañana y disfrutando del paisaje.

Un oficial se alteró y amenazó a Marco varias veces, mientras que otros mantenían una actitud más relajada.

La cárcel estaba diseñada como una hacienda española, con un gran espacio al aire libre rodeado de viviendas que servían como celdas para los prisioneros. Una pista de atletismo ocupaba la mitad del área exterior.

Cuando los guardias se cansaron de interrogarlos, el pequeño grupo se reunió nuevamente afuera, y les ordenaron correr.

La altitud era de casi 3000 metros, y no pasó mucho tiempo antes de que empezaran a ralentizarse.

Un oficial sostenía un palo de madera en sus manos y los golpeaba en la espalda cada vez que pasaban junto a él en cada nueva vuelta. Esto duró bastante tiempo.

Titou, que era de mecha corta, quería contraatacar, pero Marco le dijo que se callara y siguiera corriendo.

Marco no vio venir cuando otro guardia arrojó un trozo de

alambre de púas de medio metro a sus pies. Eso lo hizo caer de bruces en la pista.

Llevaba un vendaje significativo debajo de la muñeca, cortesía de una picadura de araña que se había infectado. Unos días antes, había visitado a un médico que perforó la herida con un taladro para liberar el pus.

Usó sus muñecas para amortiguar la caída y evitó cortes o lesiones. A pesar de ello, el pus había manchado su vendaje. Permaneció en el suelo, fingiendo un dolor insoportable.

La artimaña funcionó, y eso puso fin a este siniestro ejercicio alrededor de la pista.

Después de un rato, un guardia los escoltó a las duchas exteriores junto a la pista.

Alguien les ordenó desnudarse. El viento soplaba, y hacía un frío amargo.

Los guardias observaron sus cuerpos desnudos, completamente entretenidos, mientras se veían obligados a permanecer bajo el agua helada durante un largo tiempo.

Marco no podía evitar preguntarse qué ideas perversas pasaban por las mentes de los guardias.

Para entonces, era hora de pasear a los tres mochileros por las distintas celdas.

Un grupo de diez o doce mujeres deambulaba por los pasillos.

Un guardia le pidió a Marco que eligiera a una mujer de su preferencia.

Nunca había presenciado una escena más aterradora. Parecían un grupo de leprosas, con la mitad de sus dientes ausentes, feas cicatrices en sus rostros y cuerpos mutilados.

Marco sospechaba que sufrían de una enfermedad venérea no tratada, como sífilis o gonorrea.

Respondió rápidamente que no tenía interés en ninguna de ellas.

Otro guardia, con el que aún no se había cruzado, se le acercó para preguntarle si prefería hombres en su lugar.

Cuando Marco miró al hombre negro musculoso, que se parecía a Apollo Creed de la película "Rocky", casi se ensució los calzoncillos. Respondió con un rotundo: *"¡Por supuesto que no!"*.

Marco no perdió su virginidad ese día.

Para ese momento, el sol ya se había puesto, y los guardias habían disfrutado plenamente de su tiempo con los cautivos.

Los mismos oficiales les dieron un aventón valle abajo hasta la parada de autobús más cercana, y se despidieron estrechándose las manos como si fueran los mejores amigos.

A la mañana siguiente, los jóvenes viajeros tomaron el primer autobús fuera del pueblo.

Dos meses después, Marco y Titou estaban almorzando con un par de mochileros en algún lugar de Colombia.

Uno de ellos había conocido a dos hombres alemanes que estuvieron encarcelados en la misma prisión durante seis meses por un delito similar.

Quería saber más sobre su historia, pero los hombres permanecieron herméticos respecto a los detalles. Puedes imaginar por qué.

Una historia triste y trágica de repente cruzó por la mente de Marco.

Solo cuando las cosas le sucedían a nivel físico tenían un impacto en él. Este sería un patrón recurrente en su vida.

El cuerpo retiene más memoria que la mente; tal vez por eso.

A pesar de lo aterrador y espeluznante que fue este episodio, aparentemente no aprendió mucho de él.

Cuando Marco conoció a Felisa en el sur de Francia, el novio de ella estaba en la cárcel en Túnez.

Eso no le molestó en ese momento, pero con el tiempo, pensó que ella debería haber apoyado a su amigo necesitado en lugar de involucrarse con el primer vagabundo que se cruzó en su camino.

Samuel era un brillante estudiante de ciencias políticas en la Universidad de Barcelona.

Durante las vacaciones de verano, emprendió un viaje en solitario al norte de África por un par de meses.

El hachís, conocido como *kif*, estaba permitido en Marruecos. Los hombres lo fumaban en una pipa larga y delgada con un cuenco de arcilla estrecho, llamada *sebsi*, a menudo acompañado de té de menta.

El rey Hassan II, considerado descendiente de Mahoma, poseía la mitad de los campos de cannabis del país.

Desconociendo las leyes draconianas del país sobre el consumo de drogas, el joven fue arrestado de inmediato con un par de gramos de *kif* al cruzar la frontera tunecina.

Pasó un año en una cárcel cerca de Túnez. Sus padres tuvieron que sobornar al gobierno con la suma de $100 000, una fortuna en aquellos días, para conseguir su liberación.

Antes de salir de España, Marco conoció a Samuel en una fiesta. Según todos los relatos, era un hombre destrozado.

Había sido golpeado y violado repetidamente durante su tiempo en prisión.

CAPÍTULO
VEINTICINCO

"Nunca viajes más rápido de lo que tu ángel guardián puede volar."

— MADRE TERESA.

Marco y Titou estaban haciendo autostop en las montañas colombianas, a unas cuatro horas de Medellín.

Era viernes por la tarde, y un convoy de cinco vehículos se detuvo para ofrecerles un aventón.

Eran un grupo de ingenieros de minas que regresaban a casa para el fin de semana.

Operaban dos jeeps del ejército convertidos para uso civil, con un espacio de carga trasero que permanecía abierto.

Como todos los conductores iban solos, los mochileros se dividieron. Marco se unió al primer vehículo y Titou al último.

Los trabajadores estaban de buen humor mientras maniobraban sus pequeños vehículos a través de las tortuosas carreteras de los Andes. Hacían pausas repetidas para tomar cervezas y tragos de aguardiente, un licor a base de caña de azúcar con sabor a anís.

Varias paradas después, el conductor de Marco, que había mantenido la posición de líder, se sentía como Mario Andretti, el famoso piloto de carreras.

Al entrar en una curva a demasiada velocidad, frenó bruscamente, lo que hizo que el vehículo girara en círculos. Fue expulsado del jeep de inmediato. El vehículo pareció tardar una eternidad en completar un giro y medio.

Finalmente, se detuvo en una zanja del lado derecho, mirando en dirección contraria a la que venían.

Marco salió del auto ileso y corrió cincuenta metros hacia el conductor inconsciente, que yacía boca abajo en el asfalto.

Se movió hacia su derecha y observó, horrorizado, un precipicio de 200 metros. En la luz menguante, distinguió un río que fluía a través de un cañón.

Después de un largo momento de introspección con la muerte misma, los otros jeeps llegaron al lugar.

Titou le informó más tarde que Marco se quedó allí inmóvil y pálido como un fantasma.

El conductor sufrió heridas graves. El grupo logró rescatar el jeep de la zanja. Afortunadamente, no había sufrido daños. Titou asumió el control del volante y continuaron hacia el hospital más cercano en Medellín, a unas horas de distancia y 1200 metros más abajo en el valle.

El hombre herido yacía en la parte trasera sobre mantas. En un esfuerzo por consolarlo cada vez que el jeep golpeaba un bache y él gritaba de dolor, Marco le sostenía la mano y le aplicaba un paño húmedo en la frente. Fue un largo viaje en una noche oscura y llena de presagios.

Llegaron al hospital justo antes del amanecer. Los dos viajeros se despidieron de sus compañeros de inmediato.

Nunca sabrían la gravedad de las heridas del hombre.

Cuando llegaron por primera vez al continente sudamericano, en Venezuela, se dirigieron a la capital amazónica por la Carretera Transamazónica, un tramo de 4000 kilómetros de tierra cortado a través de la selva.

Una vez que llegaron a Manaos, la capital del Amazonas brasileño, tomaron un pequeño bote hacia Belem, en la costa atlántica, a casi 1500 kilómetros de distancia.

Durmieron en sus hamacas durante siete días y comieron sopa de cabeza de pescado cada noche, ¡la delicia local!

El barco económico se detenía en cada pueblo a lo largo del río. Una tarde, mientras atracaban en un lugar desierto, Marco le preguntó al capitán si era seguro nadar, a lo que respondió: *"Sem problemas"*.

El agua cálida era tan oscura como una noche sin luna.

Una multitud comenzó a reunirse en el muelle, y todos empezaron a reírse a carcajadas, visiblemente entretenidos. Sospechando, los dos valientes jóvenes se miraron y nadaron de regreso a tierra como si llevaran fuego en los pantalones. Ambos habían visto videos de pirañas devorando una vaca entera en tiempo récord.

Eso le recordó a Marco un fin de semana que pasó en la orilla del río Murray, en el sur de Australia. Estaba visitando a un joven que le había dado un aventón mientras hacía autostop en Saskatchewan, Canadá. Este vivía en Adelaida con sus padres. La ocupación de su padre como taxista resultó conveniente para explorar la ciudad.

Condujeron cuatro horas al norte de la ciudad hacia la cabaña de madera de un amigo. A la mañana siguiente, tomaron un paseo en un pequeño bote por el río.

Pronto, el bote quedó atascado en aguas poco profundas. Cuando los dos australianos no hicieron nada para ayudar, Marco dio un paso adelante y procedió a empujar el bote para sacarlo del problema.

Antes de hacerlo, preguntó si era seguro. Se quedó unos minutos, vadeando en las aguas turbias.

Cuando regresaron a la cabaña, sus amigos le dijeron que el río Murray era famoso por sus serpientes negras venenosas. Los australianos tienen un sentido del humor bastante oscuro.

A Marco no le hizo gracia. Si tuvieras que elegir entre pirañas o mordeduras de serpiente para tu final, ¿cuál elegirías?

VEINTISÉIS

"Consumimos nuestras mañanas, preocupándonos por nuestros ayeres."

— *PERSIO.*

Un mes después del accidente en las montañas colombianas, regresaron a Francia porque se estaban quedando sin dinero.

En los últimos meses, habían tenido varios encuentros cercanos con el peligro. Ambos llegaron a un consenso sobre expresar gratitud a sus ángeles guardianes, quienes los habían acompañado en su viaje.

Aprendieron y experimentaron un crecimiento sustancial.

Sin embargo, Marco quería seguir viajando para siempre. Su entusiasmo permanecía intacto.

Se sentía validado al ser un sobreviviente.

Poco después de regresar de Sudamérica, Marco viajó a Canadá. Pasó seis meses en la Isla del Príncipe Eduardo.

Trabajó en una granja de tabaco y, más tarde, recogiendo repollos y coles de Bruselas.

La Isla del Príncipe Eduardo es conocida por la calidad de sus hongos mágicos.

Cuando dejó la isla, llevaba una gran bolsa de hongos psilocibios que habían sido secados en un horno por un lugareño.

Visitó a su red de amigos en Montreal y la ciudad de Quebec.

En febrero, pasó el carnaval allí. Hacía 17 grados bajo cero. Marco pasó la mayor parte del carnaval en interiores; no sabía que podía hacer tanto frío. Durante ese tiempo, intercambió algunos de sus hongos por hachís, hierba y mescalina sintética.

Mientras viajaba para visitar a una amiga que había conocido en Perú, en Lac St-Jean, hizo autostop a través del Parque Nacional de Laurentides.

El vehículo anterior lo había dejado varado en medio de la nada, y estaba nevando intensamente.

El paisaje parecía una escena de postal invernal. A pesar de no estar vestido para un invierno tan severo, estaba disfrutando del momento.

Cuando un auto se detuvo, Marco pensó que tenía suerte de que alguien se detuviera en ese clima. Pronto reconoció a un miembro de la Policía Montada de Canadá por sus pantalones holgados y su sombrero Stetson.

El oficial de la ley le pidió su pasaporte.

Después de echar un vistazo a su mochila, parcialmente cubierta de nieve, preguntó de manera casual:

—Si echara un vistazo dentro de tu mochila, ¿encontraría alguna droga?

Marco respondió con indiferencia:

—En absoluto, oficial. Puede mirar si lo desea.

El policía mantuvo su mirada fija en Marco durante lo que pareció una eternidad.

Luego le deseó buena suerte y se marchó.

Si Marco estaba temblando, no era por el frío. Ni siquiera se había molestado en esconder su alijo de drogas. Estaba encima de la mochila. Si el policía la hubiera abierto, habría sido lo primero que habría visto.

Quizás el joven tenía nervios de acero, pero como dicen: *"No se puede arreglar la estupidez"*.

Cuando llegó la primavera, Marco hizo autostop por todo Canadá hasta Vancouver, Columbia Británica.

En aquel entonces, hacer autostop era el método perfecto para viajar.

Por un lado, no costaba nada. Conocías a gente interesante, te invitaban a sus casas y, a veces, incluso te ofrecían un trabajo.

Al llegar a los Estados Unidos, abandonó el autostop.

Había demasiadas personas perturbadas por ahí. Calculó que había hecho autostop por más de 42 000 kilómetros en cuatro continentes durante sus nueve años de mochilero. Suficiente para dar la vuelta al mundo en el ecuador.

Sin embargo, pasó una cantidad considerable de tiempo sentado al borde de la carretera.

Una vez, en los Territorios del Norte en Australia, quedó atrapado durante veinticuatro horas en el mismo lugar, con la cabeza cubierta para protegerse de las moscas.

Tuvo algunos momentos aterradores en el camino, pero nadie lo atacó ni lo robó.

Después de pasar unos días en Vancouver, Marco continuó hacia el Territorio del Yukón. Las perspectivas de encontrar trabajo eran mejores más al norte.

En el siglo XIX, el Yukón experimentó la mayor fiebre del oro de la historia.

Era una tierra mítica del tamaño de California con 45 000 habitantes.

Los investigadores han registrado 7000 osos pardos y 10 000 osos negros, junto con otros depredadores como coyotes, glotones y lobos en el área.

Marco estaba de pie al borde de la carretera en medio de la nada. Un jeep con placas de Colorado se detuvo para darle un aventón. El conductor y su amigo, ambos estadounidenses, iban camino a Alaska para la temporada de pesca del salmón.

Dentro del auto había dos canadienses francófonos que habían recogido en el camino, entre ellos un indio de la tribu Mohawk.

Llegaron a Whitehorse un sábado.

Los dos estadounidenses ofrecieron vender su jeep a los quebequenses. Ya no necesitaban el vehículo porque habían encontrado trabajo en un barco pesquero.

Marco desconfiaba un poco y aconsejó a su nuevo amigo esperar hasta el lunes para registrar la venta. El comprador no pudo resistir el tentador precio de $500 e ignoró su consejo.

Acamparon en las afueras de la ciudad y pasaron los días siguientes paseando en su jeep amarillo, jugando a ser vaqueros en el Lejano Oeste (dos vaqueros y un indio, para ser exactos).

En una agencia local, encontraron trabajo haciendo inventario en un supermercado.

El indio decidió no trabajar y se quedó en el campamento.

Comenzaron temprano la mañana siguiente. A la hora del almuerzo, subieron al jeep para ir a buscar algo de comer.

De repente, un vehículo policial se acercó a toda velocidad detrás del jeep con la sirena encendida. Otro auto de policía bloqueó el camino por delante. Un oficial estaba de rodillas con su escopeta apuntando al jeep.

Los dos oficiales en el auto de atrás gritaron que salieran del jeep con las manos levantadas por encima de la cabeza.

Marco había visto muchas películas americanas. Hacer un movimiento repentino ahora habría sido una mala idea, a menos que uno deseara una salida rápida de este mundo.

Los oficiales de policía los empujaron con fuerza contra el panel trasero del jeep y los esposaron.

Alguien había declarado que el vehículo era robado. Una vez en la estación, todo se aclaró cuando los oficiales se dieron cuenta de que unos individuos más astutos habían engañado a los jóvenes. La atmósfera se volvió más amigable.

Marco tenía una identificación de trabajo quebequense que un mochilero que conoció le había dado. Los detalles y razones no estaban muy claros, pero resultó conveniente.

No tenía foto, y, como resultó, el hombre no era buscado por la policía.

Marco no confiaba en el otro indio que viajaba con ellos.

En aquel entonces, los pasaportes eran muy valiosos, alcanzando hasta $10 000 en el mercado negro.

Había llevado su pasaporte consigo para estar seguro. De lo contrario, lo habrían liberado como a su amigo.

Ahora, las autoridades lo atraparon mintiendo y trabajando sin autorización con una visa de turista.

Le confiscaron el pasaporte. Los dos exonerados "ladrones" regresaron a su tienda de campaña sin un medio de transporte.

Ahora era un asunto de inmigración. Arreglaron que un juez de Toronto volara para emitir un juicio sobre el caso de Marco.

Marco no era del tipo que se jactaba (aunque esto podría estar en debate para los lectores). Él calcula que pasó tiempo en cárceles de seis países diferentes.

Sin embargo, nunca pasó la noche en ninguna de ellas. Eso debería decirte que o bien era inocente, estaba en el lugar equivocado en el momento equivocado, o que tenía habilidades extraordinarias de persuasión.

El juez llegó a la ciudad unos días después. Parecía un hombre distinguido a primera vista. Diez minutos después de comenzar los procedimientos, detuvo la investigación y le dijo a Marco:

—¡Vamos a almorzar!

Salieron de la estación de policía, caminaron hasta un restaurante cercano, comieron una deliciosa comida y tomaron un par de cervezas cada uno.

Cuando regresaron a la estación, eran los mejores amigos.

Acordaron que si Marco podía demostrar que tenía un mínimo de $1000 dentro de diez días, el juez olvidaría todo el episodio. Entonces podría cruzar la frontera de Alaska, que estaba a 500 kilómetros al oeste, sin una marca roja en su pasaporte.

Hay que reconocer a esos canadienses: fueron anfitriones hospitalarios, dadas las circunstancias.

Marco, debido a sus extensos viajes, había estado sin un centavo innumerables veces.

Más que nada, odiaba pedir ayuda financiera. Le parecía muy degradante.

A su favor —aparte de los bancos y tarjetas de crédito— hasta el día de hoy no le debe un centavo a ninguna persona de quien haya pedido prestado dinero.

Hay que trazar la línea en algún lugar, ¿no?

En Perú, su autobús quedó atascado durante horas debido a un río desbordado. Hizo amistad con Marc, un parisino que viajaba con su amigo Denis en un autobús diferente.

Prometieron volver a encontrarse más al norte, y cuando lo hicieron, se divirtieron mucho.

Marc, un hombre altamente educado, tenía un trabajo lucrativo en París. Fue la única persona a la que Marco llamó.

Aunque era una suma considerable de dinero, Marc aceptó ayudar a su amigo en necesidad.

Planearon que los fondos fueran enviados a un banco específico en Whitehorse. Se suponía que tomaría cinco días hábiles como máximo.

Después de una semana, Marco iba al banco todos los días. Su amigo había confirmado que el dinero había salido de su cuenta, y que no había nada más que pudiera hacer.

Marco consiguió otra semana de gracia de las autoridades. Aún no había dinero.

Pasaron un par de días más antes de que el gobierno canadiense lo deportara de regreso a Francia.

El paisaje alrededor de Whitehorse era magnífico. A un par de días del solsticio de verano, los días estaban bendecidos con veinte horas de luz solar. Parecía una tierra encantada, salida de las páginas de una revista de viajes de lujo.

Los locales eran amables. Marco odiaba la idea de regresar a Francia. Habría hecho cualquier cosa por quedarse en Canadá.

Finalmente, estaba en el avión hacia Vancouver. Un oficial de inmigración lo recibió en el aeropuerto.

La aerolínea había programado una escala para reabastecer combustible en Montreal sin que los pasajeros desembarcaran.

El oficial debía embarcar con Marco hasta Montreal para asegurarse de que no saliera del avión.

Después de que Marco le prometió que no haría tal cosa, el oficial se despidió y lo dejó ir solo.

Cuando el avión aterrizó en Montreal, permaneció en la pista durante una hora mientras algunos pasajeros descendían y otros subían a bordo.

Tenía su mochila dentro del avión.

Conocía bien Montreal, y, siendo el comienzo del verano, era el momento ideal para estar en Quebec. Aunque le habían cancelado la visa de turista, podría haber regresado fácilmente a trabajar en la Isla del Príncipe Eduardo.

¿Por qué no salió del avión ese día? El pensamiento lo había torturado durante todo el vuelo. ¿Fue por la promesa que le hizo al hombre en Vancouver?

No, ya había roto suficientes promesas antes.

Su único deseo era salir rápidamente del avión y huir lo más lejos posible. Lo último que quería era volver a París.

Pegado a su asiento por alguna fuerza desconocida, no hizo ningún movimiento ese día en particular.

Soñaba con emigrar a Canadá cuando era más joven. Vio su sueño romperse en mil pedazos frente a él.

Según todos los cálculos, le tomaría treinta y cuatro años desde ese momento en adelante para ganar una pequeña cantidad de conciencia.

¿No había una forma más rápida y menos dolorosa? ¿Quién era el sádico que dirigía esta obra?

Seis años después, por un giro irónico del destino, Marco voló a Alaska con Hazel para la temporada de pesca del salmón.

Terminarían trabajando tres temporadas de verano en el Mar de Bering y en la isla Kodiak.

Esta vez, tenía una *green card* estadounidense. La recibió en su buzón dos meses y medio después de su llegada al continente.

Al llegar a París, se quedó en el apartamento de Marc durante un par de semanas antes de partir hacia Alemania en busca de trabajo.

Un par de días antes de su partida, Marc recibió una carta por correo.

El dinero en Canadá había sido enviado a la institución financiera equivocada, ubicada justo al otro lado de la calle del banco destinado. Marco había pasado por ese banco todos los días, pero ¿cómo podría haberlo sabido?

VEINTISIETE

"Está donde tu enemigo no está."

— SUN TZU.

Antes de interesarse por el yoga, Marco había estudiado diferentes artes marciales.

Tenían un efecto calmante en él, permitiéndole liberar tensiones.

Poco después de llegar a Nuevo México, se inscribió en un dojo donde enseñaban un arte marcial japonés poco conocido.

El *sensei*, llamado Aloha, era un hawaiano de ascendencia japonesa con cabello largo.

Por todos los indicios, era un luchador hábil. A pesar de su personalidad relajada, era prudente mantenerse en su buena estima.

Teniendo un pequeño grupo de estudiantes, solía exagerar sus habilidades de combate, siempre enfatizando que este no era un dojo ordinario y que las técnicas que estaban aprendiendo eran letales.

El combate cuerpo a cuerpo no estaba incluido en el plan de estudios porque se clasificaba como demasiado peligroso.

Marco estudió allí durante tres años y medio, junto con su hijo Bryce, quien eventualmente se inscribió en el club infantil.

Dos meses antes de su examen para el cinturón negro, estaba practicando algunas técnicas simples de golpeo con un par de cinturones blancos.

Rozó accidentalmente el rostro de un estudiante nuevo, alto y delgado, y apenas lo notó.

El estudiante no se quejó, y el entrenamiento continuó sin interrupciones esa noche.

Al día siguiente, Marco recibió una llamada de Aloha.

Aparentemente, el estudiante de cinturón blanco tenía un ojo morado, y su novia había amenazado con demandar al dojo.

Aloha descargó sus frustraciones con uno de sus discípulos más antiguos y leales.

Cuando terminó de reprender a Marco, su relación había quedado irreparablemente dañada.

El ego de Marco sufrió un golpe severo; sin embargo, sintió que su *sensei* había sido demasiado vengativo con él. Había descargado todo su saco de quejas sobre su desafortunado protegido, enfatizando nada más que sus muchos defectos.

Unos días después, Marco pasó frente a un gimnasio de MMA (artes marciales mixtas) y se detuvo a hablar con el gerente.

Le ofreció una prueba gratuita al día siguiente por la mañana.

Cuando regresó a casa ese día, después de tomar una larga ducha, sintió un profundo disgusto hacia sí mismo.

Cada estudiante en el gimnasio, incluido un adolescente tan delgado como unas tijeras, habría podido vencerlo en una pelea real.

En el dojo de Aloha, nunca practicaban patadas ni lucha en el suelo.

Cuando Marco preguntó por qué no entrenaban en agarres, la respuesta de Aloha fue contundente: *"¡No te pongas en el suelo!"*.

Un practicante de Jiu-Jitsu brasileño que hubiera aprendido algunas técnicas básicas podría rápidamente envolverte como un pretzel y hacerte rendir con facilidad.

Marco creía que podía defenderse, pero era una ilusión. Nada más que un concepto glorificado perpetuado por el ego de su antiguo maestro.

Pagó la matrícula completa del año ese día porque le ofrecieron un descuento significativo.

Nunca volvió a ver a Aloha y comenzó a practicar en su nuevo centro tres o cuatro veces por semana.

Era un entrenamiento duro. Marco sentía que el deporte era para hombres jóvenes, pero le encantaba el sudor, la competencia y la camaradería.

Sin embargo, seguía lastimándose. Se desgarró un músculo intercostal en el pecho que requirió un mes completo de recuperación.

Dos días después de reanudar el entrenamiento, se lesionó el mismo músculo del otro lado.

Decidió en ese momento que sería el fin de su entrenamiento de Jiu-Jitsu. Había sido miembro durante dieciocho meses, y había pasado seis de ellos en casa con diversas lesiones.

Fue una experiencia humillante, pero había adquirido muchas habilidades.

Era hora de dejarlo ir. Ser consciente de tus limitaciones es parte del crecimiento.

A Marco le gustaba llevarse al límite.

A pesar de su terquedad, generalmente estaba feliz de seguir adelante una vez que aprendía la lección. *"No tiene sentido seguir azotando a un caballo muerto"*, como dicen.

Se volcaría al yoga, una forma más tranquila de liberar la "locura".

CAPÍTULO
VEINTIOCHO

"Viaja ligero, vive ligero, irradia luz, sé la luz."

— YOGI BHAJAN.

Poco después de regresar a Albuquerque desde Denver, Marco se unió a un estudio de yoga Kundalini.

Ese fue el comienzo de una historia de amor.

Curiosamente, este estudio reubicado estaba a solo dos kilómetros de su antigua casa, donde había vivido durante diez años.

Para entonces, él y su exesposa Hazel llevaban separados cuatro años.

Había seducido y descartado a algunas mujeres en el camino; había gastado todo su dinero, fue expulsado de su condominio y estaba durmiendo en su Lexus.

Cuando la conciencia emerge del laberinto de tu mente después de un largo período de oscuridad, ¿cómo podrías permanecer inconsciente?

Un par de meses después, Marco se inscribió en el programa de formación de profesores de yoga Kundalini.

Escribió sobre su experiencia en este artículo:

UN CURSO EN AUTOMAESTRÍA

"Mi nombre de nacimiento es Marco, y nací y crecí en el sur de Francia. Sin embargo, el nombre que me dieron al nacer nunca se alineó con mi destino.

La organización 3HO me dio mi nombre espiritual, Taj Simrit Singh, basado en mi nombre completo y mi fecha de nacimiento. Significa: 'El león intrépido que es la encarnación del esplendor y la radiancia que fluyen perfectamente al meditar en el nombre de Dios con cada respiración'.

Hace tres años y medio, mi vida cambió para siempre cuando comencé a practicar yoga todos los días.

¿Has escuchado el viejo dicho? 'Cuando el estudiante está listo, el maestro aparecerá'.

Sevak Singh, mi maestro, ha estado enseñando yoga Kundalini durante cuarenta y cuatro años en su base en Phoenix, Arizona, y en otras partes del mundo. Es un alto sij, impecablemente vestido con ropa de algodón blanca y un turbante a juego. Tiene una larga barba salpicada de gris que le da un aura de sabiduría.

Me bastaron solo unos momentos al conocerlo para darme cuenta de que estaba en presencia de un hombre digno. Las palabras de Sevak resonaron profundamente en mí.

Recuerdo la primera vez que lo escuché decir al principio de su curso: 'Tú no eres tu mente'. Esto me provocó una especie de epifanía, ya que, durante todo el tiempo que podía recordar, había estado operando únicamente a través de mi mente. Siempre había pensado que yo era únicamente mi mente: esa mente fuerte y obstinada, la misma que me metió y sacó de problemas a lo largo de mi vida.

Dos meses después de conocer a Sevak, me inscribí en un curso de formación de profesores de Nivel 1 en yoga Kundalini. Yogi Bhajan dijo: 'Nada en este mundo sucede por accidente. Todo es parte de un plan maestro'.

Es un corto viaje en auto de una hora y media desde Phoenix hasta Gisela, una pequeña comunidad al sur de Payson, Arizona. Iba volando en mi auto, camino a mi primer retiro de cuatro días en Heart and Soul, sin ninguna preocupación en el mundo. Trabajaba para una agencia de guardia en Albuquerque y dormía en mi Lexus. Vi esto como una oportunidad para cambiar mi mentalidad.

Heart and Soul está en una propiedad de dos hectáreas y media que Sevak compró hace cinco años en Gisela, un pequeño pueblo de 500 almas dispersas alrededor de un valle irrigado. Las Montañas Negras y el arroyo Tonto enmarcan Gisela, y el Bosque Nacional Tonto lo rodea.

Durante los siguientes seis meses, nuestro grupo de 10 estudiantes llamaría a este pequeño pedazo de paraíso su hogar. Como extra, nuestros retiros de cuatro días cada mes coincidían con la luna llena.

Ahí estábamos, como si hubiéramos descendido del cielo en una tirolesa y aterrizado justo en medio de esta tierra. En un lado del retiro, había un árbol de moras gigante con un columpio solitario colgando de una de sus ramas. Más allá estaba una puerta que conducía al River Road; pasaríamos por esta puerta muchas veces durante nuestra estadía.

Un paseo tranquilo de diez minutos por un camino de tierra, flanqueado por una variedad de casas prefabricadas, nos llevaba a Shanti Om tres veces al día para el desayuno, el almuerzo y la cena. Shanti Om es un refugio de paz que Ram, un amigo cercano de Sevak, construyó como su hogar para el semirretiro.

El lado oeste de la propiedad albergaba nuestro ashram, una acogedora casa con tres habitaciones equipadas con literas, una cocina, una sala de estar y dos baños. Justo enfrente del ashram había un estudio de yoga renovado cubierto con láminas de hierro corrugado. Un calentador y un enfriador de aire ayudaban a mitigar las inclemencias del tiempo.

Hay algo mágico en un curso de inmersión que te lleva a través de las estaciones de invierno, primavera y verano.

Siempre había estado en rebelión contra la mera existencia de Dios. Mi propósito principal al estar allí no era encontrar a Dios ni desentrañar los misterios del universo. Era redescubrirme a mí mismo entre una colección de objetos perdidos hace mucho tiempo.

Sevak describía 'el viaje de nuestras almas' como el camino que toman a través de muchas reencarnaciones, que podrían llegar a un total de 3.8 millones de variaciones.

Durante sus clases, Sevak solía decir que, si existiera una píldora mágica que pudiera llevarte a través de tu viaje, él estaría totalmente a favor. La vía más rápida que podía identificar – el 'Learjet' que podría permitir a una persona fusionarse con lo divino y experimentar una simbiosis completa de cuerpo, mente y alma.

Yogi Bhajan trajo el yoga Kundalini a los EE. UU. en 1969. Numerosos autores han cubierto la historia de este tipo de yoga. Durante miles de años, los maestros enseñaron yoga Kundalini en secreto, arriesgando sus vidas, ya que la enseñanza de esta disciplina conllevaba la pena de muerte en un año.

Yogi Bhajan transmitió sus enseñanzas durante treinta y cinco años, hasta su muerte en 2004, y dejó un legado increíble para este mundo. Solía decir que debes ser un faro y esparcir tu luz sobre los demás. No quería discípulos, sino que quería entrenar a otros maestros para transmitir sus enseñanzas a las generaciones futuras.

El yoga Kundalini incorpora asanas, otros ejercicios físicos llamados kriyas, ejercicios de pranayama (respiración) y mudras que implican colocar tus dedos y manos en diversas posiciones.

La práctica incluye mantras escritos en Gurmukhi, un idioma derivado del sánscrito que se originó en el siglo XVI en Punjab, India. Estas proyecciones mentales, que pueden cantarse o acompañarse con música de yoga Kundalini, pueden transportarte a otra dimensión.

Cuando Yogi Bhajan llegó a California en 1969, pasando por Toronto, aterrizó justo en medio de la cultura hippie de la Costa Oeste. Notó de inmediato que muchos jóvenes estaban experimentando con drogas y desafiando las normas sociales. Sin embargo, tenía un sentido intuitivo de que las drogas solo ofrecían una solución temporal a un problema más profundo y continuo. Sabía que la solución adecuada para contrarrestar los males del mundo residía en las enseñanzas ancestrales que traía consigo.

Poco después, fundó la organización 3HO mencionada anteriormente, con 3HO que significa Happy, Healthy, and Holy (Feliz, Saludable y Sagrado). Para citar a Yogi Bhajan: 'La felicidad es tu derecho de nacimiento'.

El yoga Kundalini me dio el mapa que necesitaba para ser lo que aspirara a ser, siempre y cuando eso estuviera en sintonía con buscar el bienestar de los demás. Esto se llama 'seva', que significa servicio desinteresado.

Si quieres liberarte de tu ego y brillar como un faro de luz, enfócate en servir a los demás y mostrarles amor, empatía y compasión. De lo contrario, no estarás alineado con el propósito de tu alma.

A través del yoga Kundalini, aprendí que tenemos 10 cuerpos, y entre ellos, tres mentes: la mente negativa, la mente positiva y la mente neutral. Me di cuenta de que el camino hacia la prosperidad radica en la mente neutral. Sólo se puede acceder a este lugar sagrado cuando uno no está preocupado por conquistar o sobrevivir, sino que acepta lo que venga sin reaccionar de forma exagerada.

Esto se llama rendirse, y ahí radica el verdadero secreto de la práctica. No es un secreto en el sentido de que esté oculto o sea difícil de encontrar; simplemente requiere un cierto nivel de conciencia y una práctica constante. La conciencia por sí sola no te llevará allí a menos que estés dispuesto a hacer el trabajo arduo.

Para mí, sin embargo, la verdadera magia del yoga Kundalini reside en los mantras. Guru Nanak, un gurú sij y músico viajero, escribió la mayoría de ellos. Hay una multitud de artistas que han puesto estos mantras en música.

Existe la creencia de que todo en el universo se origina en el sonido. En la década de 1960, los científicos descubrieron que la superficie del sol está compuesta por ondas sonoras. El sol tiene hasta 10 000 frecuencias que ondulan a lo largo de su superficie.

No es sorprendente que, al conectarte con esta corriente sonora, puedas desarrollar la capacidad de cruzar la puerta hacia lo infinito o como quieras llamarlo. Cuando resuena en su fuerza más impresionante y primigenia, puedes llamarlo Dios. En el yoga Kundalini, fiel a las creencias del sijismo, sostenemos la creencia de que hay un solo Dios que no puede encontrarse externamente, sino que reside dentro de cada individuo.

Durante mi primer fin de semana en Heart and Soul, encontré a Dios, pero no en un sentido de renacer. No hubo necesidad de muerte ni de resurrección. Resultó que mi experiencia fue sutilmente orgánica. Poco sabía que Dios era la chispa de vida y gloria que habitaba en cada organismo del Universo. Mis sentidos siempre estuvieron sintonizados, asombrados por las maravillas del mundo. Sin embargo, carecía de una intuición suprema, que requería desprenderme de mi yo egoísta y que permanecía latente en mi interior. Había luchado contra la existencia de Dios por rebeldía, frustración y dolor.

A lo largo del curso de automaestría de Sevak, me di cuenta de que yo era quien creaba mis propias limitaciones. Pasamos toda nuestra vida dentro de una pequeña burbuja poblada por las cosas que nos lastiman y nos causan dolor. Terminamos, al trabajar contra nuestras mentes conscientes, recreando historias y escenarios que nos llevan a lo que estábamos evitando. No es de extrañar que estemos perdidos en un enigma de autovictimización y autosabotaje.

¿Sabías que poseemos tres cerebros? El cerebro de la mente, el cerebro del corazón y el cerebro del intestino. 'Tú no eres tu mente' la voz de Sevak seguía resonando dentro de mi ser como un recordatorio de esta idea, como el viento que se arremolina contra las paredes de un cañón.

Una mañana, acabábamos de terminar de escuchar el Japji (oraciones sij), hacer ejercicios de yoga y cantar mantras durante dos horas y media de sadhana. Salí del estudio de yoga, en esta fresca y húmeda mañana de febrero, en un estado de trance.

La lluvia de toda la noche había dejado los campos mojados, parecidos a una alfombra de nubes bajo mis pies. El sol aún no había salido, y la luz de la luna llena había vestido el pálido amanecer con tonos amarillos y naranjas. El campo estaba envuelto en mantas de niebla, y sentí como si hubiera sido transportado dentro de las páginas de un libro de cuentos de hadas.

Cuando hice contacto visual con esa alma perdida que vagaba en la esquina lejana del campo, no me sobresalté en absoluto, porque la reconocí como la mía propia. Había regresado a casa al fin. En un instante, desperté de la inercia que había poseído mi cuerpo físico. Me sentí tan ligero, con Dios pulsando en cada una de mis 30 billones de células.

Mi mirada me llevó sin esfuerzo en un alegre viaje a lo largo del río, sobre las colinas y hacia la infinitud del universo. Había sido un capullo monocromático antes de convertirme en una colorida mariposa. Todo el néctar de este mundo estaba al alcance de mi probóscide. Me sentía tan rico y tan libre.

Yogi Bhajan también dijo: 'La gratitud es la forma más elevada de yoga'. Por primera vez durante esta encarnación en la Tierra, me sentí pleno y agradecido. Siempre había sentido a Dios permeando mi ser y todo a mi alrededor; simplemente me faltaba la intuición en mi cerebro del intestino y el amor y la compasión en mi cerebro del corazón para reconocerlo y habitar en él.

¡El mono de mi cerebro de la mente podía buscarse otro anfitrión, porque me había cansado de su pomposa actuación!

Wahe Guru...".

VEINTINUEVE

"La muerte, el último viaje, el más largo y el mejor."

— THOMAS WOLFE.

El propósito principal de la vida debe ser evolucionar. ¿Por qué más existiríamos, soportando las constantes desilusiones de la vida?

¿Para terminar donde todos comenzamos, con la autoconciencia de un recién nacido?

Pronto, el padre de Marco fue víctima del COVID-19. Durante cinco años había vivido en un hogar de ancianos. Estaba confinado a una silla de ruedas y sufría de Parkinson. Sin embargo, tenía una mente activa y aún soñaba con viajar por el mundo.

Marco estaba en un *ashram* en Tamil Nadu cuando recibió la noticia de su hermana.

Para él, la muerte de su padre fue tanto una bendición como una liberación. Le aterraba la idea de terminar en un hogar de ancianos y presenciar su propio deterioro físico. Pensaba que preferiría morir como lo hizo su amigo Titou en Guyana, enfrentándose cara a cara con su creador sin sufrir.

TREINTA

"Y llegó el día en que el riesgo de permanecer apretado en un capullo fue más doloroso que el riesgo que tomó para florecer."

— ANAIS NIN.

Mientras estaba en Katmandú, Marco entabló amistad con un joven y su familia.

El padre trabajaba haciendo lecturas astrológicas y de palma desde una oficina dentro de su modesto apartamento en Thamel.

Antes de la partida de Marco, el padre leyó su luna, comenzando con su mano izquierda.

Le informó sobre su luna beneficiosa, prometiéndole buena salud y una vida próspera durante veinticinco años.

Marco preguntó por qué no le leía la palma. Durante todo ese tiempo, el enfoque del hombre permaneció en su barbilla. Aparentemente, la luna está ubicada más allá de la barbilla de una persona.

Cuando Marco le preguntó acerca de las mujeres, sin apartar la vista de su barbilla, simplemente respondió: *"No"*.

Eso lo dejaría cinco años por debajo del número 88, que simboliza fortuna y buena suerte en la cultura china.

Si falleciera a esa edad, se uniría a personalidades como Thomas Jefferson, Sigmund Freud, Andrew Carnegie, Voltaire, Victor Hugo, Paul Newman y Tina Turner.

Compañía distinguida.

Desde una perspectiva pragmática, a Marco no le importaría convertirse en centenario.

Siempre y cuando su cuerpo y su mente estuvieran en buen estado.

Se inspiró en el libro de Dan Buettner: *"Blue Zones"*.

El explorador de National Geographic lideró equipos de investigadores por todo el mundo para descubrir los secretos de las *Blue Zones*, regiones geográficas donde vive un alto porcentaje de centenarios.

La receta para la longevidad está profundamente entrelazada con la comunidad, el estilo de vida, la dieta y la espiritualidad, como descubrió Dan Buettner.

Durante más de veinte años, estudió comunidades en Cerdeña, Italia; Okinawa, Japón; la península de Nicoya, Costa Rica; Icaria, Grecia; y Loma Linda, California.

En 2023, también añadió a Singapur como la sexta *Blue Zone*.

Las personas de estas zonas consumen alimentos integrales y tienen dietas basadas en plantas. Los cinco alimentos presentes en todas las *Blue Zones* son granos integrales, vegetales verdes, tubérculos como las batatas, nueces y frijoles.

Algunas personas consumen carne con moderación, y aquellos que viven cerca de la costa complementan sus dietas con pescado.

Marco hacía tiempo que había superado su miedo a la muerte.

No podía culpar a quienes pensaban que la vida se limitaba a una sola existencia.

En este escenario, temer a la muerte estaría justificado como el fin de la mejor representación de Descartes: *"Pienso, luego existo"*.

Últimamente, un par de reflexiones habían comenzado a surgir en su mente.

Cuando la vida es tan alegre y sin esfuerzo, ¿por qué desear su fin?

Empiezas a proyectar hacia el futuro todas las cosas que aún tienes por lograr y todos los lugares que aún tienes por descubrir.

Como ya no estás en el momento presente, aparece un poco de ansiedad. Es un círculo vicioso que te impide estar en paz.

Además, resurgen los viejos conceptos de: *"¿Por qué estás en este planeta en primer lugar? ¿Cuál es tu propósito?"*, y sigues tan confundido como siempre.

Estás atrapado en este enigma mientras intentas relajarte.

Marco aún no estaba presionando el botón de pánico.

En el fondo, sabía que tenía que marcar una mayor diferencia en la vida de las personas.

Todas las actividades hedonistas que llenaban sus días no valían ni *"un saco de mierda"* en este comercio en particular.

El impulso de seguir avanzando y buscar respuestas —abarcando esa energía insondable— se convertiría en su fuente de juventud.

TREINTA Y UNO

"Nunca es demasiado tarde para ser lo que podrías haber sido."

— GEORGE ELIOTT.

Antes de exhalar su último aliento, el padre de Marco le dijo a la enfermera que estaba a punto de embarcarse en el viaje más asombroso de todos.

Este entendimiento fue un milagro para alguien que no creía en la vida después de la muerte.

El investigador estadounidense Dr. Rick Strassman investigó los efectos del DMT (Dimetiltriptamina), el ingrediente activo de la ayahuasca, administrando altas dosis a voluntarios durante cinco años.

Más tarde, formuló la hipótesis de que la glándula pineal libera DMT cuando una persona está cerca de la muerte y que el DMT nos conecta con el mundo espiritual.

Puedes leer más sobre su trabajo en el libro *"DMT: The Spirit Molecule"*.

Desde su ashram en India, Marco pensó que la conciencia finalmente había alcanzado a su padre antes de que su alma se elevara.

Marco estaba en el entorno perfecto para presenciar este acontecimiento. Por fin, padre e hijo hicieron las paces.

Su alma —ya no atrapada en su cuerpo paralizado— fue liberada para explorar *"lo desconocido"*, como lo describió Joseph Campbell.

Marco lo vio desarrollarse al mirar el cielo del sur de la India por la noche. Fue una experiencia de unión hermosa, con la persona con la que más necesitaba reconciliarse.

Yogi Bhajan dijo que resolveríamos la mitad de nuestros problemas si perdonáramos a nuestros padres.

La madre de Marco fue más fácil de perdonar. Ella nunca había sido abusiva, ni física ni psicológicamente.

Mantenerse cuerda era imposible con la multitud de fantasmas que la atormentaban. Era innegable que estaba haciendo lo mejor que podía.

Su muerte, nueve años antes que su exesposo, resultó ser el momento definitorio en la pobre existencia de Marco en ese entonces.

Fue testigo de cómo sus cualidades más despreciadas se originaban en su linaje materno.

Con su fallecimiento, Marco entendió que cargaba con los pesos de su propio pasado y los de sus padres.

Para romper el ciclo generacional de dolor, el cuestionamiento es esencial.

El trauma transgeneracional afecta a las generaciones futuras debido a los eventos traumáticos que soportaron sus antepasados.

El principal modo de transmisión son los efectos psicológicos y fisiológicos que el trauma experimentado por los miembros de una familia tiene en las generaciones posteriores de ese grupo.

A pesar de tener dificultades para controlar su ira, Marco nunca dañó físicamente a Hazel ni a Bryce, demostrando que uno tiene el poder de poner fin a este trauma transgeneracional.

La inesperada muerte de su madre alteraría su vida para siempre.

Hazel reaccionó de una manera muy distante y fría ante el fallecimiento de su madre.

A pesar de apoyarlo en su decisión de volar a Francia para su funeral, no pronunció una sola palabra de consuelo o simpatía.

¿Quizás sabía inconscientemente que Marco ya no necesitaba una figura materna y que estaba a punto de romper las cadenas que lo ataban?

En general, parecía como si una pesada niebla de negatividad y victimismo se hubiera disipado, y todo a su alrededor comenzara a tomar un matiz diferente.

TREINTA Y DOS

"Solo el descenso al infierno del autoconocimiento puede allanar el camino hacia la divinidad."

— IMMANUEL KANT.

Marco estaba sentado en una mesa junto a la cocina de su casa en Albuquerque.

Hablaba apasionadamente sobre un crucero de National Geographic hacia la Antártida. Hazel tenía su típica visión sombría de la vida, y le preguntó con franqueza:

—¿Por qué pasas tanto tiempo hablando de ir a la Antártida? Nunca llegarás allí.

Como destructora de sueños, no tenía igual. ¿Estarías dispuesto a casarte con una persona así?

Su buen corazón y su compromiso con la moralidad eran evidentes.

Nunca denigró ni guardó rencor hacia nadie. Marco nunca la escuchó quejarse de su situación, sin importar las circunstancias.

A pesar de sus muchas cualidades, ¿por qué tenía que ser tan desalentadora?

¿Preferirías morir sin haber experimentado las complejidades de la vida?

¿Qué sucedería si dejaras que tu imaginación llenara el vacío entre tus sueños y aspiraciones, y la pura fantasía sin la intervención de la razón?

¿No sería eso en sí mismo la terapia definitiva para el malestar existencial de nuestros tiempos?

De pronto, se le ocurrió un pensamiento:

«Algún día me voy a divorciar de esa zorra desgraciada».

Incluso tras veinte años de matrimonio, nunca lo había considerado. De ninguna manera, ¿eso no podía formar parte de su diálogo interno?

Como un gong, ese pensamiento inquietante resonó en su cabeza.

Estas palabras pronunciadas se convirtieron instantáneamente en una obsesión imborrable, como si hubieran sido tatuadas en su frente.

Pasaron cinco años más de tortura antes de que estos pensamientos se convirtieran en una acción deliberada.

Cuando Bryce nació, unos meses antes del 11 de septiembre, Hazel y Marco habían estado viviendo juntos durante dieciocho años.

Podrías llamarlo un niño milagro.

Su existencia en carne y hueso sirve como evidencia de que su alma tiene un propósito real.

Sólo puedo esperar que este libro sea el catalizador para su transformación interior.

Cuando Marco estaba en México, tuvo una lectura de numerología con una de sus antiguas maestras en Arizona. Ella dominaba el *Jyotish*, la luz divina del Veda.

Este es el nombre de la astrología védica, que surgió durante el período védico en India entre el 1500 y el 500 a. C.

Describe cómo los patrones planetarios en el momento de nuestro nacimiento brindan pistas valiosas para ayudarte a entender el viaje de tu vida.

Durante la lectura de numerología, ella le pidió a Marco las fechas de nacimiento de su exesposa y su hijo.

No sabía nada sobre ellos, ni le preguntó.

Le dijo cosas sobre ellos que lo dejaron atónito.

O bien él ya lo sabía pero no podía expresarlo, o lo descubrió mientras ella hablaba.

Le informó que Hazel albergaba un desagrado hacia los hombres debido a su padre y otros asuntos que no estoy en libertad de revelar.

Bryce tendría problemas de autoestima durante su vida.

A pesar de su inteligencia y perspicacia, siempre carecería de *amour propre* (amor propio).

Así que puedes imaginar que la separación de sus padres, la

presencia dominante de su madre y su sensibilidad adicional agravarían estas tendencias.

Necesitaba darse cuenta de que ya era un ser perfecto de luz, más allá de sus sentimientos autoinducidos de indignidad.

Ese sería el mayor desafío en esta vida.

Seis meses después de que Marco y Hazel se conocieran, ella quedó embarazada.

Marco no tenía idea de cuáles eran los pensamientos de Hazel, pero él no quería involucrarse con niños. Ella tampoco estaba muy interesada, así que tuvo un aborto.

Tener hijos parecía no ser más que un obstáculo.

Esa misma línea de pensamiento continuó hasta que decidieron que estaban listos para intentar la paternidad dieciséis años después.

Cuando decidieron que era el momento adecuado, Hazel tuvo un embarazo ectópico.

Requirió cirugía, lo que significaba que perdería una de sus trompas de Falopio. En lugar de eso, decidió probar un nuevo medicamento que había salido al mercado. La dejó muy aturdida durante una semana, pero se recuperó rápidamente.

Hazel era dura como el acero y nunca se quejaba. Como interiorizaba todo, era casi imposible leerla.

Bryce nació dos años después. Sus padres estaban a tres o cuatro meses de cumplir cuarenta y cuatro años.

A los cuarenta, la capacidad de una mujer para tener hijos disminuye en aproximadamente un 80 %, lo que hace que este sea un acontecimiento notable.

Llegó siete semanas antes de tiempo y necesitó esteroides para desarrollar sus pulmones. Estos son los últimos órganos en desarrollarse, alrededor de las treinta y siete semanas.

Por lo demás, estaba sano. Pasó seis semanas en la unidad de cuidados intensivos neonatales (UCIN).

El doctor y las enfermeras del Hospital Infantil de la Universidad de Nuevo México en Albuquerque eran "ángeles de primer grado", como en la canción de Van Morrison *"Tupelo Honey"*.

Para Marco, fue la mayor lección de compasión y humildad.

El excepcional compromiso de estos profesionales con su trabajo convirtió el miedo y las preocupaciones en esperanza y consuelo.

Marco amaba ser padre, y Hazel era una madre natural.

Como tenían horarios diferentes en el trabajo, se turnaban para cuidar al bebé.

Los primeros años transcurrieron sin problemas.

La dinámica de la pareja cambió después de años sin hijos. A Marco no le molestaba que su hijo lo hubiera reemplazado como el rey. Nunca había amado a nadie de esa manera antes.

Hazel se volvió protectora de Bryce, como una loba con su cachorro.

Desde una edad temprana, Bryce mostró rasgos de un niño superdotado. Aprendía con gran intensidad, rápidamente y permanecía en un modo perpetuo de observación.

Hazel pensaba que la sensibilidad y alta percepción de su hijo lo hacían débil y propenso a ser lastimado. Protegerlo del daño y garantizar su bienestar se convirtió en su obsesión.

Debió creer que ella era la única persona capaz de protegerlo de los peligros de este mundo.

Eso causó estragos en la relación entre los padres. Marco era pasivo al lidiar con esta situación.

La verdad sea dicha, Hazel siempre había tenido el control de todo en su matrimonio, excepto en el aspecto económico.

Decidieron que Hazel no tenía que trabajar. Marco ganaba un buen dinero en ventas y, en algunas ocasiones, traía a casa cheques increíbles.

Eso duró seis o siete años. Luego, todo se desmoronó.

¿Quién sabe qué hacía Hazel en casa mientras Bryce estaba en la escuela?

Ciertamente, la casa siempre estaba limpia, y sabía moverse en la cocina.

Le encantaba leer; su literatura preferida eran las novelas románticas italianas.

Teniendo en cuenta que Marco no era ni Casanova ni Romeo, a pesar de su herencia italiana común, ¿podrías encontrarle atenuantes, no?

Según John Gray en "Los hombres son de Marte, las mujeres son de Venus":

"Los hombres necesitan principalmente confianza, aceptación, aprecio, admiración, aprobación y estímulo.

Y las mujeres necesitan cuidado, comprensión, respeto, devoción, validación y seguridad".

Basándonos en lo que no lograron proporcionarse mutuamente, Marco y Hazel estaban a millones de galaxias de distancia.

Se supone que un niño desarrolla completamente su personalidad a los siete años.

Bryce era a menudo una copia exacta de su madre.

No podías culparlo en lo más mínimo; su madre proyectaba todos sus miedos e inseguridades en él.

Para entonces, Hazel era la única protectora de su hijo, y Marco se había convertido en el enemigo. Podía sentir un odio creciente, similar al de su esposa, en los ojos de Bryce.

Esta batalla no era justa. Perdería la cordura en el proceso.

Cuando alguien a quien amas te es arrebatado y no hay nada que puedas hacer al respecto, un dolor implacable se apodera de ti y nunca te suelta. Comienza a corroer tu corazón como el óxido corroe el metal.

Hazel se había transformado en una mujer amargada y poco atractiva de la noche a la mañana. Por supuesto, su transformación había sido más gradual.

¿Qué fue de la mujer inteligente, divertida y animada que una vez conoció?

Ya no le importaba su apariencia y había ganado peso.

Se había convertido en una mujer temerosa y resentida.

Años después, Marco se dio cuenta de que probablemente se debía a la menopausia. Nunca mencionaron esa palabra mientras estaban juntos.

Ella era terca y lo habría negado.

Marco era un apasionado del deporte: tenis, golf, artes marciales, fútbol, senderismo, lo que fuera.

Hazel nunca había pisado un gimnasio en su vida.

Finalmente, Marco se dio cuenta de que ella no había visto a un médico en una década, ni siquiera para un chequeo.

La mujer de la que estoy hablando obtuvo un título universitario en enfermería en tres años mientras trabajaba a tiempo parcial.

Sin embargo, sus demonios se habían apoderado de ella, aunque sería reacia a admitirlo.

Hazel era la mayor de cuatro hijos. Su padre había sido bombero en Boston.

Después de lesionarse en el trabajo, lidió con problemas crónicos de espalda que requerían medicamentos para el dolor. También enfrentaba diabetes y obesidad.

Vivir con él probablemente fue un desafío.

Hazel nunca se abrió a Marco sobre su relación con su padre.

Digamos que todos los hermanos de su familia mostraban signos de una crianza disfuncional, especialmente su única hermana.

Su padre tenía un corazón tan grande como su cuerpo y había construido prácticamente toda su casa con sus propias manos. También tenía un humor cáustico que le agradaba a Marco, por lo que congeniaron muy bien.

Cuando Hazel tenía dieciséis años y aún iba a la escuela, quedó embarazada. Mientras vivía en casa con sus padres, logró esconder su creciente barriga bajo ropa holgada.

Su padre se enteró un día cuando ya tenía ocho meses de embarazo.

En 1970, el aborto se legalizó en Nueva York, tres años antes de que la decisión de la Corte Suprema en *Roe v. Wade* lo despenalizara en 1973. El aborto se volvía ilegal después de las 24 semanas, a menos que la salud de la madre estuviera en riesgo o el feto no fuera viable.

Su padre la obligó a abortar. Poco después, Hazel dejó la escuela y la casa de sus padres.

Puedes imaginarte el impacto que esto tuvo en esta joven mujer.

En un mundo tan duro, tuvo que madurar rápidamente y reconstruir su vida, todo mientras se cuidaba a sí misma a una edad tan temprana.

Las lágrimas surgen mientras escribo estas palabras. Tanto dolor y sufrimiento están congelados en este momento en el tiempo.

Ahora, al descongelarse, se transforman en torrentes capaces de arrasar con todo a su paso.

Hazel era resiliente. Reconstruyó su vida lo mejor que pudo.

Años después, Hazel se sometió a otro aborto. Esta vez fue decisión suya.

Los recuerdos de pérdida y traición nunca estaban lejos, siempre acechando, listos para atacar en cualquier momento.

Con el paso del tiempo, Marco comenzó a comprender sus penas dentro de las limitaciones de la paleta emocional de un hombre.

Ser parte de esta historia lo hería, como observador y, en última instancia, como el villano.

¿Posee él la autoridad para revelar información tan personal?

Por el bien de la transparencia, ¿estaría echando más leña al fuego?

Con toda probabilidad, cuando ella miraba a Marco, proyectaba su odio hacia su padre, el hombre que había asesinado a su bebé no nacido.

Otros demonios pronto se unirían a la procesión.

Hazel ancló toda su determinación y prioridades en la diminuta figura de Bryce en el momento en que el doctor cortó el cordón umbilical.

¡Qué peso debió ser para sus frágiles hombros!

Amamantó a Bryce durante dos años y medio. Dormía en la cama matrimonial entre sus padres.

En el auto, Marco no era más que el chofer. Hazel siempre se sentaba en el asiento trasero, cerca de su hijo. Aseguraba la seguridad de su polluelo quedándose cerca del nido.

Marco compró una bicicleta para su hijo. Después de unas cuantas caídas, Hazel guardó la bicicleta en el garaje para siempre. La lista sigue y sigue.

Por supuesto, Marco perpetuaba su propia miseria.

Se convirtió en un mero espectador en la educación de su hijo. Los años seguían pasando, como los fotogramas de una película de tercera categoría.

Hazel estaba a cargo de todo, y Marco a menudo tomaba el camino de menor resistencia.

El cableado de los hombres es diferente. Son fáciles de complacer.

Una comida sabrosa después del trabajo, un partido de fútbol, un par de cervezas, una mamada y unos buenos postres. Eso bastará.

Cabe mencionar que Hazel era una gran cocinera y repostera.

Eso resultaba en una asociación conveniente.

Marco tenía debilidad por lo dulce. Siempre había disfrutado de la comida, y el azúcar era tanto su escape como su némesis.

Era bastante perezoso y no movía un dedo en casa.

No estaba al tanto del saldo del banco ni de las deudas de la tarjeta de crédito. Si la bomba de la piscina se dañaba, estaba listo para ir a comprar una nueva. Mientras que Hazel pasaría toda la tarde reparándola.

Hazel hacía sus propios impuestos al final del año para evitar el costo de contratar a un contador.

Sin embargo, pasaba por alto las deducciones creativas que sus compañeros de trabajo ideaban. Tenía altos estándares morales.

Mientras Marco era un disidente, Hazel se ceñía al statu quo.

En realidad, era una auténtica maniática del control.

Bryce era un niño superdotado. Un chico inteligente y sensible.

Dada la falta de conciencia espiritual en ese hogar, dudo en etiquetarlo como un niño índigo. Quizás, una vez que resuelva sus problemas, estará en ese camino.

Se cree que los niños índigo poseen rasgos o habilidades especiales, a veces sobrenaturales.

Como se mencionó, era muy perceptivo.

El 11 de septiembre, Hazel y Marco estaban acampando fuera del Parque Nacional de las Cascadas, en el estado de Washington.

Estaban cenando esa noche, y el noticiero estaba encendido.

Evitaron la televisión, sin querer ver las imágenes perturbadoras.

Bryce lloró sin parar durante tres horas esa noche. Era como si estuviera absorbiendo todo el dolor y el horror.

Marco había jurado que sólo le hablaría a su hijo en francés, ni una palabra de inglés. Pretendía que su hijo dominara el francés.

Eso duró seis años.

Antes hablé de esa edad en la que los niños comienzan a desarrollar su propia personalidad. Eso coincidió con el incidente en la cocina, cuando Marco recibió su proverbial tatuaje en la frente.

Bryce comenzó a ignorarlo y se negó a hablar en francés. Quizás simplemente era un niño que no quería destacar entre sus compañeros de escuela, pero lo dudo.

Cuando hablaban en francés, tenían una conexión íntima. Hazel ahora era la forastera.

Esta interacción no encajaba en la dinámica que se jugaba entre estos tres personajes. El pobre Bryce no tuvo más remedio que alinearse con su madre.

Fue el principio del fin.

Marco se rindió, como ya se había rendido prácticamente con todo lo demás, excepto con su sed de libertad.

El idioma francés, conocido como *la langue de l'amour*, cayó en desgracia.

Era completamente comprensible. El amor escaseaba en esta historia.

Hazel había ganado otra batalla, esta vez con la plena participación de su hijo.

Si fue consciente o inconsciente, no hacía ninguna diferencia.

Esa casa se sentía como una prisión y Marco quería escapar.

No tenía amor ni respeto por su carcelera. Francamente, la despreciaba más y más con cada unidad de tiempo que pasaba.

Los días pasaban, y los años se arrastraban. Fue un lento y doloroso descenso a tierra de nadie.

Algunos días, se imaginaba esperando hasta que Bryce terminara la escuela secundaria.

Eso requeriría seis años más, con el aura de una sentencia solitaria de veinte años.

Había una escuela francesa en Albuquerque que tenía un programa de bachillerato francés.

Bryce podría haber ido a continuar sus estudios en Francia, lo cual no era una mala idea considerando las debilidades del sistema escolar estadounidense.

Marco fue vetado en ambos frentes con su noble idea.

Bryce se convirtió en estudiante del Instituto de Matemáticas y Ciencias de Albuquerque, una escuela independiente diseñada para niños superdotados. Esta escuela daba la bienvenida a cualquiera que quisiera inscribirse.

El nivel desafiante y las tareas, que promediaban tres horas por noche, disuadían a la mayoría de los niños de participar.

Era una combinación perfecta.

Hazel, como siempre, se aseguraba de que las tareas se completaran a tiempo. Bryce pasaba sus noches y la mitad del fin de semana en su habitación, estudiando.

Marco se ocupaba de su trabajo, sus actividades deportivas y el control remoto de su televisor HD.

Nunca ponía un pie en la cocina, excepto para tomar otra cerveza.

Aún dormía en una cama king-size con su esposa. Era horrible.

El silencio inquietante y la falta de intimidad habrían tentado a cualquier hombre a cortarse las muñecas y ahogarse en su propia sangre.

Se convirtió en la pesadilla americana. Ese hogar carecía de risas y de cualquier cosa que se pareciera a la diversión.

Hazel nunca escuchaba música y no tenía amigos.

Nadie se atrevería a malcriar a Bryce, el niño de sus ojos.

Marco llegaba tarde a casa después del trabajo y, a veces, se quedaba en su auto durante veinte minutos.

Sentía náuseas al pensar en verla. Ella lo enfermaba físicamente.

Así que, mientras ponía música a todo volumen en el estéreo, repasaba varios escenarios en su cabeza hasta que encontraba el valor de entrar nuevamente en la jaula de la leona.

Su cocina, usualmente tan saludable y deliciosa, también había comenzado a saber insípida y desabrida.

Su desprecio por Hazel había echado raíces, como las semillas de una flor de loto germinando en el lodo.

Pasarían diez años antes de que los lirios florecieran en este contenedor de desprecio y resentimiento.

Después de la muerte de su esposo, la madre de Hazel adoptó el estilo de vida de un *snowbird*. Para escapar del invierno en Massachusetts, compró una casa a 200 metros de la de su hija y su yerno.

Se unió a ellos en vacaciones durante los siguientes seis años.

A pesar de que siempre fue amable con Marco, ¿quién sabe qué discusiones ocurrían en privado entre Hazel y su madre?

Estaban demasiado cerca para su comodidad. En última instancia, Marco quería terminar su matrimonio con ambas, la madre y la hija.

El gran impedimento es que la mayoría de nuestros pensamientos provienen de nuestro subconsciente.

Según el neurocientífico y autor Dr. Joe Dispenza, el cerebro humano recibe 400 mil millones de bits (47 megabytes) de información cada segundo.

De esos, solo somos conscientes de 2000 bits (0.0002 megabytes).

Aquellos que tienen acceso a más información son los gurús de nuestra civilización.

Muchos de nosotros nos quedamos eligiendo (aunque sea inconscientemente) los pensamientos neuróticos que coinciden con el drama que rodea nuestras historias.

Marco exploró el mundo, ansioso por aprender nuevas modalidades y adquirir conocimiento.

Se estaba volviendo claro que su mente no era la respuesta.

Ahora, estaba en las tierras bajas de la Amazonía peruana, listo para resurgir como un fénix de sus cenizas.

El centro del corazón es el puente entre nuestros tres chakras inferiores y los tres superiores.

Sabía que la ceremonia del fuego debía pertenecer al altar de su corazón.

TREINTA Y TRES

"Los únicos demonios en el mundo son los que corren por nuestros corazones. Ahí es donde debe librarse la batalla."

— GANDHI.

Como Marco ya había experimentado la ayahuasca en México, sabía en lo más profundo que la solución a sus problemas estaba en algún lugar de Sudamérica.

Uno necesita escuchar el llamado de las plantas medicinales, por tenue que sea. No hay otra manera.

Tres cosas principales pueden obstaculizar tu experiencia: tu ego, tus miedos y la demonización judeocristiana de las plantas sagradas.

Por favor, no dejes que tu ego te convenza de que no estás escuchando el llamado. Ese astuto compañero hará cualquier cosa para sabotear tu evolución.

Ahora bien, si tienes trastorno bipolar, esquizofrenia o depresión, y tomas medicación psicótica, sería prudente evitar completamente la ayahuasca o usarla con extrema precaución.

Tampoco querrás leer demasiadas historias en Internet.

A medida que la ayahuasca se ha vuelto más popular, ha tenido su cuota de operadores deshonestos y abusivos.

La clave es investigar antes de embarcarte en tu viaje a la Amazonía.

Mientras comparto las experiencias de Marco contigo, por favor recuerda que no estoy sugiriendo, de ninguna manera, que abandones a tu pareja o carrera para reinventarte en la selva.

Marco era un alma perdida con ropa hecha jirones. Necesitaba ser reparado.

Sus primeras seis semanas en Perú fueron nada menos que una experiencia trascendental.

Los Shipibo-Konibo son una tribu indígena a lo largo del río Ucayali, en la selva amazónica de Perú.

Sus chamanes ofrecen dietas de plantas maestras (o árboles), que van mucho más allá de las ceremonias tradicionales de ayahuasca.

Este es un proceso tradicional para conectarse con los espíritus de las plantas, permitiendo que la planta comparta sus enseñanzas y sabiduría con los estudiantes, a quienes se les llama *pasajeros*.

Las dietas de plantas requieren una estricta dieta nutricional y un compromiso de cuatro semanas.

Hay una variedad de plantas maestras diferentes para elegir, dependiendo de tu situación particular.

A Marco se le aconsejó hacer una dieta de bobinsana. Como había escuchado el llamado fuerte y claro y tenía tiempo de su lado, se inscribió por seis semanas.

La bobinsana (*Calliandra angustifolia*) es un árbol que produce flores brillantes en forma de estrella color rosa.

Es una planta chamánica poderosa, profundamente respetada entre los pueblos indígenas de la Amazonía.

Esta hermosa, divina y femenina planta maestra es famosa por su capacidad de abrir tu corazón al amor. También tiene fuertes propiedades de limpieza espiritual y equilibrio, y ayudará a fortalecer y proteger tu campo energético.

Al hacer dieta con bobinsana, también recibirás mucha sanación, crecimiento y sabiduría en áreas como tu sistema inmunológico, traumas físicos, mentales y emocionales.

Mejorarás varios aspectos de tu vida en el cultivo de la autoconciencia, el respeto, el amor, la conexión, la gratitud, la humildad, la paz, la paciencia, la bondad, la verdad y la empatía.

Desde una perspectiva energética, estas hierbas introducirán una sensación de calma centrada en el corazón en tu ser, permitiéndote reflexionar y extender tus raíces.

Con las complejas demandas que enfrentan muchas personas en el mundo hoy en día, es común que el cuerpo emocional no reciba la atención adecuada.

Por esta razón, a menudo se recomienda la bobinsana como una primera dieta para ayudarte a abrir tus emociones reprimidas y conectarte más profundamente con la sabiduría innata de tu corazón.

Se requerían al menos tres meses para una dieta de árboles.

André van de Braak, un profesor de filosofía comparativa de la religión en Ámsterdam, escribió en su libro *"Ayahuasca as Liquid Divinity"*:

"No estás bebiendo una planta que te permite ver espíritus. Estás bebiendo espíritus en forma líquida. La ayahuasca es un espíritu, millones de espíritus, convertidos en líquido para que los bebas. Cuando bebes esos espíritus, en realidad estás eligiendo albergarlos en tu cuerpo. Por eso tienes que hacer dieta. Preparar un espacio lo suficientemente aceptable para que estén y lo suficientemente cómodo para que puedan trabajar. Por eso las dietas pueden ser muy estrictas a veces. En realidad, estás invitando a personas a tu cuerpo, y esas personas son árboles".

Marco ya estaba pensando en regresar a la Amazonía para hacer una dieta de árboles.

Invitar espíritus o árboles a su cuerpo no era un problema para él, siempre y cuando apoyaran el crecimiento de su alma y su salud psicológica.

Una duda se sembró en la mente de Marco a mitad del retiro con respecto al tema de la autenticidad.

Los trabajadores estaban en el techo de uno de los tambos, reemplazando las hojas de palma nipa.

Al avistar una boa nadando en el arroyo, uno de los hombres procedió a matarla usando una lanza larga.

Le cortaron la cabeza con un machete, abandonándola junto al arroyo.

Aum pasó por allí unos minutos después, y la boa seguía viva con la cabeza medio cortada.

Rápidamente puso fin al sufrimiento de la serpiente buscando su machete en su tambo.

Marco siempre había asociado la ayahuasca con las serpientes. La literatura disponible era suficiente para respaldarlo, junto con la energía Kundalini, que se representa como una serpiente desenrollándose desde la base de la columna vertebral.

Durante una ceremonia poderosa, tuvo visiones encantadoras de serpientes desfilando alrededor de la maloca, adornadas con tocados hechos de flores silvestres. Un espectáculo vibrante que atribuyó a la sinergia entre la ayahuasca y la bobinsana.

La noche siguiente, se encontró solo con ambos chamanes. Después de tomar la medicina, vio la oportunidad de tener una conversación inteligente con ellos sobre el incidente con la serpiente.

—¿Por qué dejan que los animales sufran de esta manera? —preguntó Marco, un poco perplejo.

Los chamanes se deshicieron en comentarios acerca de que las boas no eran animales, sino monstruos. En la oscuridad, venían y se llevaban a sus pequeños. Eran el diablo encarnado.

—¿Y qué hay de sus almas? —replicó Marco.

—Las boas no tienen alma —respondió el chamán masculino.

—¿Los demás animales del bosque tienen alma? —continuó preguntando Marco.

—No —respondió el chamán de manera enfática.

Este mismo hombre se jactaba de haber vivido solo en la selva durante diez años estudiando plantas medicinales. Ahora Marco comenzaba a sospechar.

Pronto, la conversación giró hacia los seres humanos.

—¿Qué hay de nuestras almas? ¿A dónde vamos después de la muerte?

Este experimentado chamán Shipibo afirmó que nadie poseía un alma, ya fueran humanos, animales o plantas. Después de morir, o ascendemos al cielo o descendemos al infierno.

Estaba convencido de que él llegaría al cielo, mientras que la boa ya estaba ardiendo en el infierno.

Curiosamente, esto sonaba como una clase semanal de catecismo a la que Marco asistía cuando era niño.

Era consciente de que los franciscanos y otros misioneros habían estado evangelizando a la población indígena desde el siglo XVI.

Aun así, ese punto de vista era demasiado simplista para él en esta etapa, especialmente dadas las circunstancias.

Las serpientes son sagradas en el hinduismo, el budismo y el jainismo, especialmente las naga o cobras con capucha. Las anacondas no se quedan atrás, a los ojos de Marco.

En los mitos cristianos e islámicos, representan el mal. La serpiente tienta a Eva a comer el fruto prohibido, lo que resulta en la expulsión de Adán y Eva del paraíso.

Al final del retiro de seis semanas, sus amigos Aum y Montserrat tenían unos días libres.

Querían mantener abiertas sus opciones para el futuro, mientras anhelaban conectarse con un chamán auténtico y poderoso.

Así que emprendieron un viaje de tres días y visitaron un par de centros de retiro.

Conocieron a Darwin cuando llegó al retiro. Realizó un par de ceremonias con ellos.

Les agradó. Tenía una voz poderosa y un buen corazón.

Estaban particularmente interesados en su madre, la maestra Juana.

Isa Yaka nació en la comunidad Shipibo de Pahoyan, una de las líneas de sanación Shipibo más poderosas en la Amazonía peruana. Tiene sesenta y ocho años.

Tiene un esposo y ocho hijos.

Durante muchos años, estudió con sus tíos, papá Pascual y papá Benjamín, así como con su tía Manuela.

Todos ellos son miembros de la muy respetada familia de curanderos, la familia Mahua.

Juana comenzó su primera dieta de noya rao con su padre cuando tenía quince años y ha dedicado su vida al camino de la sanación desde entonces. Una vez hizo dieta con noya rao durante cuatro años consecutivos.

Cantó un par de icaros para ellos con una voz cautivadora.

Marco le preguntó a Darwin cuál sería el mejor árbol para él para hacer dieta.

Lo miró un poco desconcertado, como si hubiera dicho algo sacrílego, y respondió sin un atisbo de duda:

—Noya rao.

Nueve meses después, Marco estaba de vuelta en Pucallpa para un retiro de tres meses con Darwin y su madre, Juana. La larga búsqueda para abrir completamente su corazón estaba en marcha.

También era momento de terminar el libro que había comenzado al inicio del "Camino de Santiago", un año y medio antes.

Había descubierto que caminar veintidós kilómetros y escribir un libro el mismo día no era muy compatible. Por eso había dejado el proyecto en pausa hasta nuevo aviso.

Ahora, la oportunidad de hacer una dieta de tres meses con el árbol maestro noya rao se iba a concretar. Aprovecharía toda la privacidad y el tiempo libre que tenía para escribir unas horas cada día.

La dinámica entre noya rao, la ayahuasca y su historia de vida prometía ser fascinante.

Las personas han viajado por todo el mundo para tener en sus manos el extremadamente raro árbol maestro de luz pura, el noya rao.

Es el árbol más sagrado en la tradición Shipibo debido a su capacidad de conectarte con los reinos divinos y los seres espirituales, llenándote de amor y luz pura.

Es el rey de todas las plantas maestras y contiene dentro de su universo sagrado todos los mundos de las demás plantas maestras.

Con la guía adecuada, este árbol proporciona un hermoso viaje hacia lo que algunos llaman la "iluminación".

Noya rao abarca la sabiduría de todas las otras plantas maestras. Junto con bobinsana, forman una relación simbiótica encantadora.

La existencia del noya rao fue olvidada, mientras la tradición oral de los Shipibo-Konibo perdió influencia y desapareció debido a la colonización europea que comenzó a mediados del siglo XVII.

El árbol aún no ha sido clasificado botánicamente. Se volvió legendario mientras desaparecía del paisaje y de la memoria colectiva de la mayoría durante muchos años.

Estos retiros no son para los débiles de corazón.

Sin embargo, después de probar de la copa plateada, te sentirás obligado a regresar, no por necesidad, sino porque habrás vislumbrado una claridad más allá de este mundo.

Imagina un árbol gigante que vive en la selva amazónica, cuyas ramas ascienden hacia los cielos y cuyas raíces se extienden hasta el centro de la Tierra.

Conectemos este árbol solitario con la *"Wood Wide Web"* (el concepto de un bosque interconectado que evoca comparaciones con Internet) y añadamos todos los animales e insectos que visitan el árbol o hacen de él su hogar.

El árbol, junto con la red de mycelium que une a todos los árboles y plantas, es una parte integral del milagro de la creación, al igual que sus frutos, flores y semillas.

¿Alguna vez has caminado por el bosque, te has sentado y meditado junto a un árbol gigante?

¿Has intentado apoyar tu cabeza contra su tronco y escuchar su latido?

¿No contiene este árbol, en su totalidad, todos los códigos del universo?

¿Qué pasaría si pudieras descubrir los secretos de la vida fusionándote con un árbol? Tu sangre y la savia del árbol entrelazadas, tu sistema parasimpático en armonía con su sabiduría.

Sincroniza tu propia energía con la energía pura y poderosa de la naturaleza.

Los japoneses lo llaman *Shinrin-Yoku*, que significa bañarse en el bosque.

Bienvenido a la dieta Shipibo de noya rao.

Darwin afirmaba que su noya rao había estado macerándose durante dos años, aunque Marco se dio cuenta con el tiempo de que los Shipibo podían difuminar las líneas de la realidad.

Había estado bebiendo un vaso cada tarde durante las últimas seis semanas.

Luego estaban las ceremonias de ayahuasca, quince veces al mes. Dos días sí, dos días no.

Creo que esto creó un camino directo hacia el mismo Dios, obligando a todos los elfos y espíritus del bosque a residir en tu conciencia.

Sólo estaba a mitad de su dieta, y las semillas de este árbol sagrado, que solo existen en números reducidos, estaban echando raíces lentamente en el corazón de su ser.

La familia Mahua y otros chamanes Shipibo han estado protegiendo este árbol, pero mantienen su ubicación en secreto por razones obvias.

Entiendo si eres escéptico, pero por favor no se lo digas a la maestra Juana. Como mencioné, ella comenzó una dieta de noya rao a los quince años y ha ayudado a muchos con sus dietas durante más de veinte años.

Además, Darwin le contó a Marco que los trabajadores del bosque habían visto luz escapando del dosel del árbol por la noche.

Sin embargo, durante el día, no podían encontrar la fuente de esta luz.

Incluso si caminaras por la selva de noche, lo cual no es una buena idea, y milagrosamente te encontraras con un noya rao, no verías la luz luminiscente que emana de las hojas, a menos que ya hubieras hecho dieta con el árbol o tuvieras el corazón y las intenciones más puras.

Había leído artículos sobre hongos bioluminiscentes en el Amazonas, pero eso no explicaría nada sobre la leyenda del noya rao.

Eso hace que la historia sea casi mítica y añade un elemento de exclusividad a esta tradición.

Por un lado, a Marco no le importaba.

No había viajado hasta allí para permanecer dentro de la caja cuadrada de su mente.

Darwin le había mostrado suficiente evidencia de la existencia de este árbol como para convencerlo de que era un privilegio estar allí y participar en esta experiencia.

Es una bendición poder sentarse con estos maestros de la línea Mahua.

La mayoría de las generaciones más jóvenes han perdido interés en las artes curativas, prefiriendo pertenecer al mundo occidental con sus atracciones y tentaciones.

No están conectados con las plantas y los espíritus desde una edad temprana. La tradición Shipibo-Konibo de plantas medicinales, en su forma original, podría dejar de existir pronto.

Cada día, madereros y ganaderos talan 10 000 acres de selva virgen para obtener madera y pastoreo.

Los investigadores sugieren que podría haber decenas de miles de plantas en la cuenca del Amazonas que aún no se han descubierto.

¿Cuántas de estas plantas podrían curar enfermedades físicas, por no hablar de los trastornos psicológicos de nuestra era moderna?

Como Marco estaba en su propia búsqueda en Perú para abrir su corazón y aprender a perdonar, no pudo evitar hacer paralelismos con "La Profecía Celestina" de James Redfield:

"Verás, el problema en la vida no está en recibir respuestas. El problema está en identificar tus preguntas actuales. Una vez que tienes las preguntas correctas, las respuestas siempre llegan".

- Da crédito a la serendipia:

"La primera revelación ocurre cuando nos volvemos conscientes de las coincidencias en nuestras vidas... Estas coincidencias nos hacen sentir que hay algo más, algo espiritual, operando debajo de todo lo que hacemos".

Marco aprendió a seguir el flujo y buscar los mensajes detrás de cada evento, encuentro y coincidencia.

- Abraza la energía de la naturaleza:

Los investigadores estiman que podría haber 390 mil millones de árboles en el Amazonas. Allí, él estaba haciendo una dieta con noya rao, un árbol raro que aún no había sido clasificado.

- Reconéctate y enfócate en el crecimiento espiritual en lugar del crecimiento económico:

Había vivido el sueño americano durante treinta años. Solo que se había convertido en una pesadilla.

Había viajado durante tres años por Asia, tratando de ganar un poco de conciencia. Ahora, estaba listo para dejar su ego en la acera y mezclarse con los espíritus del bosque.

- Comprende y deja ir el pasado:

"Según el manuscrito, todos debemos pasar el tiempo necesario atravesando este proceso de limpiar nuestro pasado".

El gobierno peruano declaró la ayahuasca como Tesoro Nacional en 2008.

Nunca dudó si estaba en el lugar correcto, porque sabía en los rincones más profundos de su corazón que estaba donde pertenecía.

- Encuentra tu propósito y persigue tu misión:

Cada uno de nosotros tiene un propósito o misión espiritual, del cual puede que no hayamos sido completamente conscientes. Traerlo a la conciencia puede impulsar nuestras vidas hacia adelante.

Marco no había encontrado su propósito aún, al menos no al inicio de su dieta.

Había sido un proceso de toda la vida. Su tarea ahora era sintetizar la información de los dioses y permitir que las semillas de noya rao brotaran dentro de su corazón. Algunos dicen que podría tomar hasta cinco años para que estas semillas se conviertan en retoños.

TREINTA Y CUATRO

"Se dice que antes de entrar al mar
un río tiembla de miedo.
Mira hacia atrás al camino que ha recorrido,
desde las cimas de las montañas,
el largo y serpenteante camino cruzando bosques y aldeas.
Y al frente,
ve un océano tan vasto,
que entrar en él
no parece otra cosa que desaparecer para siempre.
Pero no hay otra manera.
El río no puede retroceder.
Nadie puede retroceder.
Volver es imposible en la existencia.
El río necesita correr el riesgo
de entrar en el océano
porque solo entonces desaparecerá el miedo,
porque es ahí donde el río sabrá
que no se trata de desaparecer en el océano,
sino de convertirse en el océano".

— KHALIL GIBRAN.

Patanjali escribió el primer libro sobre yoga en el siglo II a. C. Los *Yoga Sūtras de Patañjali Son* una colección de 196 sutras (aforismos) en sánscrito sobre la teoría y práctica del yoga.

En la tradición india, los sutras describen los medios para alcanzar el poder espiritual y habilidades ocultas.

Siddhayah (logros espirituales) surgen del nacimiento, las hierbas, los encantamientos, el ascetismo y la contemplación (sección 4, verso 1).

Los *Yoga-sūtras* y los textos de Yoga y Tantra hindúes describen los *siddhis* (poderes paranormales) poseídos por un *Siddha*, un asceta que ha alcanzado la iluminación, como formas de saber y actuar. Estos poderes incluyen volar, visión mejorada, invisibilidad y una comprensión profunda del propio cuerpo y el cosmos.

Como Marco a veces se encontraba en conflicto con sus creencias sobre la autorrealización, encontró un poco de validación al buscar poderes espirituales en el Amazonas. Creía que los caminos del ascetismo o la contemplación podrían tomar muchas vidas. Él se estaba quedando sin tiempo.

A lo largo de la historia espiritual y religiosa de la humanidad, muchas culturas han utilizado hierbas (plantas psicoactivas) de esta manera.

No deberíamos pasar por alto el papel potencial que juega en la conexión entre el consciente y el inconsciente. Teniendo en cuenta los principios del desapego y alcanzando un estado mental natural, las hierbas pueden ser utilizadas para ayudar a eliminar barreras.

Se ha encontrado evidencia arqueológica del uso de San Pedro y ayahuasca con fines mágico-religiosos en culturas precolombinas, ya desde el 1500 a. C.

Se encontraron rastros de tres sustancias alcaloides diferentes, conocidas por causar estados alterados de conciencia, en mechones de cabello humano de un sitio funerario de 3000 años de antigüedad en España.

TREINTA Y CINCO

"Todo es una oportunidad para crecer o un obstáculo para evitar el crecimiento."

— WAYNE DYER.

Marco había solicitado participar en *Sadhanapada*, un programa de siete meses diseñado por Sadhguru en su ashram en Tamil Nadu, que comenzaba en julio de 2024 y culminaba en *Mahashivratri*, un festival de adoración al dios hindú Shiva.

La última vez que estuvo en el ashram, presentó su solicitud, pero el programa fue cancelado debido al COVID-19.

Con decenas de miles de personas aplicando, sabía que sus posibilidades de ser elegido eran escasas.

Especialmente porque el programa no costaba ni un centavo y los participantes se beneficiaban del apoyo de Sadhguru.

Aparentemente, cada año seleccionan hasta 1200 individuos comprometidos de más de treinta países diferentes.

No encajaba del todo en el perfil demográfico, lo que reducía las probabilidades de ser seleccionado.

Su intención era seguir aplicando cada año. El universo favorecería su solicitud si era parte de su plan maestro.

Este sería el mayor desafío de su vida.

No podía pensar en nada más difícil que requiriera más energía y dedicación.

Marco conocía el diseño del ashram.

Un día típico te mantenía ocupado durante trece horas. Eso incluía ocho horas de servicio, tres horas de yoga y largas caminatas alrededor del ashram mismo.

Ahora imagina añadir otras cuatro horas diarias a ese horario, con más yoga y meditación, además de otras actividades supervisadas.

Marco estaba viviendo un estilo de vida activo lleno de *farniente* (no hacer nada en italiano).

¿Estaría dispuesto a sacrificar su comodidad por 3,672 horas de llamadas a la acción supervisadas?

Por lo que se dice, apagan las luces a las 9:30 p. m., y los miembros de Sadhanapada se despiertan entre las 3:30 a. m. y las 4:30 a. m. todos los días durante 216 días consecutivos.

Es un programa riguroso con un horario estricto y te mantienen con una correa ajustada.

"¡Exactamente lo que esta mascota rescatada y gruñona necesitaba!" (parafraseando a Robert Downey Jr. durante su discurso de aceptación del Oscar por mejor actor de reparto).

¿Quién dijo que no se puede enseñar a un perro viejo nuevos trucos? Marco era la prueba viviente de que se podían cambiar los paradigmas.

Ya estaba planeando ponerse en forma para el yoga antes de julio.

Tenía como objetivo mantener su mente ocupada y su cuerpo comprometido durante esa etapa de su vida.

Dado que este libro seguía arrastrándose hacia el futuro, Marco tuvo la oportunidad de ser voluntario en el ashram durante unas semanas después de escribir estas últimas palabras y no haber sido aceptado en el programa.

Mientras escrutaba al nuevo grupo de participantes de Sadhanapada durante el largo tiempo bajo la lluvia torrencial, tuvo la extraña sensación de que ya era una parte activa de la experiencia.

La lluvia parecía caer en cámara lenta, haciéndole preguntarse si la escena era realmente real o si, en su lugar, el tiempo lineal se había congelado.

También concluyó, después de elaboradas cálculos, que sus probabilidades de ser seleccionado en futuros programas eran solo del 0.25 %. Este porcentaje desolador le sacó una sonrisa.

Se le ocurrió que tu presencia en forma física puede no ser necesaria para impactar eventos futuros relacionados con el mismo marco temporal y lugar.

¿Podrías crear una experiencia únicamente en tu mente y observar cómo se propaga en la superficie del tiempo como una piedra lanzada a un pozo sin fondo?

El pasado, el presente y el futuro se entrelazarían sin cesar, por lo tanto, sin inicio ni fin.

Esto iluminó el concepto de hacer enmiendas por su pasado y llenó a Marco de esperanza y satisfacción. Además, abrió nuevas posibilidades para su expiación.

Como un bono adicional, ya no estaría obligado a despertarse a las 3:30 a. m. cada mañana. ¡Eso sería un alivio!

A veces, encontraba excesivamente egoístas los mensajes en el ashram, especialmente en el espectro de un posible abuso de poder.

Marco no podía ser culpado, ya que tenía una persistente sensación de *déjà vu* en su interior, similar a un niño que se quemó los dedos en una estufa y rápidamente aprendió su lección.

No siendo un devoto acérrimo, tenía la libertad de observar las cosas y conservar el derecho a ser crítico.

Sin duda, toda la empresa funcionaba como una bien engrasada máquina de marketing.

Las charlas del gurú estaban caracterizadas por un tema general de devoción. En uno de sus videos, afirmó que era crucial seguir un camino de una sola vía, únicamente con tu mente, lo cual podía ser desgarrador a veces.

A sus ojos, esto era equivalente a herejía.

Marco estaba alineado con la cita de Paulo Coelho:

"Recuerda que donde esté tu corazón, allí encontrarás tu tesoro".

No estaba dispuesto a traicionar sus pasiones y desfilar sin camiseta alrededor del ashram durante un par de horas como un miembro del Ejército Rojo, repitiendo mecánicamente: *"Shambho, shambho..." (una forma suave de Shiva).*

Ahora, repetir este ejercicio tres veces a la semana durante siete meses, de hecho, le rompería las alas.

Se imaginaba a sí mismo como una mariposa de vuelo libre, polinizando flores coloridas. Había trabajado demasiado en abrir su corazón para ser unidimensional en un camino ascético, desprovisto de creatividad y compasión.

Un programa intensivo de diecinueve días llamado "Devi Seva" estaba a punto de comenzar en el templo de Linga Bhairavi, y tuvo la suerte de haber sido seleccionado para ello.

Tuvo que hacer un poco de convencimiento. Probablemente subestimaron su capacidad para mantenerse al día con los chicos de la Generación Z.

Bhairavi es la fuerza creativa y primordial que abarca todo el universo. Como consorte de Shiva, la encarnación de lo Femenino Divino tenía 108 nombres, incluyendo Durga, Parvati, Bhargavi y Annapurna.

Ahora Marco estaba en su territorio. Su búsqueda por honrar lo femenino divino y expiar sus tendencias misóginas había sido de larga data.

Qué gloriosa oportunidad para compartir la nueva abundancia que había encontrado en su corazón con la Diosa que conocía como Adi Shakti.

En su primer festival de yoga en las montañas de Nuevo México, tuvo una sesión con una clarividente. Cuando la interrogó sobre la futura mujer de su vida, ella respondió sin rodeos: *"Deberías enfocarte en Adi Shakti en su lugar".*

No pedía mucho para sí mismo. Con una escala mucho más grande en mente, se enfocó en perdonar a todas las personas en este mundo que abusaron de las mujeres.

Se reportaron casi noventa violaciones al día en India en 2022, según datos de la Oficina Nacional de Registros del Crimen de India (NCRB).

Ahora imagina todos los asaltos que no fueron reportados.

A lo largo de sus viajes, Marco tenía un sexto sentido para las mujeres que habían sido abusadas sexualmente. Podía ver el reflejo de su corazón cerrado en su mirada.

Intuía que la mayoría de ellas nunca habían perdonado a sus agresores.

Marco, en sus esfuerzos por ayudar a las víctimas de crímenes sexuales, pasaba mucho de su tiempo pidiéndole a Bhairavi que las ayudara a perdonarse a sí mismas, primero que nada.

No era un logro simple entender la magnitud y la importancia de tal empeño. Si alguien podía hacerlo, era Adi Shakti.

"Kundalini Mata Shakti, namo, namo".

"Me inclino ante la Madre Divina de toda Paz".

Marco estaba emocionado por la devoción que presenció en el templo durante su Seva.

La atención a los detalles relacionados con el funcionamiento de las actividades del templo y la realización de todos los rituales lo dejó deslumbrado.

Todos los colores, los aromas y los sonidos que emanaban del templo se fusionaron en una aura rosa de amor y gracia.

Kali, también conocida como Uma en su lado benevolente, había, como siempre, triunfado sobre la maldad de los hombres.

Pronto, llegó el momento de partir del ashram.

Es crucial reconocer el delicado equilibrio entre la devoción y el fanatismo, así como entre la retórica y la manipulación.

El peligro radica en la influencia que un gurú poderoso y carismático podría tener sobre sus discípulos. Si la historia nos pudiera enseñar una lección, sería prudente evitar el pensamiento de visión de túnel y desarrollar un sentido de desapego.

Sé más como el Buda.

TREINTA Y SEIS

"Todos estamos en la cuneta, pero algunos de nosotros estamos mirando las estrellas."

— OSCAR WILDE.

Marco conoció a un joven llamado Andrew en el festival de Kundalini Yoga en Florida. Acababa de graduarse de un curso de formación de profesores en Bali.

Pronto se hicieron buenos amigos.

Marco compartió su deseo de viajar a India y estudiar Sattva Yoga en un ashram cerca de Rishikesh.

Durante un festival de yoga de dos días en Albuquerque, tuvo la oportunidad de asistir a una clase impresionante impartida por un estudiante de larga data del gurú.

Cinco años después. Marco estaba en su casa alquilada en Córcega una noche cuando Andrew se puso en contacto con él por Whats-App. No había sabido de él desde Florida.

Marco había pasado tres días en el ashram cerca de Rishikesh después del confinamiento por el COVID-19. Había tomado un par de clases, pero el ashram había suspendido todos los cursos de formación de profesores. El gurú no había estado en el ashram en un año.

Resultó que Andrew había seguido de cerca el consejo de Marco. Había ido al ashram en tres ocasiones diferentes para estudiar con el gurú.

También había aprendido la ciencia del horóscopo indio Jyotish, los *"Ojos de los Vedas y la Luz de lo Divino"*.

Acordaron hacer una lectura en línea unos días después.

El conocimiento y la sabiduría de Andrew impresionaron a Marco.

Mientras hablaban sobre su carta natal y las posiciones planetarias, Marco se dio cuenta de la persona que era y de la persona en la que se estaba convirtiendo. Era inquietante.

Tenía una energía fuerte y apasionada por vivir la vida.

Había desafíos en torno a la sexualidad que también involucraban adicciones.

Necesitaba regular sus emociones y se sentiría confundido acerca de su sentido de propósito.

Su Luna estaba en Escorpio, siempre moviéndose, buscando y transformándose en lugar de asentarse.

Tenía la bendición de tener una aguda percepción e intuición.

Andrew reiteró que Marco había estado en su período de Rahu durante varios años. Había estado ocupado expandiendo su conciencia y reconectándose con su corazón.

Nacemos con nuestros rasgos y tendencias inherentes, pero tenemos el poder de elevarnos por encima de ellos.

Sólo necesitas un poco de conciencia.

Aunque todo está escrito en las estrellas, conservamos el poder de dar forma a nuestra propia historia.

No somos simples individuos, sino hilos tejidos en el tapiz de la existencia.

TREINTA Y SIETE

"Solo en la agonía de la separación miramos en las profundidades del amor."

— GEORGE ELIOTT.

Marco vio a su hijo después del Año Nuevo.

Acordaron reunirse en Fort Lauderdale, Florida, y pasar una semana juntos en los Everglades.

Lo había invitado varias veces desde diferentes lugares alrededor del mundo.

Por una variedad de razones que Marco no podía controlar, Bryce no había aparecido ni una sola vez.

Habían pasado seis años desde su último encuentro.

Estaba a solo unos meses de cumplir veintitrés.

Estaba en la etapa inicial de su cuarto periodo de siete años de conciencia. Esto marca la edad legal para beber, dejar el hogar para ir a la universidad y hacerse independiente.

Mientras tanto, se había graduado con un título de *Bachelor of Science* en contabilidad.

Durante un programa de residencia en un bufete de abogados en Houston, se dio cuenta de que presentar impuestos para personas adineradas no era su destino. Tampoco lo era socializar con sus compañeros de trabajo en el bufete para ganar puntos para futuras promociones.

Durante su tiempo en la universidad, había creado un club de póker en línea. Según él, cuando juega al póker, la probabilidad de victoria es del 60 %. Se convierte en más matemáticas que en suerte.

Marco comprendió que su hijo estaba rebelándose contra su madre al dar la espalda a las actividades conservadoras.

Había heredado su postura anticorporativa de su padre, lo cual no era algo malo.

Habían sido extraños el uno para el otro durante sus años de adolescencia.

Borrar el pasado es imposible en esta dimensión. Sólo puedo esperar que este libro sea el catalizador para una relación más profunda entre padre e hijo.

Escribí esta historia para fomentar la empatía por todos los involucrados, comenzando por Bryce, en lugar de aislar a su madre de su vida.

En sus corazones, deseo que encuentren la determinación para perdonar a Marco.

Solo al elevarse por encima de los sentimientos persistentes de traición y angustia, buscarían consuelo en el espíritu del perdón.

"Con la esperanza de verte de nuevo pronto, hijo mío, y compartir algunas risas".

CAPÍTULO
TREINTA Y OCHO

"La ilusión es necesaria para disfrazar el vacío interior."

— ARTHUR ERICKSON.

El GR 20 es un sendero de larga distancia que atraviesa la isla mediterránea de Córcega, diagonalmente desde Calenzana en el norte hasta Conca en el sur.

El sendero de 200 kilómetros sigue la espina dorsal de granito de montañas que divide la isla en dos. Comprende dieciséis etapas entre picos que se elevan a más de 2000 metros de altitud.

La gente lo promociona como la caminata más difícil de Europa.

A menos que completes dos o incluso tres etapas cada día, no es tan extremo, pero estar en forma y no temer a las alturas sería recomendable.

En el sentido genuino de la palabra, era espectacular, ofreciendo vistas y olores que desafiaban la imaginación.

Marco encontró la belleza y la rudeza de Córcega asombrosas.

Nunca había estado tan en sintonía con su entorno y tan maravillado por la naturaleza. El desafío físico añadía chispas al fuego.

La dieta en Perú había agudizado todos sus sentidos y magnificado todas sus percepciones.

Se enamoró de Córcega. Su fe en Francia se había restaurado desde que estuvo allí.

Conociendo la historia de la isla, debería tener cuidado de no ofender a los lugareños con tal declaración.

El escenario era perfecto para leer *"A Return to Love"* de Marianne Williamson, una autora y activista política estadounidense.

Hasta ahora, sigue siendo candidata del Partido Demócrata para las elecciones estadounidenses de 2024.

El libro contiene sus reflexiones sobre "Un Curso de Milagros" de Helen Schucman. Comparte sus ideas sobre cómo aplicar el amor en la búsqueda de la paz interior.

Un concepto glorioso que se entrelazaba perfectamente con el paisaje accidentado.

Similar a abrir una caja de joyas llena de gemas; solo compartiré algunas contigo:

"Nuestro miedo más profundo no es que seamos inadecuados. Nuestro miedo más profundo es que somos poderosos más allá de toda medida. Es nuestra luz, no nuestra oscuridad, lo que más nos asusta. Nos preguntamos: 'Quién soy yo para ser brillante, hermosa, talentosa, fabulosa?' En realidad, ¿quién eres tú para no serlo? Eres un hijo de Dios. Tu pequeño papel no sirve al mundo".

"No hay nada iluminado en encogerse para que otras personas no se sientan inseguras a tu alrededor. Todos estamos destinados a brillar, como lo hacen los niños. Nacimos para manifestar la gloria de Dios que está dentro de nosotros. No está solo en algunos de nosotros; está en todos. Y a medida que dejamos brillar nuestra propia luz, inconscientemente damos a otras personas permiso para hacer lo mismo. A medida que somos liberados de nuestro propio miedo, nuestra presencia automáticamente libera a otros".

"Nuestra autopercepción determina nuestro comportamiento. Si pensamos que somos criaturas pequeñas, limitadas e inadecuadas, entonces tendemos a comportarnos de esa manera, y la energía que irradiamos refleja esos pensamientos sin importar lo que hagamos. Si pensamos que somos criaturas magníficas con una abundancia infinita de amor y poder para dar, entonces tendemos a comportarnos de esa manera. Una vez más, la energía circundante refleja nuestro estado de conciencia".

TREINTA Y NUEVE

"Preferiría vivir mi vida como si hubiera un Dios y morir para descubrir que no lo hay, que vivir como si no lo hubiera y morir para descubrir que sí."

— ALBERT CAMUS.

Marco estaba hablando con un expatriado británico que había construido un hotel y restaurante en la costa pacífica de Panamá dieciséis años atrás.

De ascendencia malaya, era un chef reputado en la zona.

A Marco le gustaba provocarlo. Aunque creía que era inútil razonar con un hombre tan terco, continuaba haciéndolo.

Pronto, la conversación se dirigió hacia la energía, las almas y hacer buenas acciones.

Era un tipo simpático, pero excesivamente atascado en sus formas.

Marco disfrutaba provocar pensamientos en las personas para cambiar perspectivas y estimular la conciencia.

A menudo, su ego se interponía, ese era su mecanismo de defensa.

Marco discutió la posibilidad de lograr la paz en una dimensión diferente, basada en la premisa de Einstein de que por cada acción hay una reacción y la ley del Karma.

El anfitrión procedió a cuestionar el propósito de las buenas acciones en esta vida con un toque de sarcasmo, sugiriendo que podría hacerlas en vidas futuras si se reencarnaba.

La respuesta de Marco fue sencilla.

No tenía deseo de volver, sin importar la forma o el lugar, para entender las lecciones con las que había luchado en esta vida.

Noventa años parecían absurdos al enfrentarse a la perspectiva de la eternidad. La pequeña muestra de paz eterna que había experimentado superaba con creces esos placeres terrenales que mantenían a los seres humanos en la ilusión.

CUARENTA

"Errar es humano, perdonar es divino."

— ALEXANDER POPE.

Recientemente, Marco estaba cenando con su hermano y su hermana. Para hablar amablemente, la comprensión de la vida de Bernard está alineada con su estilo de vida simple y no iluminado.

No fue una sorpresa que su consumo de vino fuera excesivo esa noche.

A Marco siempre le gustaba introducir nuevos conceptos en la discusión. A pesar de sus dudas, creía que eventualmente podría hablar de una manera que su hermano entendiera. Si no desafías a las personas con las que compartes la misma sangre, ¿para qué sirve la familia?

—Tengo mis convicciones —declaró Bernard, sintiéndose acorralado en un momento.

Cuando Marco le pidió que profundizara, reiteró que se aferraba a sus convicciones, como si fueran algo valioso que debería guardarse en una vitrina. Según el diccionario, una convicción es una opinión o creencia fuerte.

Marco reconoció, en una declaración simple, que sus convicciones no estaban fundamentadas en la realidad y lo comparó con cavar su propia tumba.

Bernard encuentra gracia y salvación en ser músico. Es igualmente hábil tocando el piano, la guitarra, el bajo y la batería. Si hubiera tenido el valor y la creatividad para trascender su visión limitada de la existencia, podría haber sido una banda de un solo hombre.

Más tarde en la noche, Bernard comenzó a hablar mal de su ex, insultándola.

A pesar de que habían estado divorciados durante más de veinte años, todavía persistía en su mente y nublaba su juicio.

Marco afirmó que debería haberla perdonado y seguir adelante con su vida hace mucho tiempo.

Bernard mencionó su adicción a las drogas y su personalidad psicótica mientras enfrentaba todos los obstáculos que ella le ponía en relación con su hijo.

Nunca la perdonaría bajo ninguna circunstancia.

Durante todo este tiempo, la vida amorosa de Bernard había sido inexistente. ¿Todavía te preguntas por qué?

Al aferrarse constantemente a pensamientos negativos y verbalizarlos, se había estado sometiendo a castigo todo el tiempo. En ambos casos, se reprendía a sí mismo tanto por el daño hecho como por su obsesión con no soltar ese dolor.

Se negaba a reconocer la conexión entre su actitud y su situación actual.

Arielle intentó apoyar a Marco en este argumento, pero fue todo en vano.

CUARENTA Y UNO

"No soy ateniense ni griego, sino ciudadano del mundo."

— SOCRATES.

Marco prefiere no revelar su lugar de origen.

La gente a menudo se pregunta sobre esta cuestión primero. Es un automatismo y una forma de etiquetar a alguien basado en impresiones preestablecidas que es costumbre en América del Norte.

Además, pasó suficiente tiempo en India, donde todos los que conocías querían estrecharte la mano, aún más durante el COVID-19. Había menos extranjeros viajando, y te hacían las mismas cinco preguntas una y otra vez:

"¿De dónde eres?".

"¿Cuántos años tienes?".

"¿Qué haces para ganar dinero?".

"¿Estás casado?".

"¿Viajas solo?".

La mente de Marco danzaba con ideas innovadoras mientras esquivaba estas preguntas.

Afirmó ser un nómada, que no pertenecía a ningún país.

Cuando le presionaban sobre un lugar específico de nacimiento o pasaporte, respondía: *"Tengo un pasaporte de nómada".*

Muchos se mostraban confundidos, ese era el objetivo.

Sadhguru describe a un nómada como alguien que *"no estaba loco"* (no mad), una persona que seguía moviéndose y no se asentaba en ningún lugar.

Marco decía que era antiguo. Viajaba en compañía de Dios, y su dinero venía del cielo. Esto no estaba muy lejos de la verdad.

Descubrió que era una buena manera de crear una persona enigmática.

Era, después de todo, diferente de los demás y del tipo no conformista.

En India o en otros países asiáticos, los viajeros solitarios siempre despiertan curiosidad, ya que la mayoría de las personas allí viajan con familia o en grupos.

Marco estará completando un ciclo de dos años al regresar pronto a India, donde podrá examinar los diversos aspectos de su vida que le impidieron encontrar paz y comenzar a hacer los ajustes.

Podrías encapsular los dos años anteriores en una cápsula del tiempo y enviarla al espacio exterior, circulando en órbita.

Probablemente no aterrizaría de nuevo en la Tierra durante unas pocas décadas, tal era el poder transformador de esos eventos pasados.

CUARENTA Y DOS

"Una nación no sobrevivirá moral o económicamente cuando tan pocos tengan tanto y tantos tengan tan poco."

— BERNIE SANDERS.

Marco vio un cartel en la calle que decía: *"No es un paraíso si la gente no puede permitirse vivir aquí"*.

Esto se ha convertido en una preocupación seria en los lugares turísticos o concurridos de nuestro planeta.

El precio de la vivienda sigue aumentando. La vieja paradoja de la oferta y la demanda.

El costo de vida está desincronizado con los salarios.

Comenzando en América, y extendiéndose lentamente por todo el mundo como una plaga, la clase media ha estado disminuyendo constantemente.

Los ricos continúan acumulando fortunas mientras los pobres permanecen en la indigencia. Esta es la maldición de un sistema capitalista desviado.

Cuando viajas, debes cuidar de las tres consideraciones principales: alojamiento, comida y transporte. Puede volverse caro y agotador.

Sin embargo, Marco lo tenía todo resuelto.

Una furgoneta camper con una motocicleta remolcada resolvería estos problemas. Tener una casa sobre ruedas y regresar a sus raíces de gitano, ¿podría haber una opción más adecuada para él?

Cuando estuvo en Costa Rica por primera vez, alquiló un Toyota 4x4 con una tienda de campaña plegable en el techo durante seis semanas. Esa fue una experiencia emocionante que no puede esperar replicar.

En 2026, planea actualizar su forma de viajar. Saltarse hoteles y restaurantes sería un gran cambio, permitiéndole desacelerar si lo desea y cocinar su propia comida.

Un techo elevable opcional le dará espacio extra, en caso de que amigos o familiares quieran unirse.

Tiene la intención de viajar por toda Europa y aventurarse tan al este como Mongolia.

Una vez que termine, le gustaría viajar desde México hasta Patagonia y regresar a Europa desde Sudáfrica hacia arriba.

Su primer chamán en México le había hablado sobre algunas de sus vidas pasadas.

Había sido un explorador rudo en África, con ojos azules profundos y penetrantes. Eso sería un regreso a la fuente, como tal.

Desafortunadamente, lo único que deseaba haber heredado de su padre eran sus ojos azules.

También había experimentado varias otras vidas, como un monje Shaolin, un encantador de serpientes en India y el aprendiz de Merlín.

Cuando Marco intentó aprender a tocar la flauta, se hizo evidente que no podía recordar ninguna de sus vidas anteriores, a diferencia de Sadhguru, quien afirma recordar tres de sus vidas pasadas.

Sus maestros de artes marciales también darían fe de ese hecho.

Recientemente, Arielle estaba bromeando con Marco sobre cómo seguía los pasos de su padre.

Además, mencionó que tenía una sed insaciable por actividades deportivas de alto riesgo, mujeres y viajes exóticos. O podría ser: ¿viajes y mujeres exóticas?

"La manzana no cae lejos del árbol".

CUARENTA Y TRES

"No hay árbol, se dice, que pueda crecer hacia el cielo a menos que sus raíces desciendan hasta el infierno."

— CARL JUNG.

A pesar de que Marco había ensayado su separación durante más de cinco años, Hazel probablemente nunca lo vio venir y parecía estar en total angustia por ello.

Hizo algunos intentos por tomar el control de la situación y restaurar un poco de sentido común a su esposo, que claramente se había desviado.

Cuando todo falló, sus demandas se volvieron un poco delirantes.

El dinero era una preocupación como en cualquier divorcio, pero el problema principal giraba en torno a la custodia de Bryce. Temía dejarlo en manos tan irresponsables.

Marco no estaba muy dispuesto a dejar que esa mujer obtuviera todos sus deseos. El ego y la frustración tenían mucho que ver con eso, con un toque adicional de venganza para darle sabor a la situación. Principalmente, fantaseaba con reconectar con su hijo.

Concertó una reunión con un abogado de divorcios en Albuquerque que su amigo Danny le había recomendado.

Desde su oficina, se podían ver las montañas Sandia extenderse en la distancia.

Robin habría sido difícil de no querer. Era un zimbabuense de mediana edad de ascendencia europea que había inmigrado a Estados Unidos, se movía con una actitud confiada pero relajada y tenía un sentido del humor británico.

Después de soportar un largo e infeliz matrimonio, se divorció de su esposa. Poco después, descubrió a la mujer de sus sueños.

Tan conveniente como habría sido esta historia para su discurso de ventas, resultó ser cierta.

Cuando Marco conoció a su segunda esposa meses después en una fiesta, tenían el aura de una pareja bendecida.

Marco se convenció cuando Robin dibujó en un trozo de papel:

DIVORCIO = LIBERTAD.

Era un abogado pragmático, astuto, con mucha experiencia.

Pasaron semanas antes de que conociera a Hazel para su primera reunión de clientes y abogados.

El abogado de Hazel, en contraste con la confianza desapegada de Robin, parecía excesivamente nervioso y agresivo.

¿Era porque Marco se comportaba como un idiota inmaduro, o porque ella se identificaba demasiado con su clienta neurótica?

Cuando tomaron un descanso afuera, y Robin estaba encendiendo un cigarrillo, se volvió hacia Marco y dijo en tono serio:

—¿Has estado casado con "esa cosa" durante veintiocho años?

A decir verdad, Marco se comportó como un cretino en los meses posteriores a su separación.

Cortó toda comunicación con Hazel y dejó que su mal genio dirigiera el espectáculo.

En su libro *"El Lado Oscuro de los Cazadores de Luz"*, Debbie Ford tiene un ejercicio esclarecedor que empareja nuestros defectos con un nombre propio que comience con la misma letra.

Debes convertir ese defecto en una cualidad opuesta a cada grupo.

Estoy compartiendo la lista de Marco contigo, esperando que puedas relacionarte con ella.

ARROGANTE Adam
Aprender a ser humilde

AGRESIVO Allan
Ser más amigable y relajado

BASTARDO Benoit
Convertirse en una mejor persona, abrir tu corazón

. . .

CRÍTICO CHRIS
No reflejar tus defectos en los demás

CELOSO Calvin
No ser un niño mimado de cinco años

CRUEL Cary
Ser amable

DESCONSIDERADA Doris
Tener empatía y servir a los demás

DESTRUCTIVO DANIEL
Volverse creativo

DESPECTIVO DAVID
Mostrar respeto a los demás

EGOÍSTA ESTHER
Hacer el bien por la gente

EGOMANÍACO ELOY
Transcender tu ego

INFIEL Isaac
Ser leal

· · ·

Juzgador José
Somos uno, ¿quién eres tú para juzgar?

Negativo Noah
Cambiar tu diálogo interno, buscar los lados positivos

Pervertido Peter
Trabajar en adicciones sexuales

Sarcástico Sam
Mostrar cortesía

Sucio Sebastián
Aprender integridad

Violento Víctor
Ecuanimidad, amor propio

Es un shock al principio cuando escribes tu lista.

Puede ser desmoralizador leer sobre ti mismo de una manera tan poco halagadora. Luego, lentamente te das cuenta de que todo esto es parte de tu evolución.

Hay una verdadera magia en este proceso alquímico.

Pasarían casi diez años antes de que Marco aprendiera a abrazar su lado oscuro.

En *"Psicología y Alquimia"*, Carl Jung escribió:

"No se llega a la iluminación imaginando figuras de luz, sino haciendo consciente la oscuridad".

CUARENTA Y CUATRO

"El amor es mi obsesión de toda la vida, alegría, adobe y tormento."

— DEBASISH MRIDHA.

Antes de su viaje a México y su exploración inicial de plantas medicinales, se había puesto en contacto con un centro de retiro en Ecuador.

El retiro tenía cientos de reseñas brillantes.

Sentía que era una conclusión inevitable que iría allí algún día. Era una de esas certezas que brillaban en el cielo entre las estrellas.

Había regresado a las islas Galápagos, esta vez para bucear en un *Liveaboard*. Resultó ser una experiencia mágica.

Imagina estar en un barco durante ocho días, navegando hacia las islas más alejadas. Hicieron inmersiones tres o cuatro veces al día, a veces entre un grupo de tiburones martillo.

Le quedaba un mes antes de comenzar su dieta de tres meses en Perú.

Reservó un retiro de doce días en ese centro antes de hacer la caminata Salkantay cerca de Cusco. Pensó que serían buenos precursores para su dieta de noya rao.

Marco había oído hablar de la profecía del "águila y el cóndor" que hablaba de sociedades humanas dividiéndose en dos caminos: el del águila y el del cóndor.

Es una historia difícil de rastrear y se origina en muchos grupos indígenas, incluidos los Shipibo de la Amazonía peruana, los Quechua de los Andes peruanos, los Shuar de Ecuador, los Hopi de Nuevo México y los Mayas de México, entre otros.

La mente, lo industrial y lo masculino están representados por el águila en ciertas versiones de esta profecía, mientras que el corazón, la intuición y lo femenino son encarnados por el cóndor.

El inicio de un período de 500 años, donde la gente del águila dominaría y casi eliminaría a la gente del cóndor, fue predicho por la profecía del águila y el cóndor en los años 1490.

No necesitas mirar más allá de la decimación de las tribus indígenas, la devaluación de sus formas de vida y el severo daño hecho al ecosistema de la Tierra desde la era de los conquistadores.

Según la profecía, en el próximo período de 500 años que comienza en 1990, hay potencial para que el águila y el cóndor se unan, vuelen juntos y eleven la conciencia de la humanidad.

La profecía solo habla del potencial, por lo que depende de la humanidad activar este potencial y asegurar que una nueva conciencia pueda surgir.

La profecía decía: *"Cuando el águila y el cóndor se unan en armonía, habrá paz en la Tierra."*

Por supuesto, Marco, siendo más pragmático y egocéntrico, estaba principalmente interesado en su propia paz mental.

Había visto repetidamente a los seres humanos incapaces de disociarse de sus experiencias y luchando por encontrar paz.

Eso parecía ser el principal impedimento para su felicidad.

El retiro estaba ubicado en las montañas de los Andes en Ecuador. Se asentaba en cincuenta y cinco acres de pastizales tranquilos, jardines bien cuidados y bosques de pinos mezclados con eucaliptos.

Los buenos espíritus deambulaban libremente por toda la propiedad.

Varios edificios con diferentes arquitecturas y todo tipo de alojamiento salpicaban la propiedad, que iba desde dormitorios hasta cuartos privados más elaborados. La mayoría de los edificios estaban adornados con pinturas psicodélicas hechas por los huéspedes y los voluntarios.

Tan pronto como llegó al centro, sintió una energía edificante que permeaba los terrenos.

Pero, siendo un no fanático de los grandes grupos, pudo ver de inmediato que eso sería un desafío.

Había treinta huéspedes. La gran mayoría no tenía experiencia con la medicina y estaban agobiados por sus razones para estar allí en primer lugar. Digamos que algunos huéspedes llevaban una carga más pesada que otros.

Estaba diseñado como un curso de inmersión en psicología

alimentado por plantas medicinales. Una vez que Marco se familiarizó con esta realidad, todo fluyó sin problemas. Se conectó con algunos huéspedes de inmediato, y eso hizo que valiera la pena.

Marco estaba mirando el fuego sagrado, acostado cómodamente en un cojín en el suelo y envuelto en una manta. Esta era su segunda ceremonia de ayahuasca en este retiro.

A menudo, las personas con poca experiencia en la medicina intentan demasiado procesar su experiencia a través de sus mentes. El secreto es dejarse llevar.

El sonido del canto de la flauta del chamán impregnaba el espacio numinoso dentro de la maloca.

De repente, la feroz energía del fuego abrió un camino de regreso a la memoria del corazón de Marco. Estaba sucediendo de manera orgánica, sin la intervención de la racionalidad.

"Aún no has perdonado a Hazel. ¿Cómo podrías esperar encontrar paz? ¿Cómo esperas atraer a tu alma gemela hasta que perdones a tu ex incondicionalmente?".

Era la voz de la intuición y la percepción.

Marco no la escuchó como una voz tranquilizadora, sino que la sintió, haciendo que su corazón cayera como un castillo de naipes.

Se dio cuenta de que todavía sentía resentimiento hacia su exesposa. Quería creer que la había perdonado por hacerlo tan infeliz.

Simplemente no podía perdonarla por tomar la posesión exclusiva de su hijo. Eso solo había desgarrado su corazón.

Tendría que elevar sus pensamientos sobre ella a una nueva frecuencia de amor.

Sin amor puro e incondicional, su propósito de vida se quedaría estancado por falta de tracción.

Marco entendió su propósito al venir aquí, siete años después de haber contactado inicialmente a los organizadores del retiro.

Durante el retiro de doce días, tuvieron tres ceremonias de ayahuasca, dos ceremonias de San Pedro y un temazcal. Esta es una ceremonia de purificación con vapor que se realiza en una choza con forma de iglú construida de piedra volcánica, madera o concreto.

Una vez dentro, vierten agua sobre piedras volcánicas ardientes para producir calor.

En el centro, la purificación incluía la administración de ayahuasca y San Pedro y estaba programada para el final del retiro. Como puedes imaginar, fue bastante intensa.

Nunca había probado San Pedro antes.

Tenía muchas ganas de experimentar con la mescalina, el protoalcaloide psicodélico que se encuentra tanto en el San Pedro (nativo de los Andes) como en los cactus de peyote (que crecen en el norte de México y el sur de los Estados Unidos).

La ceremonia comenzó a las 5 p. m. y continuó hasta las 11 a. m. del día siguiente. La mayoría de los huéspedes tomaron la medicina dos o tres veces a lo largo de la noche.

Posiblemente porque había tomado mucha medicina el año anterior, Marco estaba listo con la primera taza, y permaneció elevado durante dieciocho horas.

La intención siempre anula la cantidad de medicina. Más no siempre es mejor.

La fundadora estadounidense del retiro era la chamana, que caminaba con una pluma de águila que usaba para "sahumar" (la quema de hierbas sagradas, típicamente salvia, hierba dulce, cedro o tabaco, y el uso ritual del humo para limpiar, purificar y conectar con el mundo espiritual) y un gran puro de mapacho.

Ella había montado toda la ceremonia como una especie de sala psiquiátrica.

Los demás huéspedes tomaban su turno sentándose frente al fuego, confesando cómo habían perdido su poder.

Marco quería deambular por el bosque como una bestia salvaje y escapar de los problemas de otras personas a toda costa.

Tenían que permanecer cerca de la maloca en todo momento, excepto para ir al baño a cincuenta metros de distancia, por razones de seguridad.

Terminó quedándose la mayor parte de la noche afuera, sentado junto a los fumadores, observando las cosas desde afuera.

Resultó ser una noche larga y desafiante.

Se dio cuenta, por primera vez en su vida, de que era un empático.

Un empático es una persona muy sintonizada con las emociones de los demás.

Había tanto trauma hirviendo bajo el techo de la maloca esa noche.

Se sentía como una olla a presión con una válvula de liberación deficiente.

Estaba a punto de explotar en cualquier momento y rociar su contenido por toda la noche ecuatoriana.

Finalmente, aceptar el hecho de que necesitaba mucho espacio —energético, emocional y físico— fue una especie de epifanía.

Cuanto más ganaba de su exploración y desarrollo espiritual, más sensible se volvía a la energía negativa de otras personas.

En verdad, las energías negativas que se mostraban en relación con sus compulsiones sexuales eran bastante evidentes.

Según el Diccionario de Cambridge:

La compulsión es un sentimiento muy fuerte de querer hacer algo repetidamente que es difícil de controlar.

El poder sobre algo proviene de controlarlo.

La paz y el control parecían irremediablemente entrelazados en este particular dilema.

En cuanto a las energías negativas, estamos tratando con el tipo que puede aferrarse a tu alma. Estas impresiones psíquicas pueden ser increíblemente potentes y destructivas.

Además, aún tenía que aprender a canalizar esa potente energía sexual hacia los reinos superiores.

Incluso un poco de conciencia puede corregir enormemente las tendencias actuales.

Simplemente reaccionar a las tendencias te deja en un estado profundo de esclavitud.

Tenemos el poder y la capacidad de transformar el hábito en elección y la compulsión en conciencia.

Solo que podría tomar toda una vida.

La clave era aprender a protegerse de las energías que no estaban en sintonía con su bienestar.

Para agravar el problema, tenía dificultades auditivas, especialmente con las frecuencias agudas de las mujeres.

Le habría gustado sentarse en el sofá y hablar sobre su poder. No se trataba de haberlo perdido, sino más bien de estar en el proceso de recuperarlo.

Cuando llamaron su turno, se negó. Se prometió a sí mismo hacerse una prueba de audición una vez que regresara a la civilización.

Dicho esto, una leve pérdida de audición podría beneficiarte en situaciones grupales. Es un método comprobado para ignorar discursos sin sentido. Confía en mí, funciona.

Aún sentía que podría haber aprendido algo valioso de la interacción. Sin embargo, la sabiduría tenía su propio camino.

CUARENTA Y CINCO

"Para despertar, siéntate en calma, dejando que cada respiración limpie tu mente y abra tu corazón."

— GAUTAMA BUDDHA.

¿Cómo podrías evitar por completo del *bypass espiritual*?

Esa es una pregunta pertinente, de hecho.

Marco había heredado de su padre la tendencia a ser indiscriminadamente crítico. Cuando juzgas a los demás, te pones por encima de ellos.

Esto es una pendiente resbaladiza, en lo que respecta a tu capacidad para no compararte con los demás, para mostrar empatía y para mantenerte humilde.

Yogi Bhajan habló sobre las 3 Cs a evitar:

"Compare, Compite and Complain"; que en español serían "Comparar, Competir y Quejarse".

Podías ver que Marco estaba condenado en este aspecto.

El ego espiritual es el peor de todos los egos, asumiendo que querrías categorizar y clasificar los diferentes tipos de ego.

A lo largo de sus viajes, Marco lo había experimentado con frecuencia.

Las personas a menudo se sienten y actúan superiores a sus pares en función de su experiencia, conocimiento y pericia.

Agrega un poco de conciencia a esa mezcla, y su sentido de superioridad podría dispararse.

Marco lo había visto en estudios de yoga, en ashrams, en retiros y, Dios sabe, en innumerables lugares donde la gente se reunía, independientemente del lugar o la ocasión.

Peor aún, se sorprendía a sí mismo inclinándose en esa dirección y tenía que hacer ajustes para recuperar un sentido de ecuanimidad.

Por supuesto, los extranjeros eran a menudo los mayores culpables.

Presumiblemente, esto podría ser resultado del complejo de superioridad colonial.

A modo de observación, Marco descubrió que, tras años de análisis de datos, aproximadamente el 20 % de la población olía mal (realmente mal).

Considérense afortunados, siempre que tengan acceso a agua limpia.

En 2021, la Organización Mundial de la Salud (OMS) y el Fondo de las Naciones Unidas para la Infancia (UNICEF) estimaron que 2 mil millones de personas en todo el mundo carecían de acceso a agua limpia.

En cualquier caso, asegúrate de ducharte y aplicarte desodorante, a base de plantas si esa es tu preferencia. Tal vez tus sentidos olfativos sean deficientes, pero otras personas tienen un fuerte sentido del olfato.

Marco está convencido de que fue un sabueso en alguna vida anterior. Podía detectar olores extraños desde la distancia.

Tener mal olor corporal no te hace más espiritual, ¿o sí?

John Welwood acuñó el término *"bypass espiritual"* a mediados de los años ochenta.

Lo que describí arriba es solo la punta del iceberg. Lo que a menudo no vemos es que las personas utilizan prácticas y creencias espirituales para evitar lidiar con sentimientos dolorosos, heridas no sanadas y necesidades de desarrollo.

No importa cuántas capas de espiritualidad se pongan, no encontrarán paz hasta que resuelvan sus problemas y traumas persistentes del pasado.

Si no reconoces y enfrentas tu lado oscuro, todas las máscaras del mundo no cambiarán tu verdadera naturaleza.

Ann Stuart escribió: *"Puedes vestir a un cerdo con satén y encaje, y sigue siendo un cerdo"*.

El psicoanalista Carl Jung desarrolló primero el concepto de la sombra. Usó el término *"shadow self"*. Esta es la parte de nuestra mente inconsciente que contiene aspectos reprimidos de nosotros mismos, incluidos aquellos que se consideran malvados, inaceptables, dañinos para otros o perjudiciales para nuestra salud.

Una personalidad se compone de dos componentes. La forma en que interactuamos con el mundo está impactada por nuestra personalidad consciente, conocida como "Persona". Nuestros aspectos no reconocidos están simbolizados por el segundo componente, la "Sombra", que contrasta con nuestro yo consciente. Dentro de nosotros residen los aspectos de nuestra psique que evitamos y de los que nos sentimos avergonzados.

Descubre tu sombra observando a los demás y anotando las cualidades que no te gustan. Evitar y suprimir las cualidades que no te gustan de ti mismo puede llevar a una percepción distorsionada de los demás.

La segunda ceremonia de San Pedro, unos días después, fue una de las experiencias más profundas de toda su vida.

Marco participó en la ceremonia de apertura y se le permitió quedarse afuera hasta la mañana.

Encontró un claro sobre la maloca y deambuló toda la noche. Montó un altar junto a sus mantas y lo utilizó como base de operaciones.

Regresaba para comprobar la acción en la maloca cuando le apetecía.

Estaba tan elevado como una cometa y deambuló por el bosque descalzo durante unas horas, recolectando una multitud de cosas bajo una luna creciente.

Hurgaba el suelo del bosque como un animal hambriento y regresaba a su campamento de vez en cuando para construir su altar con las riquezas que había reunido.

El huachuma, también conocido como el cactus San Pedro, representa lo divino masculino. Es una figura de abuelo, que nos enseña a hacer las paces con el tiempo y a entender que ciertas lecciones requieren toda una vida para ser comprendidas.

Algunos creen que un maestro planta es un ser iluminado, un espíritu avatar, manifestándose como una planta, árbol, enredadera, cactus o hongo. Nos guía para elevar nuestra conciencia en tiempos de confusión y adversidad. Cuando se ingiere de manera sagrada, con honor e intención, su espíritu puede sanarnos y guiarnos en el camino.

Los chamanes creen colectivamente que nuestro apego a una cultura que nos condiciona es la fuente de gran parte de la enfermedad en este mundo.

Una cultura que nos enseña a identificarnos con una serie de conceptos mentales y desatiende nuestra conexión atemporal con la Tierra, el cielo y todos los elementos.

Marco, desde su acogedora posición, podía ver las montañas elevarse sobre el dosel de los árboles. Estaba de pie bajo un alto eucalipto, con los brazos extendidos para abrazar toda la sabiduría del universo.

Los dulces y mentolados aromas del bosque asaltaban sus fosas nasales, y podía sentir la tierra girando bajo sus pies.

Su pecho irradiaba un intenso calor como si hubiera sido carbonizado por brasas calientes.

Su corazón se había transmutado en un cofre del tesoro de cristales brillantes y multicolores, reflejando toda su radiación de regreso al sol. Sintió que esta energía orgásmica, yendo y viniendo en un bucle sin costura, era AMOR en su forma más pura.

El abuelo Huachuma era el alquimista.

Mientras tanto, alguien había congelado el tiempo lineal. Dios: la fuerza Generadora, Organizadora y Entregadora que gobernaba los megaversos, se encargó de eso.

Cuando todo se detuvo, Marco estaba en lágrimas.

Las lágrimas de alegría caían de sus ojos como gotas de lluvia del cielo infinito. Nunca había experimentado nada más trascendental antes.

El sol ahora se escondía detrás de las montañas.

Marco nunca se había sentido tan ingrávido en su vida, ni siquiera en caída libre acelerada mientras hacía paracaidismo.

Le habían dicho repetidamente que no se alejara demasiado de la maloca.

Siempre había sido un contracorriente, pero en este caso, no podía quedarse quieto.

Cerrar su corazón al amor había sido su maldición en esta vida, dedujo.

Todo eso en nombre de la autopreservación. Pero, ¿a qué costo?

Así que se fue deambulando por la noche. No tenía linterna, y estaba completamente oscuro.

Finalmente había encontrado su propósito en la vida.

Su nueva búsqueda sería abrir el cofre del tesoro en su corazón y compartir las joyas dentro con los demás.

Era consciente de que se requeriría más trabajo duro.

Las palabras de Rumi resonaban en el oscuro bosque:

"¿Por qué llamas a cada otra puerta? Ve, llama a la puerta de tu propio corazón".

Marco había viajado por todo el mundo en su búsqueda de la paz interior.

Ahora sabía exactamente por qué había venido a Ecuador.

Recordó lo que Yogi Bhajan había dicho:

"Nada sucede por coincidencia. Todo es parte de un plan maestro".

Tenía planeado estar en Perú en diez días para comenzar su dieta. Las estrellas no podrían estar más alineadas.

Pensó en ir por la linterna que había dejado en su dormitorio.

Tomó un camino diferente, arriesgándose a terminar en otro lugar. Le daba absolutamente igual.

La medicina seguía siendo fuerte.

Sintió el campo de energía electromagnética de su corazón. Vibraba como si un arco de violín se estuviera deslizando sobre sus nervios. Entró en una pequeña estructura con forma de capilla a un lado de la propiedad.

Estaba montada como un altar a Gaia, la diosa primordial de la Tierra en la mitología griega.

Había regresado al útero de su madre.

Se quedó allí, acostado en un gran tapete durante el mayor tiempo posible. Era una sensación tan acogedora.

Cuando un voluntario lo encontró más tarde, sentado en un sofá dentro de uno de los edificios, se sintió tan aliviado. Había estado buscándolo durante unas horas y estaba preocupado por su bienestar.

Marco le dijo al joven que estaba equivocado al preocuparse; no había posibilidad de que alguna vez se extraviara de nuevo. Había visto el espíritu elevarse de su corazón miserable. Finalmente había probado la paz. Había sido un largo viaje.

CUARENTA Y SEIS

"Cuando deseas algo, todo el universo conspira para ayudarte a lograrlo."

— PAULO COELHO.

La hermana de Marco estaba reflexionando sobre el sentido de escribir la historia de tu vida.

—Deja el pasado atrás y avanza —dijo.

El problema con esa afirmación es la incapacidad de seguir adelante sin hacer las paces con el pasado y perdonar a los demás, especialmente a ti mismo.

La idea de revisar nuestras experiencias pasadas suele ser abrumadora, sin embargo, es una parte importante del proceso.

Nuestra historia es una bendición que guía y enseña, y lleva tantos mensajes positivos como negativos.

Busca bendiciones por los eventos en tu vida y encuentra gratitud.

Experimentarás lo que se siente al ser bendecido.

Si no dejas ir la culpa y los resentimientos, permanecerás atrapado por el pasado y continuarás definiéndote por tus experiencias. Esa es una proposición aterradora, una maldición familiar de nuestras épocas.

Escribir un libro, no sólo es terapéutico, también ofrece una perspectiva única. Haz las paces viendo a través del filtro del amor, no del juicio.

Las decepciones y tragedias pasadas fueron meros precursores de tu evolución.

Acepta lo bueno, libera lo malo.

Lo siento, por favor perdóname, te agradezco, te amo. YO me perdono a mí mismo.

Finalmente, yoga, Ho'oponopono y plantas medicinales trabajando en simbiosis.

Paz al fin. ¿Quién hubiera pensado que era un mercado de nicho?

Marco a menudo podía identificarse con el personaje principal del libro de Paulo Coelho "El Alquimista": Santiago, un joven pastor español de Andalucía.

No tenía una visión clara de un tesoro escondido en la base de las pirámides egipcias.

Sin embargo, creía en la interconexión de todo en el universo y confiaba en que su alma tenía la respuesta.

Si tan solo pudiera descubrir su verdadero propósito en la vida y hacer amistad con su *"Leyenda Personal"*.

A lo largo del camino peligroso, tendría que escuchar a su corazón, arriesgarse y creer en sí mismo y en sus habilidades.

Por cierto, los editores tradujeron "El Alquimista" a ochenta idiomas. Las ventas totales superaron los 150 millones de copias.

Estaba leyendo un artículo titulado "Escribir libros no es una buena idea" de Elle Griffin.

No era reconfortante para un nuevo escritor. A los editores les interesan los escritores que ya tienen una audiencia. El típico auto-editor vende un promedio de 250 copias.

En 2020, según Bookstat, que analiza el mercado editorial en su conjunto, se autopublicaron 2.6 millones de libros, y apenas 268 de ellos tuvieron ventas superiores a 100 000 copias. Eso es solo el 0.01 % de los libros.

Incluso en el extremo más alto, solo once libros vendieron más de 500 000 copias. Esto es insignificante comparado con el hecho de que las diez mejores películas de Netflix en 2020 recibieron más de 68 millones de vistas en su primer mes.

La brillantemente producida "Gambito de dama" rompió récords de Netflix con 62 millones de vistas en las primeras cuatro semanas de su lanzamiento.

Mientras que el 98 % de los libros publicados vendieron menos de 5000 copias.

El acto de escribir un libro debe estar impulsado por la pasión, o verse como un testimonio de la determinación de uno.

Cuando tienes que reescribir tu novela por segunda vez, se convierte en un desafío replicar la escritura inicial. Las ideas y las palabras toman una forma propia y no siguen los deseos o la dirección del escritor.

Marco se dio cuenta de que su apego al resultado final le hizo perder la mitad del contenido de su manuscrito. El mensaje llevaba su peso en humildad.

C.S. Lewis escribió:

"La humildad no es pensar menos de ti mismo, es pensar menos en ti mismo".

CUARENTA Y SIETE

"Viajamos, algunos de nosotros para siempre, en busca de otros estados, otras vidas, otras almas."

— ANAÏS NIN.

Como lo contó maestra Juanita (escrito por Elio Guesa):

El escenario de la leyenda de maestra Juanita es un pequeño pueblo Shipibo al norte del río Ucayali.

"En este pueblo aislado había un niño que vivía en la granja de su familia junto a su madre y hermanos. En la orilla del río, había un majestuoso árbol conocido por los aldeanos como noya rao.

Los testigos vieron a los peces convertirse en aves y volar lejos.

El niño desobedecía a su madre y corría a la jungla para evitar trabajar en la granja familiar. Allí pasaba sus días jugando junto al árbol y en el río.

Un día, su madre se preocupó ya que el niño no había regresado al caer la noche.

Pasaron los días y nunca regresó. A pesar de los intentos desesperados, nunca lo encontraron. Durante años, su madre llamaba su nombre.

Los aldeanos creían que se había convertido en un hermoso pájaro y había volado lejos".

CUARENTA Y OCHO

"Sabe que tu trabajo solo habla a aquellos que están en la misma sintonía que tú."

— JEAN COCTEAU.

Durante las últimas seis semanas de su dieta, estuvo escribiendo un promedio de tres horas cada día.

Bebía noya rao a diario y tomaba ayahuasca cada dos noches, alrededor de las 8:00 p. m.

Después de cantar icaros, sus chamanes se dormían a las 2:00 a. m. y permanecían en la maloca hasta el amanecer.

Marco se quedaba hasta las 3:30 a. m. o 4:00 a. m.

Cantaba una mezcla ecléctica de mantras de Kundalini, canciones en español y francés, mantras hindúes y un par de canciones Shipibo que Darwin le había enseñado. Disfrutaba cantar canciones de cuna para sus chamanes.

Desde que descubrió su voz cantando, se había convertido en una tremenda fuente de inspiración divina. Le era imposible cantar mantras mientras permanecía en la mente.

Lo forzaba a operar desde la intuición, desde el corazón.

En sánscrito, *"Nada Brahma"* significa el sonido de Dios, sugiriendo que la energía del sonido creó todo el universo, convirtiéndose en esencia en la corriente sonora de la Creación.

Platón afirmó que el cosmos está construido de acuerdo con proporciones musicales.

Pitágoras lo llamó la "Música de las Esferas", creyendo que llena nuestros oídos internos y que estamos en contacto con ella desde el momento de nuestro nacimiento.

En "Viaje a Ixtlán", Carlos Castaneda escribió:

"Primero, debes usar tus oídos para quitar parte de la carga de tus ojos. Hemos estado usando nuestros ojos para juzgar el mundo desde el momento en que nacimos. Hablamos con otros y con nosotros mismos sobre lo que vemos. Un guerrero siempre escucha el sonido del mundo".

Varios maestros espirituales enseñan que la "esencia de la divinidad" está en todos, y luego exploramos este espacio interior a través de la meditación.

Darwin había reiterado que el canto de Marco durante las ceremonias creaba una experiencia asombrosa, como si el cielo se hubiera abierto y pudiera ser testigo de un espectáculo vibrante.

Luego, Marco se retiraba a su tambo, primero haciendo una parada afuera bajo las estrellas, bebiendo té y fumando mapacho.

Luego procedía a su hamaca y escribía hasta que estaba demasiado cansado para mantener los ojos abiertos.

Cuando alguien le robó su iPad, también perdió unas 160 páginas de su próximo libro.

Bajo la influencia de la ayahuasca y otras plantas maestras, había experimentado un hermoso espacio. ¿Cómo podría regresar a ese capullo y dejar que sus palabras resurgieran?

Sería difícil para él juzgar su propio trabajo.

Era el único que había leído sus palabras. A menudo alternaba su propia percepción de ellas, entre lo sublime y lo mediocre, entre una obra maestra y "excreta humana".

¿Quién presenciará alguna vez la naturaleza encantada, o la tontería lírica en esas palabras?

Dado que él fue quien las escribió, pensó que podría replicar esos escritos. Malinterpretó todo.

Como sugirió el amigo de Marco, reescribiría su libro bajo una conciencia diferente esta vez. Podría haber sido una bendición para sus lectores.

Descubrió que sus palabras habían tomado una dirección propia, y le costaba controlarlas. ¿Quizás estaba canalizando?

Antes de que pudiera terminar este último pensamiento, su antigua chamana de México le envió un mensaje. No había tenido noticias de ella en cinco años. Ella le escribió, de la nada, sin saber nada de su situación:

"Todo lo que es para ti simplemente es. Nada, ni nadie, interfiere con la voluntad del Padre Celestial".

No podría inventar esto, confía en mí. Ni siquiera por gloria literaria.

Marco supo ahora el desafío que se le presentaba. Como un fénix de sus cenizas, estaba destinado a resurgir.

Hazrat Inayat Khan dijo:

"No puede haber renacimiento sin una oscura noche del alma, una aniquilación total de todo lo que creías y pensabas que eras".

Cuando alguien le preguntó a Miguel Ángel de dónde obtenía su inspiración, respondió que la escultura ya existía en el bloque de granito.

Sólo necesitaba descubrirla.

Siento que alguien le robó a Marco su trabajo debido a su apego a él. Le acarició el ego imaginarse en la lista de los más vendidos del New York Times o en el programa de Oprah.

La sombra del ego espiritual se cernía en el horizonte, como un holocausto de algún tipo.

Marco lo había visto a menudo a lo largo de sus viajes. Stephen Hawking escribió:

"El mayor enemigo del conocimiento no es la ignorancia, es la ilusión del conocimiento".

El Creador Divino estaba de humor feroz ese día y tenía la intención de enseñarle una lección existencial.

Marco estaba enojado con el ladrón. Lo maldijo e incluso usó sus poderes pránicos negros imaginarios para desearle la muerte.

Unos días después, lo perdonó por sus transgresiones.

Dios sabía que Marco tenía su propia cruz que cargar.

CUARENTA Y NUEVE

"No hay mayor agonía que llevar una historia no contada dentro de ti."

— MARY ANGELOU.

Permíteme relatar el episodio más vergonzoso de la vida de Marco, sin excepción.

Ocurrió en Barcelona, en un momento diferente al que vivió allí con su novia.

Se encontró con un mochilero francés, y juntos recorrieron la ciudad, con nada más que malas intenciones.

Ambos estaban en quiebra y necesitaban dinero.

Tramaron un plan en un café para atacar a una mujer en la calle y arrebatarle su bolso.

El hecho de que no fuera idea de Marco no lo exonera en lo más mínimo.

Siempre había resistido los esquemas de personajes menos deseables que conocía en el camino. Pero esta vez, no.

Llevó a cabo el plan. Fin de la historia.

Cazaron para encontrar la presa perfecta. El camino estaba tranquilo mientras una mujer de unos cuarenta años tenía su bolso metido bajo el brazo.

Su compañero en el crimen debía arrebatarle el bolso y salir corriendo.

El papel de Marco era protegerlo si alguien obstruía su camino.

Él le arrebató el bolso como estaba planeado. La mujer comenzó a gritar con tal angustia que Marco se detuvo en seco al empezar a correr tras su cómplice.

Ella imploraba a todo pulmón: *"¡Chicos! ¡Chico...os! ¡Chico...os!"*.

En ese momento, anheló borrar este desafortunado momento y transformar esta espantosa realidad.

Recuperar ese bolso del ladrón y devolvérselo a esta dama en apuros. Olvidar todo el episodio y recuperar su dignidad.

El ladrón estaba adelante, y Marco tenía que cumplir su parte del trato.

Ella debía ser muy pobre. De lo contrario, ¿por qué estaría tan angustiada?

¿Quizás esperaba una golpiza de su esposo por su descuido?

Nadie les obstruyó el paso, aunque Marco sintió una posible oposición en el camino.

Las personas no son muy valientes, aún menos cuando una situación no les concierne directamente.

Diez minutos después, almorzaron y tomaron bebidas con el dinero de su billetera.

En pesetas, ascendía a alrededor de trece dólares. Antes de hacer algunos comentarios racistas, tiraron todo lo demás, incluyendo una tarjeta que la identificaba como judía.

Nunca compartió esta historia con nadie. La considera bastante despreciable.

Los gritos inquietantes de esa mujer aún resuenan en su cabeza, como si ella los estuviera repitiendo frente a él ahora.

Más tarde ese mismo día, se separó de este individuo dudoso. Tenía otros planes que Marco no aprobaba, que lo dejaban empapado en su propia vergüenza.

Primero, asumir la responsabilidad y luego buscar el perdón.

Siempre en ese orden específico. Es un proceso de toda la vida.

Cuanto más tiempo mantengas un secreto sucio dentro sin pedir perdón, más daño hace y más fresca es la memoria. Es irónico cómo funciona.

Esta es la segunda vez que cuento esta historia, y espero que el precio no necesite pagarse dos veces.

Llámalo karma, si lo deseas. La Tercera Ley de Newton establece que por cada acción, hay una reacción igual y opuesta.

Así que, otro ladrón robó el iPad de Marco, y se dio un festín. Te agradezco y te amo.

El círculo de Ho'oponopono debería estar en pleno movimiento.

Borra los datos, borra la memoria.

Profundamente arraigado en el contenedor de gratitud y perdón, el amor podría florecer finalmente, entrelazado para siempre con la gracia.

Oprah Winfrey dijo:

"El verdadero perdón es cuando puedes decir gracias por la experiencia".

Tu libertad está en peligro, pero las cadenas que te mantienen restringido son de tu propia creación.

CINCUENTA

"Tienes que participar incansablemente en la manifestación de tus propias bendiciones."

— ELIZABETH GILBERT.

Al darse cuenta de que las pruebas de la vida son bendiciones ocultas, Marco eligió cambiar su enfoque hacia las lecciones que contenían, en lugar de sus implicaciones.

Eso, en sí mismo, le quitó un enorme peso de encima.

Cada evento en nuestras vidas está ligado a la evolución de nuestras almas.

Simplifica la incomprensible complejidad de la creación. También implica que los seres humanos, así como los animales y las plantas, tienen almas.

La vida sólo es soportable cuando crees en un poder superior que guía tu evolución.

Desafortunadamente, a tu ego no le gustará escuchar eso y, al principio, saboteará tus esfuerzos por liberarte de su control.

Cuando Marco asistió a su primer festival de yoga Kundalini en Nuevo México, creía firmemente que encontraría a la mujer perfecta con la que establecer una conexión espiritual definitiva.

Acababa de terminar su formación como maestro. Esa comunidad de yoguis era ahora su tribu.

¿Qué mejor lugar que Ram Das Puri, 160 acres de tierra sagrada en las montañas Jemez del norte de Nuevo México?

Durante más de cuarenta años, miles de almas se habían entrelazado cada verano durante el Solsticio en busca de la Divinidad misma.

Durante el festival, desfilaba como un pavo real, mostrando el exquisito diseño y colores de su rueda.

En verdad, estaba sufriendo de delirios espirituales. Su separación de su esposa duró tres años, y aún no encontraba paz con sus conflictos.

No aparecieron pavos reales hembra ese verano, ni en muchos veranos después de eso. Estaba lleno de calor, pero su corazón era frío como el hielo ártico.

Marco tenía una buena comprensión del ego para entonces.

Sin embargo, como aún no había aprendido a domarlo, ¿cómo podría fusionarse con la luz, con la cabeza aún enterrada en la arena?

Un par de años después, tuvo una lectura de numerología en línea, por una de sus antiguas maestras en Nuevo México.

En sus ochenta, Sangeet Kaur, una maestra notable, luchó contra la muerte y la parálisis porque creía que aún no había terminado su trabajo en este planeta.

Ella le transmitió que su deber involucraba percibir y ayudar a revelar lo Divino dentro de una mujer.

Su elección debía ser encontrar a alguien que ya estuviera avanzando en niveles de aprendizaje superior.

Ese era el dilema de Marco.

Tenía estándares y había puesto el listón alto, tal vez demasiado alto. Esta predicción tardaría algunos años más en cumplirse.

Cuidado aquí, sólo estoy proyectando hacia el futuro. Pensé que esto no tendría ninguna posibilidad de suceder hasta que este libro estuviera en tu estante.

Hasta entonces, Marco sólo será íntimo con la visualización de su gracia.

Mientras no se enredara en una relación fusional y neurótica —un término acuñado por su hermana, Arielle— estaba dispuesto.

En un momento, se preguntó si esto sucedería en otra vida.

Desde entonces, Marco se ha sintonizado con su frecuencia. Sus almas necesitarán aferrarse la una a la otra para que la magia ocurra.

A veces imagino que podrían encontrarse a través de este libro, aunque me pregunto si estos pensamientos no son solo los frutos de una autopromoción descarada.

Después de leer este libro, queda por ver si ella aún querría conocerlo.

Sayed H. Fatimi dijo:

"¿Crees, como yo, que nuestras almas hablaron, mucho antes de que nuestros labios tuvieran la oportunidad de hacerlo?".

Era claro que Marco no podía evitarlo en este proceso.

Necesitaba apartarse de este falso sentido de identidad y saborear su propia insignificancia.

Mientras tuviera cosas que demostrar a sí mismo y especialmente a los demás, a través del lente distorsionado de su crianza, no trascendería su ego.

Continuaría arrastrándolo como una bola atada con una cadena.

Avancemos rápido hasta marzo de 2025

Ya te habrás dado cuenta de que este libro no fue escrito en orden cronológico.

A lo largo de este relato, Marco ha estado nadando contra la corriente del tiempo lineal. Ninguna sorpresa hasta aquí.

Había estado de vuelta en India por casi un año, entre temporadas en Nepal y Tailandia.

Finalmente, mientras conducía su nueva Royal Enfield, tuvo la oportunidad de tomar un curso de 10 días de Vipassana en Arunachal Pradesh.

La meditación Vipassana se enfoca en observar las sensaciones del cuerpo.

Diez días de silencio con ocho horas de meditación y dos horas y media de conferencias diarias.

Marco prefería meditar mientras caminaba por el Himalaya, en vez de permanecer inmóvil.

Aun así, aceptó el desafío; eso era lo que le daba sabor a su vida y lo mantenía eternamente joven.

En la meditación, siempre se enfrenta uno a la mente de mono. Marco, un espíritu libre como ya deberías saber, combinaba algunas técnicas para escapar del inescapable aburrimiento.

Se le ocurrió que debería enviar una copia de su libro a cada una de quienes fueron sus novias con las que aún mantenía contacto, o que pudiera encontrar tras una pequeña búsqueda.

Hasta que se dio cuenta de que estaba eligiendo a quiénes en función de méritos o deméritos. Esa sin duda no era la técnica correcta para perdonar ni para ser perdonado.

El perdón necesita ser regado, igual que las plantas en tu casa. De lo contrario, se marchita.

En otras palabras, una vez que has perdonado a alguien, o a ti mismo, debes seguir alimentando ese sentimiento de perdón.

Cuando el curso terminó unos días después, Marco se puso en contacto primero con una mujer brasileña llamada Sofía, oriunda de Salvador de Bahía, famosa por su carnaval.

Se sentía un poco culpable por no haberla mencionado en su libro. Solo se conocieron por dos meses, pero fue una relación intensa y libre de dramas. Ella tenía un lugar cálido en su corazón.

Cuando la llevó al aeropuerto de Albuquerque para su vuelo de regreso a Brasil, se encerró en el baño apenas se separaron, y lloró sin parar durante diez minutos, como un bebé abandonado en una acera.

Eran amigos en Facebook pero no habían mantenido mucha comunicación en todos esos años.

Sofía se había vuelto a casar con un canadiense y se había mudado a Calgary, Alberta.

Pronto le mencionó que aún conservaba el correo electrónico que él le había enviado años atrás, a lo que Marco respondió:

"Me encantaría leerlo".

Este es el correo, sin editar, palabra por palabra:

"Sofía meu amor,

Recuerdo que me pediste que fuera honesto contigo y no querría que fuera de otra manera, así que aquí va:

No sé muy bien qué voy a escribir, así que decidí dejarme llevar y permitir que mis sentimientos y emociones tomen el control de mi proverbial pluma, por así decirlo.

Tú y yo vivimos una gran aventura, llena de pasión y energía positiva.

¿Siento amor por ti?

Absolutamente... porque enviaste dentro de mí vibraciones de alegría y satisfacción y todavía las siento resonando en mi interior, como tambores de conga en una canción de salsa.

Y mi cuerpo querría seguir bailando al son de esos ritmos exóticos para siempre, con el fin de liberarse de la carga de la soledad y las preocupaciones de este mundo.

No querría nada más en este momento que abrazarte fuerte entre mis brazos y sentir tu aliento mezclarse con el mío.

También sería lindo llevarte esta noche al Cine Capri a ver "Interestelar" en vez de ir solo.

Después de volver a casa, te ganaría en una partida de Uno (¡ojalá!) y haríamos el amor hasta altas horas de la madrugada, para desesperación de los vecinos de abajo.

Entonces saldría el sol y la vida continuaría, sin complicaciones y apacible.

La realidad, querida Sofía, es que somos de mundos distintos; nos gusta la música, la buena comida y el baile, las aventuras, los viajes, las risas y ambos estamos en urgente necesidad de resguardo contra la soledad y el dolor, pero en última instancia, somos dos vainas que crecen en campos distintos, en estaciones opuestas y en mundos incompatibles.

Me encantaría decirte que no puedo vivir sin ti y que mis sueños no tienen razón de ser si tú no formas parte de ellos, pero estaría engañándote y eso es lo último que mereces.

Es luna llena esta noche; siento la necesidad de gritar estas palabras porque siento su influjo y me está desgarrando de mi próximo vuelo a Brasil.

Eres un alma gentil, Sofía, y amo tu energía, tu despreocupación y tu corazón bondadoso.

Por favor, no esperes que llegue a buscarte en una alfombra mágica, porque la verdad es que soy más un pobre que un príncipe y mi único medio de transporte es un viejo Lexus que ha visto días mejores y mis dos pies descalzos.

Claro que sueño con un Amor eterno e incondicional, y aún se me humedecen los ojos y me duele el corazón cuando percibo el aroma de tu perfume en la almohada solitaria junto a la mía, en mi cama por la noche.

Sin embargo, no quiero hacerte daño ni comportarme de manera insensible, porque me enseñaste algo muy profundo en estos últimos dos meses y estoy tan agradecido por ello, que me dan ganas de cruzar el océano y llenar de besos tu sonriente rostro.

Me enseñaste que el Amor calma el alma del mismo modo en que el agua fresca y pura sacia la sed.

A partir de ahora, no quiero vivir sin Amor, de lo contrario, me convertiría en una flor marchita dentro de un libro o en una roca cualquiera en el desierto.

Quiero pasión y necesito con desesperación las emociones que emanan de una relación amorosa, para llenar mi copa y así poder celebrar mi fe en un poder más divino.

Ya no me basta con ser una cáscara vacía de hombre, sucumbiendo a los miedos de un mortal común.

De una manera extraña, tú me despertaste de una existencia sin pasión.

Nos llevábamos de maravilla, llorábamos y gemíamos como si realmente nos perteneciéramos el uno al otro.

Bailábamos como si estuviéramos en un ritual de apareamiento sobre la pista y reíamos como dos niños para quienes el mañana no existe.

Me gustaría seguir siendo tu amigo, Sofía, y espero que me perdones por ser tan sincero.

Todavía no tengo novia, pero tú bien sabes que algún día la tendré.

En ella, buscaré muchas de las cosas que me atrajeron de ti en primer lugar, y ese es el mayor cumplido que podría hacerte.

Por favor, no subestimes los efectos que tuviste en mi psique, ni te sientas mal contigo misma, y mucho menos culpable, porque esto no tiene nada que ver contigo ni con tu valor como persona.

Lo que sí sé con certeza es que no quiero ser domesticado, me siento como una bestia salvaje en la selva y estoy aún luchando por sobrevivir o, más bien, más interesado en los placeres de la caza. Y estoy bastante perdido en el proceso.

Esa fue la única cosa que me molestó entre nosotros. Anhelo ser arrastrado por completo y perder el control, en lugar de ser quien tenga que cargar con la responsabilidad de nuestros dos destinos.

¿Acaso estoy siendo egoísta?

Posiblemente... pero en verdad, me siento como un niño corriendo por las calles y no quiero volver a casa todavía.

Nos volveremos a ver, eso te lo prometo.

¿Todavía querrías ser mi amiga y mi confidente?

Eso espero...

Porque cuando mire el cielo por la noche, seguiré buscando la estrella más brillante que baile toda la noche en la galaxia del hemisferio sur. Es todo un espectáculo...

Te amo, Sofía...

Tu amigo,

Marco".

Amigos, este correo fue escrito en noviembre de 2014, hace casi once años.

«No podía ser el Marco de esa época», pensé al leerlo.

Parecía haber retrocedido desde años más recientes.

Una vez más, el presente y el pasado cabalgaban sobre la misma ola del continuo del tiempo.

Esto elevó una sensación de euforia en mi corazón.

Cosecharé la siembra de antaño con las semillas que plante hoy. Era tan claramente evidente.

CINCUENTA Y UNO

"La vida comienza al final de tu zona de confort."

— NEALE DONALD WALSH.

Cuando Marco vivía en McLeod Ganj, él y un par de amigos fueron a volar en parapente en tándem.

La capital del parapente en India, Bir, está a solo un corto trayecto en auto de Dharamshala.

También es la ubicación de la Colonia Tibetana de Bir, fundada a principios de los años sesenta como un asentamiento para refugiados tibetanos después del levantamiento de 1959.

El Dalai Lama escapó del Palacio Potala en Lhasa y buscó asilo en India tras una caminata de dos semanas a través del Himalaya con veinte miembros de su familia y soldados. Finalmente, se establecieron en McLeod Ganj.

Marco no sabía nada sobre los vuelos en parapente.

Un vuelo en tándem parecía que sería placentero.

¿Quién no ha soñado con volar como un pájaro? Debe ser la fantasía de cualquier niño.

El camino de Bir a Billing, el sitio de despegue a 2444 metros (8018 pies), era más aterrador que el vuelo mismo.

Comió demasiado en el almuerzo y vomitó dos veces antes de aterrizar a 1100 metros abajo en Bir Landing. No ayudó que el instructor se estuviera mostrando y haciendo espirales antes de aterrizar. Tiene un video de su vuelo y del posterior vómito que publicó en Facebook.

Todos encontraron la experiencia tan emocionante como esperaban. Después de hacer un poco de investigación sobre el tema, Marco regresó a la ciudad para obtener su licencia de parapente.

Woody Allen bromeó:

"No le tengo miedo a la muerte. Solo que no quiero estar allí cuando suceda".

El parapente es bastante seguro. Los primeros diez vuelos resultan en la mayoría de las lesiones —un dato que invita a la reflexión.

El día antes de su llegada, un anciano francés de Marsella se estrelló en el bosque y murió a causa de sus heridas.

Desde su perspectiva, Marco había desperdiciado suficientes años paralizado por el miedo. Era un miedo insidioso que le impedía ser su auténtico yo.

Michael Singer lo llama la diferencia entre tú mismo y tu yo personal.

"Tú mismo es la corriente pura de conciencia que sigue fluyendo. Tu yo personal es la identidad que formas, basada en cómo tu voz interior percibe esta corriente de conciencia y los patrones de pensamiento que surgen de ella".

A medida que Marco intentaba evolucionar dentro de los límites de su yo personal, se dio cuenta de que necesitaba percibir esta corriente de conciencia de manera diferente para poder cambiar sus paradigmas.

Sentía una atracción magnética hacia las actividades arriesgadas. Si podía trascender sus miedos, se volvería libre en el proceso.

Consideré "La alquimia del miedo" como título de libro, pero alguien ya lo había utilizado.

Tres intensos días de entrenamiento en tierra lo dejaron sintiéndose en la cima del mundo, mientras se familiarizaba con el planeador y dominaba las técnicas de despegue.

Con solo un arnés y una ala de tela, se preparó para saltar de la montaña y volar.

Tenía un *walkie-talkie* atado a su equipo. El instructor en la cima de la montaña y el dueño en el terreno de aterrizaje estarían gritando instrucciones.

Marco recordó la cita de John Lennon:

"Los pájaros domesticados cantan sobre la libertad. Los pájaros salvajes vuelan".

Sin ningún otro ruido, solo el aleteo de la vela. Se sentía vigorizante desafiar a la muerte y sentirse tan ligero y libre.

Tenían dos vuelos programados por día. A la mañana siguiente, tuvo otro glorioso vuelo. Después del almuerzo, regresaron a Billing y, cuando fue su turno, despegó como un trueno.

Se sumergió en el momento, convirtiéndose en uno con los elementos. Nadie le había dado instrucciones aún. Había un silencio inquietante durante todo el vuelo.

Supuso que eso era parte del plan.

A medida que se acercaba a la zona de aterrizaje, aún no había instrucciones.

Antes de aterrizar, verifica la dirección del viento. Había una veleta en la parte superior de una pequeña casa, pero no podía averiguar la dirección de donde soplaba el viento.

Para evitar perder la zona de aterrizaje, asegúrate de aterrizar contra el viento.

Tienes que hacer una serie de giros en forma de ocho, para perder altitud y posicionarte para aterrizar.

Marco observó al instructor jefe moviendo los brazos en el suelo.

Siguió girando y se preparó para acercarse con el mismo ángulo que en la mañana anterior.

Su excesiva velocidad causó el problema.

Intentando el último giro, se pasó de largo la zona de aterrizaje y aterrizó en un campo al otro lado de la carretera.

Deslizándose sobre su trasero, se detuvo frente a una roca del tamaño de una mochila pequeña. Su ingle estaba a dos centímetros de la roca. Lo consideró un cierre drástico para calmar su libido.

Agarró el planeador y se dirigió a la zona designada para aterrizar. El instructor corría apresuradamente mientras gritaba, visiblemente agitado.

—¿Por qué no seguiste mis instrucciones?

—No escuché nada —respondió Marco, sintiéndose un poco mareado.

Después de revisar el *walkie-talkie*, el dueño de la escuela se dio cuenta de que el instructor en la cima había olvidado encenderlo. A Marco nunca se le ocurrió comprobarlo. *"Fly Like an Eagle"* de The Steve Miller Band seguía sonando de fondo.

Bienvenido a India. La gente puede ser amorosa, pero puede que no cumpla con sus obligaciones según las normas occidentales.

El viento había cambiado desde la mañana.

Marco intentó aterrizar con toda la fuerza del viento detrás de su vela. A su favor, no entró en pánico e improvisó algunos giros adicionales antes de elegir un lugar seguro para aterrizar lejos de problemas.

La mayoría de los accidentes ocurren durante el despegue o el aterrizaje, lo que lo convierte en una valiosa experiencia de aprendizaje.

Un par de días después, después de ejecutar un aterrizaje perfecto, el instructor jefe le enseñaba cómo empacar el planeador. En un momento, le dijo que tuviera especial cuidado con la posición del paracaídas.

Marco lo miró, curioso y preocupado.

—¿De qué paracaídas hablas?

Verás, ya había volado siete veces hasta entonces, y nadie le había dicho que los parapentes tenían un paracaídas de reserva. Lo mantienen en una bolsa debajo del asiento.

Es difícil imaginar lo que podría haber pasado si hubiera tenido que usar su paracaídas de reserva, dado que no conocía su existencia, ubicación o procedimiento de despliegue.

Su primera noche antes de comenzar su curso, tuvieron una reunión informativa. Fue un asunto casual donde discutieron algunos términos técnicos, nada más que eso.

Después de diez o doce vuelos, te otorgan una licencia, pero eso no significa que sepas lo que estás haciendo. Lejos de eso.

Marco quería aprender más sobre las corrientes térmicas.

Por esa razón, se unió a un equipo competidor de dos hermanos experimentados. La seguridad fue el tema más importante desde el principio, lo que le resultó reconfortante. Las térmicas ocurren en zonas donde el aire caliente está por debajo del aire frío.

Al ser más liviano, el aire cálido asciende y ayudan al planeador a ganar altitud. En lugar de los veinte o veinticinco minutos que toma aterrizar, ahora puedes permanecer mucho más tiempo en el aire. Le dijeron que era una experiencia sensacional.

El récord de distancia para el parapente fue roto por Sébastian Kayrouz en 2021. Voló 612 km (380 millas) en un vuelo en línea recta en Texas. Pasó once horas en el aire a una altitud entre 1000 y 2000 metros (3280 y 6560 pies).

Tuvo cuatro vuelos en cuatro días, practicando todo tipo de técnicas para prepararse para un curso avanzado. La temporada estaba llegando a su fin.

Tendría que volver en una fecha posterior. El último vuelo programado fue el de Año Nuevo.

Cientos de turistas habían venido de Delhi o de Punjab para volar en tándem.

Esperaron hasta la tarde para que el viento se calmara antes de dirigirse a Billing.

Ese día, él estaba al frente de la cola. Se quedó allí, en un lugar plano sobre el precipicio con las cuerdas del planeador en la mano, por un largo rato. La fuerza del viento y los cambios constantes dificultaban que el instructor leyera la situación. Tuvieron una gloriosa fiesta de Año Nuevo en la casa de los dos hermanos, con comida suculenta y muchas cervezas.

Marco entró al Año Nuevo con un cierto grado de incertidumbre.

O el viento cambió de dirección mientras él lo capturaba en su vela, o soltó las cuerdas un poco demasiado pronto. La vela del planeador se llenó y luego colapsó como las mejillas de un hombre hambriento (gracias, Charles Dickens, por esta divertida comparación). Saltó en el aire y se estrelló cincuenta metros (164 pies) abajo.

Este no era su primer rodeo, pero ese dolió. Se levantó, aturdido pero en una pieza.

El instructor abortó la misión después de eso, considerándolo demasiado peligroso. Esperaron a que llegara la camioneta para llevarlos.

Durante las siguientes dos horas, su grupo de seis observó, asombrado, cómo los pilotos en tándem intentaban despegar. Era el día de Año Nuevo, y los turistas abarrotaban la montaña.

El viento se desvaneció a medida que se acercaba la oscuridad.

Había cerca de cincuenta pilotos buscando ganarse el sueldo, y se estaba haciendo tarde.

Era el primer vuelo para muchos, ya que los pilotos rotaban según su experiencia y antigüedad.

Antes, Marco conoció al hombre con quien había completado su primer vuelo en tándem. Es una locura pensar que era su sexto vuelo ese día, dado que tomó cuarenta y cinco minutos conducir hasta la cima.

Bueno, él también era el hermano del dueño.

Presenciaron cómo un piloto y una joven se estrellaron al fondo de la colina. Dos hombres la ayudaron mientras caminaba de regreso al estacionamiento, visiblemente herida.

Miraron con horror cómo otros pilotos flotaban sobre el suelo durante mucho tiempo, debido al exceso de peso de dos personas. Luego atraparon suficiente viento y despegaron en el último momento, peligrosamente cerca de estrellarse en el terreno rocoso.

Otros dos planeadores se estrellaron después del despegue, pero estaban demasiado lejos para evaluar los daños. Se estaba oscureciendo mientras cada planeador restante volaba desde la cima de la montaña.

Nuestro instructor nos dijo que los pilotos no tenían otra opción que despegar ese día.

Por un lado, si decidían que era demasiado arriesgado volar, no recibirían pago. El cliente también tendría derecho a un reembolso. No era algo que su jefe hubiera tolerado. Algunos de ellos tenían planeadores viejos que no podían permitirse reemplazar, demasiado pesados para que dos cuerpos despegaran en este viento. Una receta directa para el desastre.

Estar involucrado en actividades peligrosas —en un entorno competitivo donde el precio es a menudo el factor decisivo— te hace preguntarte si vale la pena arriesgar tu vida para ahorrar algunos dólares.

Marco tendrá que esperar su próxima oportunidad para mejorar sus habilidades de vuelo.

Planeaba ir a Pokhara en Nepal para aprender a volar las térmicas después de su *trekking* al Monte Kailash. Luego le robaron sus pasaportes.

Como dicen: *"El resto es historia"*.

CINCUENTA Y DOS

"Los seres humanos han contaminado el agua del mar y destruido mecánicamente la costa cercana; toda la vida ha pagado este precio. A menudo, en aeropuertos, en aceras, en restaurantes, niños y adultos por igual me detienen para preguntar sobre barracudas y tiburones; orcas; la mortal brujería del Triángulo de las Bermudas y el monstruo del Lago Ness. Creía que la fuerza más monstruosa del mar no vive en el Lago Ness. Vive en nosotros."

—JACQUES-YVES COUSTEAU.

Este episodio ocurrió en Omán, justo después de que Marco obtuviera su licencia de buceo en aguas abiertas.

Estuvo de regreso en Mascate por unos días y fue a bucear en las Islas Daymaniyat, una hermosa reserva natural que comprende nueve pequeñas islas.

Eran un grupo de ocho buceadores con un instructor egipcio.

Marco era el menos experimentado del grupo. Algunos de ellos tenían más de 500 inmersiones. Él estaba en su séptima.

Era una inmersión poco profunda, de aproximadamente doce metros de profundidad.

Después de unos quince minutos, el instructor llamó la atención de Marco y le señaló su botella de oxígeno. No pudo ver nada, pero echó un vistazo rápido a su manómetro. Estaba en rojo, cerca de cero. Habló después con muchos buceadores que tenían miles de inmersiones, y nunca les había pasado.

Quedarse sin aire es el mayor miedo, después de ser devorado por un tiburón.

Por supuesto, si eso sucediera a cuarenta metros o dentro de un naufragio, sería más aterrador que a doce metros.

En esa situación, que se practica en el curso de aguas abiertas, debes mirar a tu compañero y usar su fuente de aire alternativa llamada "pulpo". Luego lo agarras por el arnés y regresan juntos a la superficie, respetando los pasos requeridos, según la profundidad.

Marco se sentía bastante tranquilo. Supuso que sería una excelente experiencia de aprendizaje.

Descartó su manguera. Para entonces, el tanque estaba completamente vacío, y buscó el pulpo del instructor.

Había aprendido a no contener la respiración mientras estaba bajo el agua, así que estaba soltando algunas burbujas.

Tan pronto como el instructor intentó poner la boquilla en la boca de Marco, la parte superior de plástico se cayó. Intentar volver a ponerla fue una lucha.

Le tomó entre treinta y cuarenta segundos. Marco aún no estaba en pánico. Sin embargo, su nombre no era Herbert Nitsch.

El campeón austriaco de apnea tiene el récord mundial con una inmersión a 253.2 metros (831 pies) y una vez contuvo la respiración durante nueve minutos en una piscina.

A modo de nota, después de su inmersión récord, sufrió de enfermedad por descompresión y llegó en coma a la cámara hiperbárica. Tenía un pronóstico de permanecer en una silla de ruedas, dependiendo de cuidados. Tomó su sanación en sus propias manos y estuvo en forma y buceando nuevamente dos años después.

Su mejor consejo para futuros buceadores de apnea se aplica a prácticamente cualquier otra cosa en la vida:

"Escucha, aprende e innova — Trabaja en los eslabones más débiles — Visualiza y cree que puedes hacerlo — Nunca te rindas porque no hay límite — Mantén este lema en el corazón: cada vez que pienso que he alcanzado un límite... hay una puerta... se abre... y el límite se ha ido".

Volviendo a la historia. Marco esperaba salir a la superficie, pero el instructor le indicó que subiera sobre su espalda. Comenzó a montarlo, como si fuera sobre el caparazón de una tortuga. Siguieron buceando durante otros cuarenta minutos.

Otros buceadores le advirtieron que esto estaba mal, una violación del protocolo.

En cuanto a Marco, aunque era algo poco convencional, lo encontró divertido. Lo más importante es que aprendió de ello.

Más tarde, habló con el jefe del instructor. Debido a motivos financieros claros, se alegró de que todos regresaran a la superficie. Su instructor merecía un incentivo ese día.

Aparentemente, la junta tórica en la válvula del cilindro estaba goteando. Esto no era una ocurrencia común en el mundo del buceo, pero hay que estar preparado para cualquier cosa.

CINCUENTA Y TRES

"Naciste con alas, ¿por qué preferir arrastrarte por la vida?"

— *RUMI.*

Marco siempre había fantaseado con saltar de un avión.

No podía pensar en nada más emocionante o más aterrador. Durante los últimos años, había hecho un hábito de mirar al miedo a la cara, lo que tuvo un efecto liberador en su percepción del mundo.

¿Cómo podrías temer a la muerte cuando ni siquiera has comenzado a vivir?

Después de investigar un poco, Dubái parecía un buen lugar para aprender paracaidismo. Necesitas al menos veinticinco saltos para obtener tu licencia. El tiempo estaba de su lado.

La Expo Mundial se extendió debido al COVID-19, creando una

oportunidad perfecta para combinar cultura, entretenimiento y actividades deportivas de alta adrenalina.

No quería saltar en tándem. Pensaba que saltar solo de un avión a 3810 metros (12 500 pies) con un paracaídas por primera vez sería un desafío aún mayor.

Dejemos de lado la idea de saltar con línea estática, donde estás atado a un cordón y el paracaídas se despliega automáticamente.

El curso de Caída Libre Acelerada te permite experimentar la caída libre de inmediato. Estás en el aire durante sesenta segundos a una velocidad de hasta 200 kilómetros por hora antes de desplegar tu paracaídas.

¿Volar como Superman a través del cielo? Es lo más cerca que estarás.

La gente equipara la sensación a flotar sobre un cojín de aire. Marco creía que sería mucho más Zen.

Dos instructores te acompañan durante los primeros tres saltos. En los siguientes cuatro saltos, saltas con un instructor. Después de eso, estás solo.

Los instructores usan lenguaje de señas para guiarte durante los ejercicios. También pueden sostener los lados de tu traje de salto para principiantes para evitar que gires fuera de control.

Marco había tomado su curso de buceo unos días antes y tenía las señales mezcladas.

En su tercer salto, estaba tan distraído que olvidó seguir las instrucciones y desplegar su paracaídas. Afortunadamente, había un instructor presente para ayudarlo.

No tuvo problemas con la parte física del curso, pero en el aspecto cognitivo, sintió el peso de su edad.

Después de completar con éxito las pruebas requeridas, podrías saltar solo después de unos quince saltos.

Una vez que hayas tenido diez saltos en solitario, ahora eres elegible para obtener tu licencia.

Había estado ventoso todo el día. Marco estaba tomando café y observando a los paracaidistas experimentados con al menos 100 saltos aterrizar. Se estaba aburriendo. Quería elevarse entre las nubes.

Algunos días, conducía por toda la ciudad hasta el sitio del desierto, pero no le permitían saltar debido al viento fuerte.

Eran las cinco de la tarde, el último salto del día, y el viento se había calmado. Este era su último salto requerido antes de poder certificarse.

El altavoz declaró que no había saltos mínimos necesarios para este último vuelo del día.

Estaba tan emocionado. Saltar al atardecer prometía ser una experiencia fuera de este mundo.

Todo salió bien.

Tan pronto como desplegó su paracaídas, el viento lo llevó lejos de la zona de aterrizaje. No importaba cuánto intentara dirigirlo de regreso, iba en dirección a las dunas de arena.

El desierto rodeaba la escuela. Ocasionalmente, había fallado en aterrizar en la zona de césped y había aterrizado en la arena, lo cual no era algo malo, ya que amortiguaba la caída. Esta vez, sentía que se dirigía hacia Arabia Saudita. A juzgar por los paracaídas que surcaban a su alrededor, no era el único.

Al igual que en el parapente, se aterriza contra el viento. Había una gran flecha de plástico inflado en una esquina de la zona de aterrizaje que mostraba la dirección del viento.

En las dunas de arena, no podía averiguarlo. Hizo sus giros de noventa grados habituales antes de aterrizar. Luego, dudó de sí mismo y cambió de dirección.

Mientras apuntaba hacia la cima de una duna y tiraba de las manijas de freno, su paracaídas de repente ganó velocidad. Se estrelló en la parte inferior de la siguiente duna; su hombro derecho absorbió todo el impacto.

Este era el mismo hombro que se golpeó cuando un estudiante demasiado entusiasta lo lanzó sobre el tatami, en sus días de entrenamiento en MMA.

Había aterrizado con el viento detrás de él, debido a su intuición de último minuto de cambiar de dirección. Afortunadamente, había aterrizado sobre arena, aunque se sintió como si hubiera caído sobre concreto.

Ahora sabía por qué los estudiantes no podían saltar en vientos fuertes.

Ese fue su trigésimo y último salto. Hasta la próxima.

Marco tenía un talento para lo dramático. Eso era una alegoría de toda su vida.

¿Alguna vez te has preguntado cómo se sentiría aterrizar tu paracaídas sin usar los frenos para disminuir la velocidad?

Bueno, Marco hizo precisamente eso. Se supone que debes accionar tus frenos para reducir tu tasa de descenso, además de disminuir tu velocidad hacia adelante. La técnica es usar los frenos a mitad de camino cuando llegues a una distancia específica del suelo y luego accionar el freno por completo justo antes de aterrizar.

Mantén tu enfoque adelante, concentrándote en el horizonte en lugar de mirar hacia abajo.

Cuando miras directamente hacia abajo, el terreno parece más cercano y terminas frenando demasiado pronto. Suspendido en el aire, te vuelves susceptible a las ráfagas de viento y aceleras, lo que puede resultar en un aterrizaje duro.

Marco había tenido aterrizajes suaves y no tan suaves. Te enseñan a ejecutar un rodamiento corporal para amortiguar la caída. El desierto rodeaba el área de aterrizaje de césped. Si fallabas, terminabas comiendo arena.

Marco había aplicado los frenos demasiado pronto en varias ocasiones. Le dijo a su instructor que eso no volvería a suceder. En el siguiente salto, cumplió su palabra.

El entrenador ya estaba en el suelo, dirigiéndolo desde su *walkie-talkie*, a unos 200 metros de donde Marco aterrizó. Después le dijo que escuchó un enorme golpe en el área de césped.

Marco estaba tan decidido a no aplicar sus frenos demasiado pronto que no frenó en absoluto.

El impacto aún reverbera a través de su cuerpo.

Tuvo que aprender a su manera, incluso si eso significaba romper códigos o huesos. No podía evitarlo. Así es como funcionaba.

CINCUENTA Y CUATRO

"Hay un jardín en su rostro, donde crecen rosas y lirios blancos."

— THOMAS CAMPION.

Un par de años después de que Bryce naciera, sus padres consideraron adoptar a un bebé. Habían comenzado tarde como madre y padre. El momento era el adecuado para una nueva adición a su familia, y su hijo se beneficiaría de tener un hermano o hermana.

Marco recordó que tener una hermana menor había sido una verdadera bendición en su vida.

Él estaba decidido a que fuera una niña. Su nombre sería Chloé.

Las investigaciones sugerían que Guatemala era un lugar adecuado para que los estadounidenses adoptaran. El proceso de papeleo era rápido y fácil, a diferencia de los programas de adopción tradicionales, que podían tardar años y costar hasta $100 000.

Estados Unidos y Guatemala tuvieron un sistema bien establecido durante mucho tiempo. Por solo una décima parte del precio, podías volar a Antigua, pasar un par de semanas allí y llevar a casa a una niña de menos de dos meses.

Los bebés provenían de madres solteras, sin educación, que vivían en el campo.

Las mujeres en las zonas rurales no enfrentaban los mismos problemas de drogas y violencia que aquellas en las ciudades.

Comenzaron a llenar el papeleo. Se suponía que sería un proceso de seis meses.

Marco había viajado por América del Sur y le gustaba la gente latina y su cultura. Sacar a un bebé de una familia muy pobre y proporcionar amor, protección y educación era un acto noble.

Recibieron una notificación a mitad del período de espera de que el gobierno de EE. UU. había cortado su participación con Guatemala en lo que respecta a la adopción. Su explicación fue que las mujeres jóvenes se estaban quedando embarazadas con el único propósito de vender a sus bebés. Se había convertido en un negocio, así que intensificaron el control sobre el programa.

Fue una gran decepción, y los potenciales padres adoptivos abandonaron sus planes de adopción.

No puedes reescribir el pasado ni obsesionarte con las consecuencias de ciertos eventos.

Un profundo sentido de insatisfacción siempre pesará sobre Marco. Es difícil de expresar con palabras. A veces, pierdes algo que nunca tuviste, pero sientes que ya era parte de ti. Pronto se convierte en tu mayor arrepentimiento.

¿Acaso el aborto de Hazel en Sídney había comenzado a filtrarse en su conciencia?

Quizás simplemente no estaba destinado a ser. Pero el destino de su familia como un trío disfuncional se habría alterado.

CINCUENTA Y CINCO

"No tengo miedo de las tormentas, porque estoy aprendiendo a navegar mi barco."

— LOUISA MAY ALCOTT.

Cuando conduces en India, debes estar 100 % enfocado en todo momento.

Los indios nunca adquirieron habilidades de conducción. Comprar una licencia por unos cientos de rupias no les otorga el derecho de uso de la carretera.

No tienen ni idea sobre reglas o etiqueta.

Una motocicleta está en la parte más baja de la escala, en lo que respecta a los indios.

No puedes quedarte en el medio de tu carril, incluso cuando sigues de cerca el tráfico. El típico conductor indio quiere adelantarte y tocará su bocina repetidamente si no lo dejas pasar.

319

Cuanto más grande es el vehículo, más imprudentes e inconsiderados son.

Marco había comprado su moto en Dharamshala. Sólo había conducido por caminos de montaña en Himachal Pradesh cuando llegó el momento de explorar el país.

Pronto cruzó a Punjab. Su próximo destino era el Templo Dorado en Amritsar.

Los sijs consideran este sitio sagrado. Revistieron la cúpula del templo con 750 kilos de oro puro.

Al entrar en las llanuras, la estrecha y sinuosa carretera de montaña se convirtió en una autopista de cinco carriles sin previo aviso. Era un completo pandemonio.

Marco pronto se dio cuenta de que el carril lento era el más peligroso. Los vehículos competían por espacio, muchos de ellos eran inadecuados para la autopista.

El siguiente carril no era mucho mejor.

Los camiones en India permanecen en el carril rápido, a menos que estén adelantando a un camión más lento. Los conductores rápidos y erráticos deben cambiar de carril mientras maniobran a través del tráfico, asemejándose a torpedos sin rumbo.

Conducir en el tercer carril era un compromiso adecuado. Adelantar vehículos más lentos por cualquiera de los lados, mientras se tiene cuidado con el tráfico detrás de ti.

Era caótico, pero no estaba desprovisto de emoción.

De repente, una SUV pasó a gran velocidad, demasiado cerca de su moto para su comodidad.

Marco, que nunca temía expresar lo que pensaba, le mostró al conductor su dedo del medio.

Soy consciente de que esto es algo americano y no la elección más sabia.

La película de culto *"Easy Rider"* cruzó por mi mente. Cuando alguien compromete tu libertad o invade tu privacidad, "mándales al diablo" de todos modos.

El automovilista disminuyó la velocidad y estaba furioso. Dejó que Marco lo pasara por la izquierda. Para complementar, Marco fingió cargar su escopeta y disparar un par de balas al vehículo. Jugaron a las escondidas por un tiempo.

Cinco o diez minutos después, el vehículo reapareció en el carril rápido. Dejó que Marco se acercara, luego se detuvo abruptamente. Los autos venían rápido por detrás y en el siguiente carril, así que Marco tuvo que frenar de golpe.

Al acercarse al lado del vehículo, vio a tres sijs dentro de la SUV. Sin dudarlo, les lanzó un desafiante *"Sat Sri Akal"*, un saludo sij que significa aproximadamente "Dios es la verdad" o "Verdadero es el nombre de Dios".

El conductor comenzó a despotricar en punjabi durante un tiempo.

Al ver el inmenso tamaño de los dos pasajeros, Marco recordó que los sijs eran conocidos como guerreros feroces. Esperaba que uno de ellos saltara del vehículo con su espada y le separara la cabeza, el casco y todo lo demás del torso.

Su respuesta fue que los sijs, siendo siervos de Dios, deberían abogar por la paz en lugar de participar en la violencia, como lo hacían al atacar a un motociclista en la carretera.

Debatieron hasta que el conductor, cansado de este infiel, aceleró y se alejó.

El tráfico en los dos carriles rápidos se había detenido para entonces. ¡Qué manera de comenzar su odisea india!

«¡Bienvenido a Punjab!», pensó Marco. *«Debería revisar mi presión arterial, por si acaso»*.

Después de eso, decidió usar el signo de paz con dos dedos en el futuro. Aunque no es condescendiente, puede ser sarcásticamente efectivo.

Sin embargo, rompió esa promesa una y otra vez durante el año siguiente.

No podía evitarlo. Sus emociones cortocircuitaban su cerebro.

Marco recorrió 20 000 kilómetros por India. Cuando el gobierno indio dejó de extender visas para extranjeros varados, tuvo que detener sus actividades debido a la creciente dificultad para obtener una extensión de visa. De lo contrario, todavía estaría allí conduciendo.

Puso su moto en almacenamiento en Bengala Occidental y, como Arnold en *"El Exterminador"*, prometió: *"Volveré"*.

Su relación de amor-odio con los conductores indios no mejoró con los años ni con los kilómetros recorridos.

Tuvo la suerte de seguir vivo. Sin embargo, tuvo algunos sustos cercanos.

En Ladakh, estaba decidido a adelantar una furgoneta. El conductor transportaba turistas indios. Reducía la velocidad en cada curva, pero aceleraba cuando estaba en posición de adelantar.

Los conductores indios, especialmente los de furgonetas y autobuses, no tienen consideración por otros usuarios de la carretera. Una vez en casa con sus familias, regresan a la dulce, humilde y hospitalaria naturaleza que caracteriza a muchos indios. Sin embargo, ponles un volante en las manos y se transforman en ególatras y lunáticos asesinos.

El conductor encendió la luz direccional derecha. La falta de intención de girar a la derecha indica una clara oportunidad para adelantar.

Marco estaba a medio camino de pasar la furgoneta cuando esta aceleró, dejándolo sin camino. Cuando vio una gran colección de rocas en su camino, lanzó su moto hacia la derecha y esperó lo mejor.

Afortunadamente, cayó sobre un parche suave de la carretera, luego se levantó rápidamente y corrió hacia la furgoneta. Gritó al cobarde para que saliera de su vehículo. El conductor había cerrado su puerta con llave y fingió no entender.

Un motociclista indio que había llegado a la escena se negó a traducir las homicidas palabras de Marco al hindi.

Después de un rato, se calmó y dejó que el "pobre tipo" regresara a casa con su familia en una pieza.

A pesar de su estancia de dieciocho meses en India, Marco todavía estaba lejos de poder controlar sus emociones. Era de temperamento volátil.

Cuando la vida pasa ante tus ojos, ¿qué esperarías de un mero mortal?

A Marco no le gustaba que nadie invadiera su espacio o privacidad. Su joven y frustrado niño interior había adquirido la capacidad de defenderse.

De hecho, necesitaba esa interacción para sentirse valioso, por disruptiva que fuera para su paz mental. A lo largo de su vida, eso seguiría siendo su talón de Aquiles.

A menudo se sentía solo y abandonado, solo él contra la creación.

Jean-Paul Sartre escribió: *"Si te sientes solo cuando estás solo, estás en mala compañía"*.

Marco a veces se preguntaba si podría rendirse a su amada cuando llegara el momento. Reflexionaba sobre si le permitiría entrelazar intrincadamente los hilos del amor en su corazón y alma.

CINCUENTA Y SEIS

"La clave del crecimiento es la introducción de dimensiones superiores de conciencia en nuestra conciencia."

— LAO TZU.

Tras su estancia en un ashram cerca de Rishikesh, se dirigió al Valle de las Flores en Uttarakhand. Durante unas horas, enfrentó una ruta dura y estrecha.

Al salir de un pequeño pueblo, bajó la guardia y pasó sin tocar la bocina junto a un anciano que caminaba por la carretera.

Cuando vivía en Estados Unidos, rara vez usaba su bocina. En India, era una condición *sine qua non* de supervivencia. Había instalado una bocina más potente en su moto para enfatizar este punto.

El anciano cruzó la carretera sin mirar. Debía estar sordo o ebrio.

Cuando conduces una moto en India, necesitas señalar tu paso a todo lo que esté en tu línea de visión, incluidos peatones, animales, vehículos y, especialmente, abuelas con cestas en la cabeza.

Si no te ven, toca la bocina, varias veces si es necesario. Siempre asume que están ciegos, intoxicados o distraídos.

Cuando el anciano hizo un movimiento repentino para cruzar la carretera, Marco golpeó su hombro derecho con el espejo retrovisor izquierdo de su Royal Enfield. Esto tuvo el efecto de girar violentamente la horquilla delantera hacia el lado opuesto.

Marco se estrelló fuertemente contra el pavimento, sin deslizamiento alguno.

Si no conduces una moto con todo el equipo puesto, eres un completo idiota, o no tienes empatía por tu propia piel. No es cuestión de si te estrellarás, sino de cuándo lo harás.

Marco siempre montaba completamente equipado. Cayó de lado, y la moto le cayó sobre la espinilla y el pie derecho, por si fuera poco.

Perdido en sus pensamientos, considerando su cena y alojamiento de esa noche, y de repente estaba en el suelo, en agonía.

El dolor era tan intenso que Marco asumió que se había roto la pierna. Se sentó al lado de la carretera, examinando sus extremidades.

Se quitó el zapato derecho, sin saber si podría volver a ponérselo.

Su dedo del pie y el dedo gordo estaban bastante golpeados. Asumió que su día había terminado.

El anciano yacía inmóvil.

La gente del pueblo comenzó a correr hacia ellos. Asistieron al anciano.

Hablaban en hindustani, el idioma de este estado.

Algunos de ellos estaban de humor para linchar. Dos aldeanos que hablaban inglés lo acusaron de atropellar al anciano por negligencia. Marco respondió con una apasionada diatriba llena de palabras incendiarias que nunca se habían pronunciado antes en esos lugares.

Mientras Marco se preparaba para morir luchando por su vida en una pierna, perdieron interés en él y ayudaron al anciano a regresar al pueblo.

Él rechazó cualquier asistencia. Esas personas no lo hicieron sentir muy bienvenido.

Pensó que continuaría su viaje de la mejor manera posible. Eso no era nada nuevo para él.

El equipo de protección había hecho su trabajo. Marco cayó sobre el lado derecho de su casco. Su mano derecha, codo, hombro, rodilla y cadera habían absorbido todo el impacto.

Marco llevaba rodilleras sobre sus pantalones protectores, pero las había dejado en un hotel la semana anterior. Aunque tenía un par de botas Royal Enfield, proporcionaban más comodidad que protección.

La moto cayó sobre la pequeña parte desprotegida de su espinilla y dedos.

Si hubiera usado sus rodilleras habituales y un par sólido de botas de motocross, no habría sufrido ninguna lesión. Aquí había una lección que aprender.

Después del incidente, permaneció al lado de la carretera durante veinte minutos más, agradecido por sus lesiones menores y el regreso seguro del anciano al pueblo.

No había por qué preocuparse. Su moto estaba construida como un tractor. Simplemente no vayas al gimnasio y dejes caer una barra de 220 kilos sobre tu espinilla y pie. Duele.

Experimentó una hinchazón significativa en su pie derecho y una fuerte molestia en su pierna.

Buscando consuelo en su miseria, esperó a que la multitud se dispersara.

Se puso la bota sin abrocharla. Luego, saltó sobre su moto como un angustiado vaquero de rodeo después de ser pisoteado por su caballo, y se alejó hacia el atardecer.

Bueno, podía conducir, pero no podía usar el pedal de freno porque le provocaba demasiado dolor en su pierna.

Se detuvo en una farmacia en la carretera de montaña, a treinta kilómetros más arriba, y un profesional médico examinó sus lesiones.

Tenía moretones y posiblemente un hueso roto en el dedo largo, dijo el médico. También tenía un gran hematoma en la espinilla. El hombre masajeó su pie con ungüento antes de vendarlo. Era tajante en que debía recibir una inyección para el dolor. No le gustaban las agujas, así que Marco eligió pastillas y una cerveza como alternativa adecuada.

Se estaba oscureciendo. La mujer en la casa de huéspedes cercana preparó una habitación para él y le cocinó una comida reconfortante.

Los huesos de Marco parecen estar hechos de goma. Nunca se había roto un hueso en su vida. Sin embargo, había desgarrado su parte justa de ligamentos.

A la mañana siguiente, se arrastró fuera de la cama tras una larga batalla con su mente.

«Lo que no te mata te hace más fuerte», pensó en su testaruda cabeza.

Había planeado ir de excursión al Valle de las Flores. Incluso si tenía que saltar en una pierna, no se lo perdería. Estamos destinados a superar obstáculos y aprender de ellos, ¿no?

Dos días después, llegó al final del camino. Pasó un día extra recuperándose en un hotel, luego dejó su moto allí y comenzó a caminar a la mañana siguiente.

Habían pasado cuatro días desde su accidente.

El Parque Nacional Valle de las Flores es un lugar como ningún otro en el mundo. Conocido por sus praderas de flores endémicas que cubren un área de dos kilómetros de largo y ocho kilómetros de ancho, también presenta una fauna variada.

Ahora que conoces mejor a Marco, coincidirás en que es un tipo inteligente que, ocasionalmente, actúa como un completo idiota.

¿Es un acto deliberado de rebeldía rechazar el sentido y la lógica en favor de la insensatez y la absurdidad, o lo hace sin ser consciente?

Su cabeza, dividida entre la estupidez y la obstinación, hace que no sea seguro saber cuál de las dos se impondrá.

¿Quizás ha sufrido demasiados golpes en la cabeza? Recuerda, era la época antes de que supieran sobre las conmociones cerebrales.

Alrededor de los once años, recibió una bicicleta de diez velocidades como regalo. Era su orgullo y alegría.

En esos días, era el equivalente a una bicicleta de alto rendimiento.

El vecindario estaba lleno de colinas y caminos de grava.

Cada día después de la escuela, salía a montar colina abajo tan rápido como podía hasta que se estrellaba.

Luego regresaba a casa todo ensangrentado hasta la próxima vez. Se sentía como lo más natural del mundo.

Los ciclistas no usaban cascos en esos días. Luego, a los dieciséis, pasó a un ciclomotor.

El abuso de sustancias no mejoró las cosas. Mantuvo a sus ángeles de la guarda ocupados durante ese período.

La casa de su abuela estaba al pie de una gran colina. Una tarde, bajaba a toda velocidad por la carretera con su hermana montada detrás. Justo al pasar la puerta de su abuela, un poste de luz de madera se erguía frente a una zanja de drenaje.

Sus ruedas patinaron sobre la grava; golpeó el poste con la frente y terminó en la zanja. Su cráneo seguramente estaba hecho de titanio. Pero estaba pegado al concreto, incapaz de mover su espalda.

A pesar de su rodilla ensangrentada, Arielle corrió a la casa en busca de ayuda.

Tan pronto como su madre y su abuela llegaron a la escena, él las miró, hizo un extraño sonido gutural y perdió el conocimiento.

Todos pensaron que había muerto ante sus ojos.

Cuando llegó la ambulancia, recuperó el sentido.

Sin embargo, permaneció paralizado, y los paramédicos lo colocaron en una camilla.

Cuando llegó al hospital, pudo mover sus extremidades.

Los doctores le hicieron todo tipo de pruebas. Se había roto el diente delantero y tenía una quemadura del silenciador en su espinilla izquierda. Su espalda ya se había recuperado para entonces. ¿Quizás se había agarrotado, o el golpe cortocircuitó su sistema nervioso? Nunca lo sabrán ahora.

Unas horas más tarde, regresó a casa bromeando como si nada hubiera pasado.

CINCUENTA Y SIETE

> *"De la sufrimiento han emergido las almas más fuertes; los caracteres más masivos están marcados por cicatrices."*
>
> — KAHLIL GIBRAN.

A aquellos entre ustedes que disfrutan de habitar en su propio drama, permítanme presentarles a Durga.

Marco la conoció en el sendero hacia Hemkund Sahib en Uttarakhand (junto al Parque Nacional Valle de las Flores) mientras ella pasaba a toda velocidad como un alma perdida. Hemkund Sahib es el gurdwara (lugar de reunión de los sijs) más alto del mundo a 4572 metros (15 000 pies).

Al verla pasar, bromeó diciendo que debía ser una especie de centauro: mitad mujer, mitad poni. Terminaron pasando unas horas caminando juntos hasta que ella se esfumó, como él había anticipado.

Intentaré hacer justicia a su historia.

Durga era una mujer de treinta y cuatro años de Rajasthan.

Sus padres murieron en un accidente automovilístico cuando ella tenía solo diez meses y medio.

Fue criada por su abuela materna, una mujer devota y estricta.

Ella falleció cuando Durga tenía quince años y medio.

Dejada a su suerte, su tío y el resto de la familia la presionaron para que se casara. Las niñas en Rajasthan, como en muchos otros estados indios, tradicionalmente se casan jóvenes y tienen hijos. Les espera una vida de deber, trabajo duro y total devoción a sus maridos.

Ella no quería nada de eso, así que huyó.

Fue arrestada por un policía que llegó a un acuerdo con ella. Tenía que demostrarle que podía cuidarse por sí misma durante al menos seis meses. De lo contrario, la entregaría a las autoridades, dado que aún era menor de edad.

El generoso oficial le ofreció hospitalidad durante seis semanas con sus familiares. Luego, se mudó a una casa de huéspedes con otra familia que no le cobró alquiler durante dieciocho meses.

Asistió con éxito a la universidad, y luego, a los veintiuno, su existencia dio un giro completo.

Esperando en un semáforo en rojo con su motocicleta en Jodhpur, un autobús la golpeó por detrás.

El conductor, probablemente demasiado asustado, no se molestó en detenerse y la atropelló.

Tuvo veintisiete fracturas, incluyendo todos sus dedos y tobillos.

Los médicos le amputaron tres dedos de la mano derecha. También necesitó muchas puntadas en la frente.

Sin embargo, su casco le salvó la vida.

Pasó seis meses en una cama de hospital, cubierta con un yeso corporal completo como una momia egipcia, incapaz de alimentarse por sí misma.

Estuvo confinada a una silla de ruedas durante tres años.

Después de que su médico le dijo que nunca volvería a caminar, se sometió a una rehabilitación interminable.

Añade a eso años de adicción a los analgésicos y pastillas para dormir. La depresión severa siguió.

¿Qué le dio a esta joven la fuerza y el incentivo para seguir luchando?

Personas influyentes en su vida, el yoga, la meditación y la actividad física en total comunión con la naturaleza cambiaron su paradigma.

Descubrió una pasión por viajar.

Ya un poco *tomboy* de niña, se entregó a actividades deportivas como el ciclismo de montaña, el parapente, el buceo y el senderismo.

Con un negocio en línea de ropa para mujeres y tres empleados, viaja frecuentemente sola.

Cada veinte días, dedica una semana a sus aventuras.

Su plan es comprar otra motocicleta y vivir en Europa para cuando cumpla cuarenta años.

¿Volver a tener una motocicleta? ¿No tenía miedo esta mujer en absoluto?

Marco la encontró inspiradora y estaba asombrado por ella.

Jean-Paul Sartre escribió:

"La vida comienza al otro lado de la desesperación".

Así que, Durga, sigue siendo el ave libre que eres, y te veré sobre el dosel de los árboles, mezclándote con los ángeles, los elfos y las hadas.

Después de enterarse de que se hospedaban en el mismo hotel, invitó a esta diosa a su habitación por la noche, para un masaje. ¡Qué caballero tan astuto!

Todavía está esperando a que ella llame a su puerta.

Hace unos meses, vio una publicación en Facebook.

Allí estaba ella, en su nueva motocicleta, en la cima de Khardung La, a 5481 metros (17 982 pies), uno de los tres pasos accesibles para motocicletas más altos del mundo.

Marco había estado allí él mismo en su Royal Enfield un par de años antes. Este es un rito de iniciación para los motociclistas que viajan en India, y él estaba lleno de admiración por ella.

No tiene dudas de que esta mujer logrará todos sus sueños.

CINCUENTA Y OCHO

"Esté alerta mientras observa a un perro jugar o descansar. Deje que el animal le enseñe a sentirse en casa en el ahora, a celebrar la vida estando completamente presente. Solo mire la cola... con algunos perros solo los miras – solo una breve mirada es suficiente – y su cola va... '¡La vida es buena!' Y no se están contando una historia de por qué la vida es buena. Es una realización directa."

— ELKHART TOLLE.

Bryce había estado pidiendo un cachorro durante mucho tiempo.

Sus padres debatieron cuidadosamente sobre tener un perro debido a su pasión por viajar.

Cedieron a sus demandas y obtuvieron una hermosa perrita pelirroja meses después de que Bryce cumpliera ocho años. Muchas personas que conocían elogiaron las cualidades del Golden Retriever.

Cuando fueron a elegirla, quedaban cuatro cachorros (todas hembras) de la camada de once. Sabían de antemano que querían una hembra.

La familia había criado a ambos padres como Golden puros desde que eran jóvenes.

La señora de la casa trabajaba con una asociación local para caninos callejeros.

Llegaron a tener hasta siete perros que reinaban en su casa.

De inmediato, Marco eligió la más pequeña de las cuatro cachorras. Tenía problemas para caminar y era la más diminuta entre ellas. Aparentemente, una puerta le había golpeado la pata trasera, pero el veterinario les aseguró que se recuperaría.

Hazel también la favorecía. Había otra contendiente que Bryce parecía preferir, una hembra más grande con pelo rubio y llena de energía.

Las personas siempre eligen a los cachorros más grandes y saludables en este caso.

Sin embargo, esta pelirroja tenía algo intangible que había capturado sus corazones.

Dejaron que Bryce decidiera entre las dos hembras. Al final, después de mucha vacilación, tomó su decisión. Para alivio de sus padres, eligió a la perra que les gustaba.

Marco había estado manifestando una niña llamada Chloé durante mucho tiempo. Como no tuvo la suerte de tener una hija, decidió compensar obteniendo un lindo cachorro.

Proviene del griego Khlóe, que significa brote joven de una planta.

Esta perra florecería en su hogar. Era la más dulce.

Marco no recuerda que alguna vez hiciera algo malo, excepto morder alguna que otra zapatilla cuando era cachorra y cavar agujeros en el jardín.

Su afecto por las personas era genuino, y lo mostraba con exuberancia, sin atisbo de discriminación. Adoraba a los niños y se sentía atraída por ellos como un imán.

En retrospectiva, Marco cree firmemente que ella fue traída a su hogar con el propósito de enseñarles a amar.

¿Tomaron demasiado tiempo las lecciones en calar? El tiempo siempre es esencial.

Bryce se encariñó mucho con Chloé. Incluso reflejó la sobreprotección de su madre hacia ella. Era la hermana menor que nunca tendría.

Nunca antes Marco había atesorado tanto algo.

El ambiente general dentro de su hogar había empeorado, pero Chloé era como esa estrella brillante en la cima del árbol de Navidad. A diferencia de su esposa e hijo, ella nunca juzgó a Marco.

Contactó a una organización de voluntarios llamada Buddy's Angels.

Trabajaban con niños abusados y marginados. Marco entrenó a Chloé como perro de terapia.

Los Golden Retrievers quieren complacer a sus dueños, por lo que son muy obedientes y fáciles de entrenar. Ella era una natural.

Le parecía inconcebible que un animal pudiera estar tan rebosante de amor.

Para él, el amor siempre dependía del juicio, la única forma que conocía. Chloé le mostró que este no era el caso. La amaba de verdad.

Trabajaron juntos en diferentes asignaciones, pero la más memorable fue en un Club de Niños y Niñas en Albuquerque.

Visitaron cada miércoles, siempre a la misma hora. Los niños esperaban afuera, sin importar el calor del verano, su llegada.

Una docena de ellos gritaba "¡Chloé, Chloéé, Chloééé!" tan pronto como los veían en el estacionamiento.

Una vez dentro, era un caos.

Alrededor de cincuenta niños se volvían locos, saltando y turnándose para rodar sobre la estera con ella. Sin inmutarse y enterrada en un montón de niños, ella lamía alegremente su camino fuera del caos.

Estos momentos eran especiales para los niños que crecían en entornos difíciles donde la violencia a menudo prevalecía. Esta hermosa perra de pelo rojo encarnaba un amor que nunca conocieron. Marco y los niños estaban en la misma situación.

Cuando Bryce, Chloé y Marco estaban juntos —ya fuera jugando al fútbol en el parque o caminando por las montañas no muy lejos de su hogar— formaban un trío alegre y valiente. Era como un triángulo metafórico completo.

Una vez de vuelta en casa, la dinámica cambiaba. Se sentía como si un escudo invisible de animosidad permease el ambiente.

Años más tarde, Marco se enteró de que Chloé había contraído cáncer de la nada. Ella parecía joven y en forma. Apenas tenía canas en el hocico.

El veterinario le dijo a Hazel que no había opciones disponibles. Moriría dentro de una semana, sin mucho sufrimiento. En este caso, los perros generalmente se ahogan en su propia sangre.

Bryce estaba en su universidad en Texas cuando escuchó la desgarradora noticia.

Voló a casa al día siguiente.

Chloé murió de hemangiosarcoma visceral del corazón mientras él estaba en el avión de Houston para reunirse con ella. Tenía once años y medio.

Sigo creyendo que no quería que Bryce presenciara su muerte. Habría sido demasiado doloroso para él verla en su último momento.

Quería ser recordada como llena de luz y de amor. Este tipo de amor que tocaba incluso a las almas más endurecidas era, de hecho, inmortal.

Incluso en la muerte, fue noble y desinteresada.

"Era una de las almas más hermosas que verás jamás", dijo Bryce después.

Aunque Marco no la había visto en cuatro años, anhelaba el día en que la volvería a ver.

«Quizás en la otra vida, juguemos a lanzar y atrapar juntos, mi dulce niña.

Mientras tanto, seguiré pensando en ti con una sonrisa en mi rostro y un corazón alegre».

CINCUENTA Y NUEVE

"Sin familia, el hombre solo en el mundo tiembla de frío."

— ANDRÉ MAUROIS.

Marco había estado planeando su escape durante mucho tiempo, pero ¿tendría el valor para hacerlo?

Como Hazel controlaba las finanzas, había escondido una tarjeta de crédito a su nombre, con un límite de crédito completo.

En el pasado, había hecho algunas compras sin consultarle.

Como la ocasión en Portland, cuando se unió a una empresa de marketing en red y compró $5000 en filtros de agua y otros productos inútiles de una compañía llamada Equinox.

Esa noche, ella encontró las cajas apiladas en una esquina cuando fue al garaje.

Esta oportunidad de negocio, como de costumbre, demostró que Hazel tenía razón:

"Un tonto y su dinero se separan fácilmente".

Cumplió su promesa de vender todo, aunque dos tercios de los artículos se vendieron a veinte centavos por dólar.

La compañía enfrentó acusaciones de ser un esquema piramidal, y fue desmantelada.

Sin embargo, esa no sería la última vez que Marco intentaría su suerte en el marketing en red.

Le gustaba la idea de dejar que los demás hicieran el trabajo. Solo que parecía atraer a personajes menos deseables a su esfera.

De todos modos, después de una larga búsqueda una mañana, Marco encontró la tarjeta de crédito, enterrada bajo un montón de documentos poco llamativos. Iba a financiar su libertad.

Aunque Marco pensaba que había cubierto sus huellas, Hazel no era una mujer típica. De alguna manera, descubrió la tarjeta desaparecida. Al día siguiente, lo llamó mientras él conducía, preguntando sobre la tarjeta. Tuvo que decirle la verdad.

Después de treinta años de vida en común, tuvo que enterarse de que su esposo quería el divorcio por teléfono.

Al más puro estilo de Marco, no fue una forma muy romántica de terminar una relación.

Las mujeres —y especialmente Hazel— son perceptivas.

Un par de décadas antes, Marco trabajaba como fotógrafo en una estación de esquí en Utah. Su apartamento estaba a veinticinco kilómetros de la estación.

Una noche, tan pronto como abrió la puerta de entrada, Hazel dijo, como si hubiera sido una conclusión obvia: *"Te pusieron una multa por exceso de velocidad, ¿verdad?"*.

Marco había evitado recibir multas por exceso de velocidad durante mucho tiempo. ¿Cómo había generado siquiera ese pensamiento?

A pesar de su plan de cinco años para divorciarse de ella, aún parecía sorprendida. Vaya a saber. Cómo no lo vio venir era un misterio para él. Estaba escrito en la frente de Marco.

Le dijo que deberían hablar con Bryce después de la escuela.

Es asombroso cómo los cónyuges pueden engañar durante años mientras sus vidas permanecen sin perturbaciones.

Quizás encuentren consuelo en su feliz ignorancia. Además, ¿por qué alterar el *statu quo*?

Imagina a tu cónyuge regresando a casa después de estar con su amante. ¿Cómo podrías no detectar signos de sexo en su ropa o piel? ¿Qué pasa con el brillo en sus ojos o el engaño en sus palabras?

Marco a veces deseaba que se hubieran engañado mutuamente. ¿Quizás su existencia diaria no hubiera sido tan monótona?

Era hora de que se sentaran juntos y compartieran la noticia con Bryce.

Ocurrió menos de una semana después de su duodécimo cumpleaños. El momento era terrible, pero Marco ya había retrasado su decisión durante seis agonizantes meses por varias razones. Se sentía como un buceador en apnea teniendo un síncope antes de alcanzar la superficie.

Él fue quien habló todo el tiempo. Hazel probablemente estaba absorta en una de sus novelas románticas italianas, cuando uno de los personajes anunció su traición a todo el clan. Bryce actuó realmente maduro y estoico al escuchar que su padre se iba.

Marco no podía decidir si se sentía aliviado o perdido ante la verdad del momento.

Bryce ya debía saber que su familia estaba condenada. A su padre le había tomado un tiempo angustiante trazar su escape. Seguramente había reproducido ese escenario mil veces en su cabeza durante los últimos años.

Esta fue la cosa más difícil que Marco había hecho en toda su vida, o en las vidas que la precedieron.

Ahí estaba, pronunciando sus palabras de despedida con cuidado.

Estaba actuando de una manera ensayada y metódica. Mientras tanto, sentía como si estuviera metiendo las manos desnudas en su pecho y desgarrando un pedazo de su corazón.

CAPÍTULO

SESENTA

"Aquellos que son uno con la privación están privados de la privación."

— LAOZI.

La hermana de Marco, Arielle, había estado estudiando psicología durante algunos años y estaba ocupada terminando su tesis de maestría.

Le había pedido si podía editarla para ella. Estaba bastante feliz de poder ayudar.

No se dio cuenta de que tendría que reescribirla palabra por palabra. Los apóstrofes, la puntuación, los errores tipográficos y la gramática estaban desordenados.

Sabía que había basado los personajes en su exesposa e hijo, junto con su propia relación con su padre.

«Eso prometía ser esclarecedor», pensó.

Le tomó alrededor de cuarenta horas rehacer su obra maestra. Vaya, probablemente podría haber escrito su propio trabajo de investigación en ese tiempo.

Poco sabía él que esto le golpearía como una pared de ladrillos.

Su hermana siempre había estado allí para él en sus momentos más oscuros, para restaurar su cordura. Una opinión profesional sobre sus diversos problemas revelaría mucho.

Marco leyó el pasaje donde Arielle hablaba sobre su primera gran pérdida cuando él dejó el hogar para viajar. Ella tenía trece años.

Era imposible para él no trazar paralelismos con dejar a su esposa y su hijo a los doce.

Su padre también tenía trece años cuando su hermana fue asesinada por un asesino en serie.

En ese momento, estaba demasiado absorto en sus propios pensamientos para darse cuenta.

Se sintió como si finalmente lo atraparan en el acto, como un ciervo congelado ante los faros de un vehículo.

No se podía negar. La evolución es un viaje agotador, no un destino.

Aprecia los breves momentos de brillantez en tu vida diaria para compensar los inevitables desafíos.

Su tesis se titulaba: *"Une société moderne où l'enfant se fait roi, l'incestuel se banalise et l'incestueux est à la mode"*. – Una sociedad moderna donde el niño es rey, el incesto se banaliza y lo incestuoso está de moda.

Ha pasado mucha agua bajo el puente desde entonces.

Por cierto, reconocí durante la escritura de este libro que contar la historia del pasado de mis personajes fue la terapia definitiva.

Una vez expresados en palabras, los sentimientos y emociones toman una forma y sustancia propias. Primero, rondan, con la intención de provocarte.

Para mayor precisión, te pican, como avispas protegiendo su nido.

Cuando el dolor y las emociones desaparecen, como un genio de una botella, la libertad te espera.

Para citar a Anne Frank: *"Puedo sacudirme todo mientras escribo"*.

Había traducido el resumen de la tesis de su hermana, con la intención de compartirlo con los lectores. Al hablar con Arielle, ella sintió que el material era más adecuado para un texto psiquiátrico en la biblioteca de un hospital que para un libro de viajes y espiritualidad.

Es mejor dejar algunas cosas sin decir, especialmente cuando están fuera de tu nivel de experiencia.

Que el pasado repose en paz.

SESENTA Y UNO

"Nietzsche fue quien hizo el trabajo por mí. En un cierto momento de su vida, le vino la idea de lo que él llamó 'el amor a tu destino'. Sea cual sea tu destino, pase lo que pase, dices: 'Esto es lo que necesito'. Puede parecer un desastre, pero enfréntalo como si fuera una oportunidad, un desafío. Si traes amor a ese momento —no desánimo— encontrarás que la fuerza está ahí. Cualquier desastre que puedas sobrevivir es una mejora en tu carácter, tu estatura y tu vida. ¡Qué privilegio! Es cuando la espontaneidad de tu propia naturaleza tendrá la oportunidad de fluir.

Entonces, al mirar hacia atrás en tu vida, verás que los momentos que parecieron ser grandes fracasos seguidos de ruinas fueron los incidentes que moldearon la vida que tienes ahora. Verás que esto es realmente cierto. Nada puede sucederte que no sea positivo. Aunque en el momento parezca y se sienta como una crisis negativa, no lo es. La crisis te lanza hacia atrás, y cuando se requiere que exhibas fuerza, esta aparece".

— JOSEPH CAMPBELL (REFLECCIONES SOBRE EL ARTE DE VIVIR).

Tres años después de separarse de Hazel, las cosas se desmoronaron.

En retrospectiva, una vida sexual activa y promiscua ocurrió cada vez que Marco tocaba fondo. Múltiples citas en Tinder, prostitutas e incluso algunas fiestas de *swingers*.

Dejó su trabajo y estaba gastando dinero a raudales. El gran sistema estadounidense fomenta el uso de tarjetas de crédito. ¿Por qué no aprovecharlas?

Con su buen historial crediticio, había acumulado hasta diez tarjetas de crédito, con un límite de crédito de $100 000. Cuando una tarjeta alcanzaba su límite, cambiaba a otra tarjeta y hacía los pagos mínimos.

Similar a un esquema piramidal, eventualmente no habrá más flujo de efectivo. Sus acuerdos de divorcio, así como su parte de las dos casas que poseían, se fueron por el desagüe.

Después de unos meses prometiendo a su arrendador que el dinero estaba en camino, fue desalojado.

Solicitó la quiebra; la mayor parte de sus deudas eran con bancos y compañías de tarjetas de crédito.

Entre los artículos que empeñó estaban su cámara Nikon y lentes caros, un reloj suizo, un sistema de sonido, su anillo de bodas, esquís, palos de golf e incluso su querido Heckler & Koch 40 S&W.

Gastó cerca de $250 000 durante ese período.

La profunda caída de Marco fue un destino retorcido que eligió, creyendo que le beneficiaría.

Estoicamente, asumió la responsabilidad, almacenó sus pertenencias y buscó trabajo.

La constante molestia en ventas lo agotó, así que trabajó para una agencia temporal a salario mínimo.

Pensó, sabiamente, que merecía estar en esta situación. Aceptarlo como un hombre y esperar a que los cielos oscuros se despejaran. Compartió brevemente una habitación en una casa suburbana de Albuquerque, pero se cansó de su compañero de cuarto.

Comenzó a trabajar puerta a puerta para una empresa de sistemas de seguridad. ¿Te imaginas tocar puertas todo el día, con el único propósito de vender un costoso sistema de seguridad?

Creas tu propia realidad. Aquí, eligió el trabajo con la tasa de rechazo más alta, como si inconscientemente quisiera infligirse más castigo.

Su empresa planeaba abrir una oficina en Denver, así que enviaron un equipo para probar el mercado. Fue un experimento de tres meses que no salió bien.

Al regresar a Albuquerque, siguió tan quebrado como antes. Durmió en su Lexus; el asiento delantero se reclinaba por completo y las ventanas tenían un tinte oscuro. Nadie podía verlo desde afuera. Era bastante cómodo.

Marco estaba en su período de redención. No se quejaba y se aseguraba de no pedir ayuda a nadie.

Asumió toda la responsabilidad por sus transgresiones pasadas, como un animal herido lamiendo sus heridas en su guarida, lejos de miradas curiosas.

Créelo o no, estaba bastante feliz en su Lexus. Encontró algunos templos de Santos de los Últimos Días donde podía estacionar su auto sin ser molestado por las noches.

Joseph Smith se aseguró de eso.

Uno de ellos, por un deliberado giro de ironía, estaba a menos de dos kilómetros de su antigua casa en Albuquerque. Le gustaba el vecindario.

Extrañaba a su hijo, pero no habría cambiado la comodidad de su auto por la cama fría de Hazel bajo ninguna circunstancia: *"Quelle horreur!"*.

Al menos estaba libre. Nadie le estaba fastidiando.

Su membresía del gimnasio estaba en la zona local. Iba al gimnasio a diario para ducharse y hacer ejercicio. Se unió a un estudio de yoga Kundalini y asistía a cinco o seis clases a la semana.

Sevak Singh notó la dedicación inquebrantable de Marco cuando visitó su estudio en Albuquerque para un retiro de fin de semana. Se acercó a él después de la clase y sugirió que debería inscribirse en su próximo curso de formación de maestros, casi por orden divina.

Al enterarse de que Marco trabajaba en una agencia temporal siempre que había trabajo disponible y que estaba quebrado, Sevak respondió: *"Pagarás cuando tengas el dinero"*.

Marco alternaba entre su trabajo puerta a puerta y la agencia temporal, dependiendo de su estado mental.

Trabajaba cuando quería, hacía senderismo en las montañas, practicaba mucho yoga y usaba el gimnasio como su segundo hogar. Veía a Bryce dos veces por semana.

A pesar de no ser lo ideal, su hijo parecía satisfecho de regresar a casa de su madre por la noche, sin cuestionar nada.

Esta pequeña rutina continuó durante trece meses. Sí, escuchaste bien.

Una mañana, cuando se despertó detrás de un templo mormón, había un vehículo policial estacionado a veinte metros de su auto. Ante sus ojos, vislumbró su odisea estrellándose a su alrededor.

Conducía con una vieja matrícula que había encontrado en el garaje de un amigo yogui. Su amigo estaba un poco perplejo, pero fue lo bastante amable como para dejársela.

Un oficial de la patrulla estatal había confiscado su matrícula unos meses antes porque su seguro de automóvil había caducado. Su vehículo, la única barrera que le impedía estar en la calle, estaba destinado a ser incautado.

El oficial, por alguna razón milagrosa, permaneció en su vehículo y pronto se marchó. Quizás estaba desayunando y no sospechaba que un sedán Lexus de modelo reciente albergaba a un hombre al margen de la ley.

De cualquier manera, Marco tenía un talento especial para poner a prueba los límites. Era como si alguien lo hubiera programado de esa manera.

La fascinante revelación es que este período resultó liberador. Marco también se dio cuenta de que él era el único responsable de su situación. Sin nadie a quien señalar ni culpar. Solo él contra la áspera topografía de su destino.

Para dar forma a nuestra realidad, debemos borrar la pizarra y comenzar de nuevo en un lienzo blanco. Así de simple.

Observar la situación de un hombre sin juicio se sintió bien por una vez, incluso si ese hombre lo estaba mirando a él en el espejo.

Antes de dejar los Estados Unidos, tenía que vaciar el trastero que había estado alquilando desde que fue desalojado de su condominio.

En el camino, empeñó algunos artículos valiosos.

Cuando se hace limpieza de primavera, muchas cosas terminan en la basura. No hay lugar para el sentimentalismo.

Había un complejo de apartamentos cerca.

Marco encontró una esquina empotrada del edificio.

Dejó su bicicleta de montaña con un par de zapatos de ciclismo sobre los pedales, unos esquís viejos, un conjunto de mancuernas, un balón de fútbol con tacos, una raqueta de tenis y unos guantes de boxeo.

Hizo un cartel casero y escribió con un marcador en letras grandes: *¡FELIZ NAVIDAD!*

Ah, ¡la gloria de convertirse en un minimalista!

Es maravilloso dar desinteresadamente, sin esperar nada a cambio.

En este caso particular, Marco también estaba recuperando su libertad.

SESENTA Y DOS

"Una vez que vendes tu alma al diablo, no puedes pedirla de vuelta."

— TOM WOOD.

Una tarde, en la oficina de un concesionario de Lexus en Albuquerque, Marco completó la venta de un sedán nuevo a un tipo turco que trabajaba en ventas de tiempo compartido.

Cuando su cliente llenó la solicitud de crédito, Marco le pidió que escribiera su ingreso mensual; al ver el monto Marco pensó que era el ingreso anual, pero el hombre respondió con orgullo que ese era su ingreso mensual y podía mostrarle sus talones de pago.

Desde que llegó Internet, el negocio de los automóviles se ha convertido en una rutina. La comisión mínima comenzaba en $100 (por algo las llamaban "mínimas"), con la mayor parte de las ganancias en el *backend*. Los buenos viejos tiempos se habían ido. Tomó la decisión instantánea de aceptar un nuevo desafío y recibir recompensas por sus esfuerzos.

Al día siguiente, el vendedor insatisfecho dio los primeros pasos para obtener una licencia de bienes raíces.

Pronto, estaba trabajando en un resort en los suburbios de Albuquerque, rodeado de una variada colección de estafadores e inadaptados.

Lo que sucedía tras bambalinas en esa empresa, que se asemejaba a un mal set de película, podría llenar un libro entero.

Marco solía decir que no estaba mintiendo, sólo embelleciendo la verdad. Sin embargo, pensaba que era un tipo honesto en comparación con algunos de sus compañeros de trabajo, que eran verdaderos mentirosos patológicos.

Parecía que los mayores estafadores ganaban más dinero.

Este no era un entorno propicio para la transparencia y la honestidad.

Marco había vendido autos durante trece años, la mitad de ellos antes de la era de las computadoras, así que conocía bien la deshonestidad flagrante. Se veía a sí mismo como uno de los buenos vendiendo tiempos compartidos, aunque solo era parcialmente cierto.

Le asignaron una mesa y tres sillas en el piso de ventas durante dos años y medio. Su colega al lado era un alto y apuesto italiano llamado Luigi.

Con su camisa ajustada que mostraba sus bíceps, sus gafas de sol Gucci y sus caros mocasines, caminaba por el *showroom* como uno de los *"Goodfellas"*.

Hablaba inglés perfecto con un marcado acento italiano, y nunca tardaba mucho en abrir una botella de champán con sus clientes para celebrar una venta.

Marco era un principiante, y su presentación de noventa minutos solía extenderse durante tres horas. No podía evitarlo. Era un verdadero luchador y también tenía miedo de pedir directamente la venta. Los resultados rápidos de ese hombre lo desconcertaban y le causaban un poco de envidia.

Una vez le preguntó a Luigi su secreto para el éxito.

Luigi se aseguró de estar sentado cómodamente, como si estuviera listo para revelar secretos universales.

Dijo con total control en su forma de expresarse:

"Cuando tengo una pareja, independientemente de su edad, tengo un único objetivo en mente. La mujer pronto sentirá el deseo irresistible de cogerme aquí mismo, en la cima de la mesa, mientras que el hombre soñará desesperadamente con estar en mi lugar".

Marco esperaba que se riera como si estuviera bromeando. Sin embargo, creía cada palabra que decía. ¡Qué lección de humildad!

Ahora viene el giro irónico en esta historia.

Su esposa estadounidense, que había estado cuidando de sus hijos en Florida, llegó a trabajar en el resort un año después como gerente. Era una mujer robusta, de cabello rubio oscuro, que lo mandoneaba como una matona. Era un espectáculo digno de ver.

Una mesa más allá estaba "Bubbles", un apodo que había adoptado en otro centro de ventas. *"Ven rápido, estoy probando las estrellas"*, solía decir Dom Perignon.

Vestía atuendos provocativos y ejercía su magia sobre el sexo opuesto. También era un camaleón, cambiando sus colores con una sonrisa seductora y una mente calculadora.

Un hombre de cuarenta años de ascendencia italiana llamado Toni se unió al equipo poco después. Se proclamaba experto en la Ley de la Atracción, a la que había aplicado su propia marca de física cuántica.

Todo el personal se esforzaba por dominar las técnicas de manifestación tras el lanzamiento de la película *"The Secret"*.

Toni era un maestro en ello. Un individuo bajo y gordo, desaliñado con calvicie en el puro estilo italiano. Todo estafador parece tener la historia perfecta que lo hace humano y creíble.

Toni había probado la muerte en la mesa de operaciones de su médico. Un tumor cerebral detectado un poco más tarde lo habría matado, de no ser por las habilidades de su cirujano.

Mostraba con orgullo una prominente cicatriz en la parte posterior de su cabeza, como si fuera un testamento divino de su supervivencia. Pintaba esa historia con los magistrales trazos de Miguel Ángel develando su obra en la Capilla Sixtina.

Su falta de empatía hacia los demás y su arrogancia solo eran eclipsadas por su ego.

Se convirtió en el productor número uno del resort y se disparó al top cinco de toda la compañía. Había varios cientos de vendedores en unos pocos países, pero principalmente en los EE. UU.

Sus números eran desproporcionadamente altos, y los gerentes no podían comprender por qué. Debido a las grandes comisiones que ganaban con sus ventas, toleraban su mal humor.

La Ley de la Atracción tenía algún sentido para la mayoría, pero implementar sus reglas básicas seguía siendo un desafío.

Toni tenía la clave del rompecabezas. Actuaba como si quisiera revelar sus secretos. En retrospectiva, los confundía a propósito.

Quería todo el pastel para él solo.

Más tarde, Marco reconoció que el carácter moral, la riqueza y el éxito en los negocios no estaban correlacionados.

Existen muchas personas controladoras que, además, son malas, y estaban en ese mundo precisamente por esa razón.

La historia tiene su cuota de personas malvadas, y también tiene la costumbre de repetirse.

A la física cuántica no le importa la empatía o la compasión, al menos no en nuestras respectivas encarnaciones. En cuanto al karma, esta narrativa es diferente.

En general, Toni era un personaje despreciable. A Marco no le gustaba porque reflejaba los aspectos codiciosos de su propio carácter. También había un poco de envidia. Le gustaba su salario.

La presencia de Toni llevó a su eventual salida de la compañía después de dos años y medio.

Marco nunca solicitó un puesto de gerente de ventas (cerrador) durante los primeros dos años, aunque hubo algunas oportunidades.

Probablemente sufría de falta de confianza disfrazada de un tipo de vanidad en plan "prefiero ser mi propio jefe".

En el segundo año, se convirtió en un productor de un millón de dólares, lo cual no es un pequeño logro.

Su desempeño fue encomiable. Los gerentes parecían admirar su actitud de no rendirse jamás.

Cuando se presentó la oportunidad de postularse nuevamente para un puesto de cerrador, estaba listo. Solo que Toni también se postuló.

La gerencia no estaba muy interesada en perder a un productor tan destacado, y no les importaba demasiado su actitud arrogante. Así que, sobre el papel, Marco, que estaba más alto en la escala de popularidad, tenía una oportunidad.

Al final, no podían negárselo, y recibió la promoción. Pero Toni amenazó con llamar al dueño de la empresa si lo rechazaban.

Los gerentes no tuvieron más remedio que aceptar a este matón en sus filas.

Marco tomó este rechazo como una señal para buscar pastos más verdes.

Uno de los gerentes de ventas de larga data era un hombre bajo y carismático de Pittsburg, Pennsylvania.

Era un experto en establecer una conexión instantánea con los clientes, basada en su conocimiento e interés sobre su ciudad y estado natal.

Se agradaron desde el principio. Duke era hábil para inventar cosas sobre la marcha y hacer que los clientes se sumergieran en sus historias imaginarias.

Te costaría encontrar un mentiroso más amable.

No se le había ocurrido a Marco hasta hace poco. Duke tenía

acceso a toda la información de los clientes de antemano, a través de su computadora.

Al investigar sobre su ciudad natal y todas las actividades turísticas en su estado, debió haberse preparado para cada individuo. Fingía familiaridad, como si él y su esposa hubieran visitado su lugar de residencia querido. Luego podía ajustar su presentación según su educación y profesión.

Los estadounidenses son bastante crédulos y orgullosos de sus raíces. Eso era genial, si lo piensas bien.

Marco tuvo un verano récord tras su postulación para un puesto de gerente. Lo motivó a demostrar su valía.

Luego cometió *harakiri* (suicidio ritual por desentrañamiento con una espada, practicado anteriormente en Japón por los samuráis) y pasó de héroe a cero en un par de meses. A pesar del apoyo de Duke, dejó la empresa para trabajar en el Marriott Vacation Club.

Erróneamente, creyó que sería más fácil sacarles dinero a las personas más ricas.

Rechazar a las personas que creían en él era un patrón recurrente.

La hierba siempre era más verde en el jardín del vecino.

Otro libro entero podría detallar el piso de ventas y la acción detrás de escena en este resort.

En medio de puñaladas por la espalda y suficientes egos grandes y engaños para llenar un estadio de fútbol, había intrigas sexuales y traiciones dignas de las telenovelas más decadentes.

A veces, Marco se sentía en su elemento, especialmente cuando el champán fluía.

En el fondo, su mejor conciencia sabía que no pertenecía allí. Todo este lugar era un cementerio de almas dañadas.

En casa, se estaba volviendo más infeliz. Algo tenía que ceder.

Irónicamente, después de una serie de contratiempos profesionales, Marco regresó a ese resort para trabajar en el equipo de Toni. La luna de miel fue breve.

Si no hubiera estado en una misión suicida, podría haber sido parte del equipo de Duke nuevamente.

Tuvo un último paso por esa empresa justo antes de romper con Hazel. Para entonces, trabajaba en un "equipo de salida" bajo un bufón llamado Huckleberry.

Marco tenía un talento para elegir su veneno. Huckleberry había sido un vendedor mediocre, pero era el compañero de golf y de copas del director de ventas, en caso de que te preguntes cómo obtuvo su promoción.

A diferencia del personaje principal de Mark Twain en *"Las aventuras de Huckleberry Finn"*, navegar por el río Misisipi no estaba en su lista de cosas por hacer.

Era más feliz sentado en su trasero con su barriga prominente y dando instrucciones como un bravucón de patio escolar.

Cuando Marco estaba decidido a hacerse más daño, no había forma de detenerlo.

Una noche, pasada la medianoche, fue la última persona que quedó en el piso de ventas. Se había quedado sin papel higiénico en su condominio y estaba demasiado cansado para considerar detenerse en una tienda de conveniencia de camino a casa.

La señora encargada de la limpieza notó que se llevó un par de rollos de papel higiénico y lo informó al gran jefe a la mañana siguiente.

Cuando su gerente lo confrontó, Marco no lo negó. Para él, era algo tan insignificante.

Unos días después, fue despedido. Tres semanas antes, había sido el vendedor del mes.

Para entonces, había un nuevo director de ventas, un culturista con un ego del tamaño de una manguera de incendios, y no se llevaban muy bien.

Era reminiscente de la historia de Jean Valjean en *"Los miserables"* de Victor Hugo, quien fue condenado a trabajos forzados en el bagne de Toulon (la ciudad natal de Marco) por robar un pan.

El castigo no se ajustaba al crimen, pero Marco lo vio como una señal de redención.

Ese sería el final de su carrera en ventas de tiempos compartidos.

A decir verdad, se lo merecía. Para entonces, su mala actitud le había agotado toda bondad.

Años más tarde, mientras recordaba, Arielle mencionó que en aquellos días él estaba sombrío y ferozmente terco.

Después de ese incidente, no trabajó durante dieciocho meses. Como un manifestante budista en las circunstancias más extremas, se autoinmoló.

Cuando cayendo en picada, ¿por qué no hacerlo en llamas, verdad?

CAPÍTULO

SESENTA Y TRES

> *"La muerte está lo suficientemente cerca como para que no necesitemos tener miedo de la vida."*
>
> — FRIEDRICH NIETZSCHE.

En la actualidad, Marco está alquilando una cabaña con vista al mar cerca de Coti-Chiavari, cincuenta kilómetros al sur de Ajaccio, en la isla de Córcega.

Esta mañana, el dueño de un minimercado local le contó que una niña de dos años había sido atropellada por su abuelo mientras retrocedía con su auto.

Ella había estado en su tienda dos semanas atrás comiendo dulces. Conocía a la familia desde hacía mucho tiempo y parecía visiblemente afectado.

¿Cómo se supone que debemos procesar una tragedia de esta magnitud? Si la muerte es una certeza, ¿qué pasa con la muerte de una hermosa e inocente niña en esta situación?

363

Algunos escépticos argumentarían que si Dios existiera, no permitiría que sucedieran tales cosas.

Ahora, entramos en el territorio complejo y a menudo malentendido del karma.

Antes de que Marco fuera a India, no entendía qué era el karma, además de los meros conceptos de acción, reacción, recompensas y castigos.

Sadghuru, en su libro *"Karma"*, desafía al lector a mirar más allá de las definiciones estándar.

"Cada momento de tu vida, realizas una acción —físicamente, mentalmente, emocionalmente y energéticamente—. Cada acción crea una cierta memoria. Eso es karma".

Esto tendría sentido si creyeras en la reencarnación. También no está muy alejado del concepto de Ho'oponopono.

Parece que podrías crear tu propia realidad e influir en la rueda del karma, y en el proceso, podrías alterar tu destino.

"El karma funciona a través de ciertas tendencias. Pero con un poco de conciencia y enfoque, puedes empujarlo en la dirección que desees".

Mi cita favorita:

"Las viejas capas de karma pueden adherirse a ti sólo si sigues añadiendo nuevas capas a ello".

Depende de ti interpretar lo que estas afirmaciones significan para una niña que murió a manos de su abuelo.

Cuando Sadghuru elabora: *"La devoción demuele el karma y*

conduce a la liberación", nos recuerda que la fe que precede a la devoción puede hacernos libres.

La fe no implica una creencia firme en las doctrinas de una religión.

Frank Lloyd Wright, el famoso arquitecto estadounidense, dijo:

"Creo en Dios, solo que lo escribo como Naturaleza".

SESENTA Y CUATRO

"Esta pandemia ha magnificado cada desigualdad existente en nuestra sociedad —como el racismo sistemático, la desigualdad de género y la pobreza."

— MELINDA GATES.

Con respeto por todas las víctimas del COVID-19, incluido el padre de Marco, fue un gran momento para viajar durante esos tiempos. Recordaba a los viajes de la década de los setenta. Solo un puñado de viajeros dedicados no estaba confinado a sus países de origen.

Marco tuvo la suerte de estar en India durante el confinamiento. No tenía a dónde ir después, así que continuó viajando a medida que se reabrieron las fronteras.

Viajó por India en su motocicleta. Muchas personas no llevaban mascarillas, y aquellos que sí las llevaban las tenían debajo de la barbilla.

Marco esperaba contraer COVID-19.

No tenía más miedo de ello que de resfriarse. La politización del COVID-19 lo transformó en una herramienta de control y beneficio para unos pocos elegidos.

Como siempre, los más afectados fueron la gente común y las pequeñas empresas.

Los datos recopilados por Forbes muestran que 573 individuos se han unido a las filas de los multimillonarios desde 2020.

Y que los multimillonarios existentes vieron aumentar su patrimonio neto total en un 42 %.

El jefe de política de desigualdad en Oxfam comentó: *"Nunca había visto un crecimiento tan dramático en la propiedad y en la riqueza al mismo tiempo en la historia. Va a perjudicar a muchas personas"*.

Marco contrajo COVID-19 y ni siquiera lo supo.

Tenía una tos persistente, que ignoró antes de cruzar a Ladakh. Al dar positivo en la prueba, extendió su estadía en Cachemira durante diez días. Lo llaman la mini Suiza de India, y también *"El Paraíso en la Tierra"*. ¡Qué dulce castigo!

Fue de *trekking* a Nepal tan pronto como reabrieron la frontera.

No podría haber elegido un mejor momento para hacer *trekking* al campamento base del Everest y luego al campamento base de Annapurna.

Los grupos turísticos se habían reanudado para entonces, pero el número de turistas seguía siendo bajo.

Alrededor de 500 personas llegan diariamente al EBC. Cuando Marco estuvo allí, solo había alrededor de treinta o cuarenta personas ese día.

Si alguna vez has visto el Worldometer en línea, muestra las cifras de nuestro planeta en tiempo real.

Había 8 075 650 483 personas en este planeta cuando comencé esta oración. La población mundial aumenta en aproximadamente 150 cada minuto, así que haz tus cálculos. Muchos científicos piensan que la Tierra tiene una capacidad máxima de nueve a diez mil millones.

Marco consideraba el COVID-19 como una prueba, anticipando una futura pandemia que podría diezmar a la mitad de la población mundial.

La gripe española, causada por un virus de origen aviar, infectó a 400 millones de personas en todo el mundo. Esto representaba una cuarta parte de la población mundial en ese momento.

Los expertos estiman que entre 20 y 40 millones de individuos murieron entre 1918 y 1919.

Por otro lado, cuando Marco era adolescente, todos vivían bajo la (inminente) amenaza de un holocausto nuclear.

La muerte solo plantea problemas para tus seres queridos cuando se le analiza a fondo. En el peor de los casos, un par de cientos de años de paz sonaban bien para Marco.

"Carpe diem, quam minimum credula postero", escribió Horacio en las Odas. Aprovecha el día, confía muy poco en el mañana.

Imaginar un mundo mejor era necesario para mantener un optimismo inquebrantable, pero el momento presente tenía el poder supremo.

SESENTA Y CINCO

> *"Que ningún hombre en el mundo viva en la ilusión. Sin un gurú, nadie puede cruzar a la orilla."*

— GURU NANAK.

En agosto de 2020, se publicó un informe de Olive Branch sobre las numerosas denuncias que habían surgido desde la muerte de Yogi Bhajan en 2004.

Marco se obligó a leer las setenta y dos páginas del informe.

Era espeluznante y repugnante. No podía imaginar cómo se sentiría una mujer.

Creció en un ambiente muy irrespetuoso hacia las mujeres, comenzando por su propia madre.

Aquellas enseñanzas siempre reverenciaban a las mujeres.

Lo veía como un medio para rectificar la situación.

Las escenas descritas en el informe eran tan degradantes para las mujeres que aún le dan escalofríos hasta el día de hoy.

Durante tres años, se negó a decir el nombre de Yogi Bhajan. Bloqueó a cualquiera de sus contactos en las redes sociales que estuviera en negación o publicara comentarios positivos sobre el acusado.

Renunció a su práctica de yoga y dejó de enseñar.

Apostaría que la mayoría de los profesores y estudiantes nunca leyeron el informe. A veces, es mejor no saber.

Se jugaban cantidades insanas de dinero, control y poder.

Las personas tenían que afirmarse, alineándose con sus intereses.

El yoga es una tradición oral que se ha transmitido de mentores a estudiantes durante muchas generaciones.

Los santos y yoguis usaron el yoga para difundir el mensaje espiritual de bienestar.

Los maestros poseen poderes especiales y son percibidos como figuras divinas. Desafortunadamente, la realidad nos dice lo contrario.

Varios maestros de yoga han estado involucrados en controversias y acusados de abuso sexual.

No hay que buscar más allá de los fundadores del yoga Ashtanga y Bikram: Krishna Pattabhi y Bikram Choudhury.

Las alegaciones contra Vishnudevananda, quien fundó el yoga Sivananda, nunca han sido completamente investigadas.

Durante el confinamiento por COVID-19, Marco pasó tres meses en uno de los principales ashrams Sivananda en Tamil Nadu, donde la gente reverencia a Vishnudevananda como a un Dios.

En América, John Friend, el creador del yoga Anusara, y Amrit Desai, el originador del Kripalu Center for Yoga and Health, enfrentaron renuncias forzadas de sus puestos.

¿Qué hay de Bhagwan Shree Rajneesh, conocido como "Osho", con su flota de noventa y tres Rolls Royces y su ejército de Rajneeshees o gente de naranja?

Por todos los relatos, era un hombre brillante; sus charlas han sido transcritas en más de 300 libros.

Los Estados Unidos lo deportaron en 1985 después de que las autoridades arrestaran a miembros de su personal por un complot de asesinato y hasta un ataque bioterrorista.

Tras la muerte de su esposa, Gandhi solía compartir su cama con jóvenes desnudas, incluyendo a su médico personal, Sushila Nayar, así como a sus sobrinas nietas Abha y Manu, que estaban en su adolescencia y aproximadamente 60 años más jóvenes que él.

Este era su método para alcanzar el estado de nirvana de perfecto Brahmacharya, para mantener la abstinencia mientras dormía junto a atractivas jóvenes.

Marco no había probado esto todavía, pero dudo que tuviera éxito.

Sadghuru, el fundador de la Fundación Isha, tiene la habilidad única de hacer que las antiguas ciencias yóguicas sean relevantes para las mentes contemporáneas.

Su fundación trabaja en educación, empoderamiento y enriquecimiento en la India rural, sin costo alguno. Tiene más de 17 millones de voluntarios en todo el mundo.

Marco se ofreció como voluntario en su ashram en Coimbatore, Tamil Nadu, antes del confinamiento por COVID-19.

Tiene más de 3000 voluntarios a tiempo completo, y es indescriptible.

Al enterarse de su llegada desde Bali cinco semanas antes, fue expulsado de su ashram sin ceremonias. No tenía sentido desde el punto de vista médico.

Resultó que Sadghuru tenía fuertes lazos con Narendra Modi, el Primer Ministro de India. ¿Quién pensó que la espiritualidad y la política no podían dormir en la misma cama?

Previó un confinamiento total en el país tres semanas antes. Sospecho que su deseo era que los extranjeros se marcharan del ashram.

Marco tuvo relatos de primera mano de personas que conocían a miembros de su familia. Sus historias de iluminación podrían no alinearse con lo que realmente sucedió.

Aparte de las controversias de Sadghuru, su impacto en millones de personas alrededor del planeta es innegable.

Los odiadores y detractores siempre existirán.

Si hubieras estado en su ashram en Tamil Nadu, te darías cuenta de que este no es el trabajo de un mero mortal.

Marco tuvo la suerte de ser parte de Mahashivatri en el ashram, ofreciendo su tiempo y observando. Es un festival que celebra al Señor Shiva y que dura toda la noche y el día siguiente.

Fue un espectáculo exuberante con meditaciones de Sadghuru, artes marciales y actuaciones musicales. La guinda del pastel fue un poderoso espectáculo de imágenes sobre la estatua de Adiyogi junto al escenario.

Habían construido un camino de madera, similar al que usaría Mick Jagger durante una de las actuaciones de los Stones. Más de 1 millón de personas asistieron. El ashram zumbaba como una colmena.

La pasarela parecía extenderse hasta las montañas Velliangiri, y Sadghuru estaba haciendo su mejor imitación de Shiva a lo largo de la pasarela, para llevar a la multitud a la locura.

Sin visitar India, es difícil imaginar a 1 millón de personas en un lugar abarrotado, abrazando el caos y la locura en paz.

Mahashivratri es la noche en que el Señor Shiva bailó, creando y destruyendo el universo.

Shiva es reconocido como el destructor y ocupa una posición significativa entre las deidades de la trinidad hindú, junto con Vishnu, el preservador, y Brahma, el creador.

Shiva tiene muchos aspectos, benevolentes y temibles. En sus aspectos benevolentes, es un Yogi omnisciente que vive una vida ascética en el Monte Kailash.

O puede ser un destructor demonios.

SESENTA Y SEIS

"El perdón es la fragancia que la violeta deja en el talón que la ha aplastado."

— MARK TWAIN.

Seis años después, Marco regresaba a un festival de yoga Kundalini. Quería, principalmente, ver si había perdonado a Yogi Bhajan por sus malas acciones.

Tenía la intención de ser un observador y no emitir demasiados juicios.

Era un desafío. Los europeos no tienen la naturaleza amable y la accesibilidad de los estadounidenses. El yoga Kundalini se había vuelto demasiado convencional para su gusto.

El ego espiritual impregnaba el terreno. ¿Consciencia? ¡Qué sueño irreal!

Cuando observas el impacto que estos gurús y maestros de yoga tienen en la humanidad, deberías olvidar las ofensas pasadas y reconciliarte.

No significa que debas vivir en la negación. Desafortunadamente, para los seguidores espirituales de cualquier gurú u organización religiosa, el lavado de cerebro y la negación a menudo van de la mano.

Muchas veces, los estudiantes han invertido toda una vida estudiando con sus respectivos gurús.

Exponer sus imperfecciones puede ser abrumador.

Los detalles gráficos del informe de Olive Branch eran espantosos. Marco se sintió engañado. El pedestal del hombre se hizo añicos mientras sus enseñanzas se hundían en la cloaca.

Era más un monstruo que un santo. Dada su falta de integridad, ¿cómo podrías recuperar la fe en este hombre y creer en sus palabras?

El problema era que el yoga Kundalini era centrado en Yogi Bhajan. Todo giraba a su alrededor, como el sol y la Tierra.

Había demasiado en juego como para que la controversia eclipsara el brillo del sol.

La llegada del COVID-19 proporcionó a las autoridades y a sus abogados un tiempo abundante para idear un plan estratégico. Al final, bajo la apariencia de corregir un error, nada había cambiado. La política había tomado el control de la situación.

Sí, Marco había perdonado a Yogi Bhajan.

No significaba que debiera mantener los ojos vendados y vivir en la ilusión de que no había pasado nada malo.

SESENTA Y SIETE

"No creo que haya algo en la vida que no puedas volver a arreglar. Los antiguos Vedas —la filosofía hindú más antigua— y la ciencia moderna coinciden en que el tiempo es una ilusión. Si eso es cierto, no hay tal cosa como un pasado o un futuro; todo es un enorme ahora. Así que lo que arregles ahora afecta el pasado y el futuro."

— ALAN ARKIN.

En *"The Untethered Soul"*, Michael Singer nos recuerda que no somos la imagen que vemos, sino quienes están viendo.

Estamos recreando el mundo exterior dentro de nosotros mismos y luego viviendo en nuestra mente.

Una vez en el camino espiritual, el peligro a menudo radica en desarrollar un sentido de derecho.

Michael Singer enfatizó la importancia de valorar la humildad, la gratitud y mantenerse abierto a un crecimiento y aprendizaje continuos. El dolor es el precio a pagar por la libertad.

El potencial de nuestras almas es infinito, siempre que no dejemos que el miedo y estar en nuestra zona de confort interfieran con ello.

Rendirnos al flujo de la vida permite una mayor alineación con el universo y el despliegue de tu verdadero propósito.

"La iluminación no es algo que se logra en 10 000 horas, que solo les sucede a los monjes budistas que pasan décadas meditando en las montañas tibetanas".

La investigación del Dr. Jeffery Martin sugiere que la iluminación es una habilidad que se puede aprender. Según sus hallazgos, el 65 % de las personas motivadas pueden alcanzarla en un plazo de cuarenta y cinco días.

"Un mito común es que las personas iluminadas experimentan solo emociones positivas; viven en un estado de calma perpetua".

"Solo aquellos que dedican un tiempo extenso a la oración o la meditación pueden acceder a ella".

"Es importante darse cuenta de que las personas iluminadas son accesibles en nuestra vida diaria. Comúnmente podemos encontrarlas en entornos cotidianos, como comprando, trabajando y conduciendo".

"La razón por la que nos perdemos esto es nuestra falta de comprensión de la iluminación. Examinémoslo".

El Dr. Jeffery Martin, un empresario y científico social, ha pasado más de una década estudiando a miles de personas iluminadas a través de entrevistas en profundidad. Su término técnico para la iluminación es una experiencia no simbólica persistente (ENSP).

"Déjame explicar lo que significa".

"Experiencia – No es un momento eureka, ni una nueva forma de pensar. Más bien, es una forma en que experimentas y sientes el mundo".

"No simbólica – Este es el aspecto más difícil de entender, a menos que lo hayas experimentado (lo cual deberías haber hecho cuando eras un bebé). Otra palabra para esto es 'no mediada'. En lugar de poner etiquetas mentales a todo, como 'gato' o 'libro', simplemente ves colores y formas. No filtras el mundo a través de símbolos o palabras, simplemente estás allí en tu experiencia sensorial, completamente presente".

"Persistente – En lugar de ser efímera, persiste durante meses y años".

SESENTA Y OCHO

"El mar: no me perdí en él. Me encontré en él."

— ALBERT CAMUS.

A Marco le encantaba el mar. Probablemente tenía agua salada en sus venas.

Sin embargo, nunca obtuvo su licencia de buceo, a pesar de haber estado en algunos lugares de buceo increíbles a lo largo de sus viajes.

Estando en el sur de Omán, finalmente exploró las maravillas del océano y obtuvo con éxito su certificación de buceo en aguas abiertas justo después del Año Nuevo.

Durante los siguientes 123 días, realizaría 120 inmersiones en Omán, los Emiratos Árabes, Filipinas e Indonesia. No era una mala manera de recuperar el tiempo perdido.

Cuando ya te gusta todo sobre el mar y comienzas a bucear, tu aprecio por los milagros del mundo submarino crece exponencialmente.

Tan pronto como entras en este mundo extraño y fascinante, quedas enganchado para siempre.

Viajas por el mundo, buscando lugares increíbles para bucear. Conoces a personas que comparten tu nueva pasión. Es emocionante.

Marco conoció a un francés en un resort aislado en Indonesia. Vivía con su esposa en Suiza, pero viajaba por todo el mundo solo con su equipo de cámaras. Durante toda la semana bucearon cerca uno del otro. Tenía ochenta y tres años.

Inseguro sobre bucear en sus ochenta, Marco encontró a este hombre cautivador. Había descubierto su fuente de la juventud haciendo algo por lo que tenía una genuina pasión.

Marco anhelaba seguir su verdadera vocación para ganarse la vida. Ahora que estaba jubilado, viajar era su nuevo propósito.

Con buena salud y una perspectiva positiva, ¿quién sabe hasta dónde podría llegar?

Nada en el mundo es más emocionante que bucear con tiburones.

Tienen una terrible reputación que no está justificada. Películas como "Tiburón" hicieron que muchas personas sufrieran de galeofobia (de galeo, que significa tiburón en griego).

El Fondo Internacional para el Bienestar Animal estima que los humanos matan alrededor de 100 millones de tiburones cada año. Es una cifra devastadora, dado que los tiburones son una parte vital de un ecosistema oceánico saludable.

En contraste, los ataques de tiburones en el promedio global de los últimos cinco años son setenta y dos, con un promedio de cinco nadadores muertos cada año.

En poco tiempo de buceo, Marco se dio cuenta de la extensa destrucción causada bajo el agua en los últimos veinte años, según informaron otros buceadores. La magnificación es desproporcionada en comparación con el daño causado a la Tierra.

Ser mayor hoy en día no es un inconveniente. La generación de Marco no estará aquí mucho más tiempo para preocuparse por ello.

Los científicos pronostican que no habrá tiburones en el océano para 2040 si las tendencias continúan. Eso es bastante aterrador.

Dos semanas después de que Filipinas reabriera sus fronteras tras el COVID-19, Marco estaba en la Isla Malapascua, a unas pocas horas en auto de Cebú. Esta isla es el único lugar en el mundo para bucear a diario con magníficos tiburones zorro.

Estos depredadores se caracterizan por el lóbulo superior alargado de su aleta caudal, que utilizan como un látigo para golpear a sus presas.

Mientras caminaba por la pequeña isla, era fácil ver que el COVID-19 había causado un daño significativo a la economía, afectando particularmente al turismo.

Casi todas las tiendas de buceo de la isla habían cerrado.

Marco encontró una tienda que no había recibido turistas en un par de años. Pasó su licencia de buceo avanzado y ahora podía bucear hasta cuarenta metros de profundidad.

Un par de días después, encontró a un amable hombre flamenco con un barco rápido renovado que aceptó llevarlo a Monad Shad. Allí se encuentran las estaciones de limpieza de tiburones, a media hora en barco rápido.

Sergei necesitaba al menos cuatro buceadores para que fuera rentable. La gasolina es cara en Filipinas, y Marco era el único cliente. Sergei estaba tan ansioso por bucear de nuevo y tan emocionado de ver a un cliente que partieron al amanecer del día siguiente con su maestro de buceo.

Los tiburones zorro son nocturnos. Vienen a aguas poco profundas temprano en el día para que los peces de los arrecifes limpien los parásitos de sus cuerpos. Después de eso, descienden a profundidades de entre 200 y 500 metros.

Las estaciones de limpieza cubren una extensa área de varios kilómetros.

Ese día solo había un barco. Alguien le dijo a Marco que el número habitual de barcos anclados allí antes del COVID-19 superaba los cuarenta.

Se sintió genial ser un V.I.P. Vieron grupos de media docena de tiburones nadando en círculo, a una profundidad de apenas quince metros.

Regresaron las dos mañanas siguientes. Nunca te cansarías de un espectáculo tan maravilloso.

SESENTA Y NUEVE

"Y así, el el punto más bajo se convirtió en la sólida base sobre la cual reconstruí mi vida."

—J.K. ROWLING.

Justo después de que Marco y Hazel solicitaran el divorcio, el estado de Nuevo México les pidió que se reunieran con un psicólogo en la oficina del alcalde de Albuquerque.

Cada uno pasó aproximadamente una hora hablando en privado con la terapeuta. Luego se reunieron al final.

Marco fue su yo beligerante y lanzó un ataque total contra su esposa.

Cuando llegó el turno de la mediadora para emitir su veredicto, ni siquiera intentó ofrecer a estas dos almas infelices una pizca de esperanza para su situación.

Marco vio en su lenguaje corporal que se había rendido.

Hazel salió de la sala de reuniones entre lágrimas. El único comentario sensato (aunque egoísta) que Marco pudo formular en ese momento fue: "¡Nunca me amaste de todos modos!".

Hazel respondió: "Te amé a mi manera".

Estos comentarios podrían haberse invertido. No había bien ni mal en juego, solo una brecha de comunicación que se convirtió en un obstáculo insuperable.

La verdad es que Hazel siempre estuvo ahí para Marco en los momentos felices y tristes. A lo largo de su tiempo juntos, ella había sido más madre que cónyuge.

Marco había pensado, en mejores momentos, que ella era como una santa.

Arielle comentó recientemente que no se podía culpar a Hazel por no ser una madre cariñosa, todo lo contrario. Bryce siempre fue su prioridad. No importa cuán obsesivamente lo quisiera, no se puede negar que lo amaba.

En contraste, la madre de Marco carecía de cualquier conexión emocional y se centraba en asegurar su seguridad y proporcionarle comidas. Inconscientemente buscó las mismas cualidades en su cónyuge.

Hazel había aprendido a ignorar las divagaciones de un chico tan salvaje, tal como su madre había hecho cuando él estaba creciendo.

SETENTA

"Los únicos demonios en el mundo son aquellos que corren por nuestros corazones. Ahí es donde debe librarse la batalla."

— GANDHI.

Después de años de matrimonio infeliz, Marco regresó a las citas con entusiasmo. Era un hombre bastante sano con una libido que coincidía con su ego.

Para compensar el tiempo perdido, pensó que pronto conocería a una mujer adecuada.

Conoció a Lea en línea y programó su primer encuentro en un elegante restaurante en Albuquerque. Cuando llegó al restaurante cinco minutos antes de la hora acordada, ella ya estaba sentada en la barra bebiendo una copa de vino espumoso.

Al vislumbrar a la deslumbrante morena de ojos verdes, su corazón se hundió como una roca lanzada a un estanque.

Tenía una figura delicada bajo una ropa elegante, y se sintió inmediatamente atraído por ella. Emitía la fragancia de flores de naranja en primavera.

Se sentaron en el patio exterior. Después del aperitivo, se besaban apasionadamente, como un par de adolescentes, y antes del postre, estaban bailando entre las mesas.

A medida que el vino espumoso fluía, esta mujer ya había lanzado su hechizo sobre él.

Vivía en un pequeño apartamento de dos habitaciones con una amiga. Sus besos eran feroces, similares a los de una tigresa salvaje, pero se transformaba en un cachorro asustado cuando se trataba de actos más íntimos.

Como tenía gustos caros y le gustaba el arte de la seducción, le tomó a Marco mucho tiempo, esfuerzo y dinero atraparla en su red.

Lea era adicta a la marihuana. Él no había consumido drogas en décadas, pero creía que sería terapéutico para él en esta etapa de su vida. Incluso en el peor de los casos, el sexo y el cannabis hacían una combinación divertida.

Un día, durante el almuerzo en un bistró, ella lo interrogó con preguntas y descubrió que él acababa de separarse de su esposa. Ella huyó de la mesa, como si el restaurante estuviera en llamas.

Después de una semana entera sin responder a sus llamadas, él fue a tocar su puerta con entradas para un concierto y un ramo de rosas. Ella lo estaba manipulando como un yo-yo, pero para entonces él estaba perdidamente enamorado de ella.

Le escribió esta carta un par de días antes del incidente.

Revela su ingenuidad y desesperanza.

"Lea, ya te amo, incluso sin haber experimentado el sabor de tus muslos, la cadencia de tus gemidos, o la entrega de tu cuerpo en mis brazos. Mi anhelo de control emocional es fútil, ya que los pensamientos de ti se niegan a desaparecer.

Tu destino me tiene cautivado, cada uno de tus deseos me tiene atado, y me asusta un poco. Anhelo ser un noble caballero en un corcel blanco, no un espantapájaros inútil en tu jardín.

Deseo que la lluvia del monzón fluya por mi desierto y lo convierta en un río permanente, sin ningún escombro.

Mi alma anhela una dulce manta de amor que me envuelva, elevando mi ser físico hacia los reinos celestiales.

Deseo una aventura inolvidable, como un águila surcando el viento y las paredes del cañón, libre de preocupaciones mundanas.

En mi visión, ese viaje no tiene límites, ni horario, ni destino fijo.

Mi corazón es un santuario para sentimientos contradictorios de desesperación, dependencia, cariño y temor. ¿Podría tu dulce abrazo liberarme, de una vez por todas?

Por favor, ámame, y yo te corresponderé diez veces con cada dulce caricia. Gritaré mi amor por ti a todos los vecinos desde mi azotea.

El tipo de amor que no tolera a los tontos y trasciende el tiempo y el espacio".

Para este punto, ya sabes quién era el tonto.

Escribir poemas para conquistas potenciales se convirtió en una actividad recurrente para él. La exuberancia de su estilo a menudo causaba el efecto contrario.

Lea venía al condominio de Marco siempre que le apetecía, dos o tres veces a la semana.

Una noche en particular, parecía agitada cuando llegó a su casa.

Supuso que ella había tenido un día difícil o que estaba en su ciclo. Se había quedado sin marihuana y no podía contactar a su dealer después del trabajo.

Solía llevar su ropa sucia y la metía de inmediato en la lavadora tan pronto como entraba en su condominio.

Mientras tanto, Marco tenía una botella de rosé bien fría y aperitivos listos mientras se relajaba en el sofá.

Durante todos esos años viviendo con Hazel, había olvidado que en realidad era un buen cocinero. Ahora que estaba soltero, disfrutaba preparar una gran comida para su chica.

Descubrió que a las mujeres les encanta el tratamiento romántico. Siempre era un buen preludio para una noche de pasión e intimidad.

Una de sus "damas de compañía" habituales apreciaba sus maneras caballerosas. A menudo le bromeaba preguntándole si estaría dispuesto a casarse con ella.

De vuelta en el sofá con Lea, la conversación se tornó amarga cuando ella de repente declaró que no estaba de humor para darle una mamada. Esa fue una afirmación extraña, ya que Marco nunca había recibido una "bocanada" genuina de ella.

Respondió con cierto desapego: "¡Eres libre de irte a casa si no estás feliz!".

Sin embargo, siempre sufría de una incapacidad para disociar su lenguaje corporal de sus sentimientos.

Ella corrió hacia la puerta y la cerró de golpe sin decir una palabra.

Ahora tenía sobras para el día siguiente.

Puso su ropa en la secadora y luego las dobló cuidadosamente. Lea tenía ropa cara, y sabía cómo atraer a un hombre con sus conjuntos de Victoria's Secret y su atuendo elegante.

Su perfume, un *fleur d'oranger* (flor de naranjo) de Giorgio Armani, lo volvía loco como un barril de monos.

Esperaba que ella regresara pronto, actuando como si nada hubiera pasado.

En un punto de quiebre, decidió que esta vez ella daría el primer paso. No esperaba flores ni disculpas, solo quizás menos juegos.

Mientras tanto, imaginar sus atuendos sexys doblados cuidadosamente en su armario lo volvía loco. ¿Cuándo lo sorprendería y vendría a llamar a su puerta? No podía soportar no pasar tiempo con ella.

Lea no se puso en contacto con él en más de dos semanas, pero él se mantuvo terco.

Se sentía impotente y dependiente de cada capricho de ella. Tenía que parar.

Una mañana, impulsivamente condujo hasta el Ejército de Salvación para donar su ropa a la caridad.

Pasaron tres semanas, y llegó un correo electrónico de Lea. Ella expresó su deseo de recuperar sus pertenencias y reavivar su amistad, posiblemente incluso más.

Marco no recuerda cómo le respondió, pero su respuesta debió llevar el dulce aroma de la venganza.

A pesar de la dolorosa separación, se sentía orgulloso de su demostración de fuerza de voluntad.

Créelo o no, requirió trece citas antes de que Marco probara el fruto prohibido con Lea.

Sí, las contó. Te hace preguntarte quién era el más enfermo de los dos.

Estaba contando esta historia a su amigo Danny una noche mientras tomaban unas copas.

La mandíbula de Danny se cayó en incredulidad ante el desapego total de alguien del mundo de las citas.

Él explicó la regla de tres. Era bastante tacaño, así que eso le quedaba como anillo al dedo.

—No deberías tener más de tres citas con una mujer antes de irte a la cama —señaló, como sabiduría definitiva—. La primera cita siempre es en Starbucks. Llego temprano para que ella pueda servirse su propia bebida.

»Si no siento química después de un rato, pretendo tener una emergencia y me escabullo.

»La segunda cita es para tomar vino y darse unos besos.

»En la tercera cita, la invito a mi casa a cenar. Si viene, ya sabe lo que se espera. Si se muestra reacia, está fuera.

Eso sonaba muy machista, incluso para un gato callejero como Marco. Disfrutaba ser un seductor romántico, tratando a sus parejas con cenas encantadoras y conciertos (a veces ambos en una misma noche). A juzgar por los resultados menos que estelares de Marco, Danny tenía un punto válido.

En los siguientes tres años, Marco estimó una tasa de conversión del 15 % en 100 citas por internet. No son números de los que presumir.

Lo que Lois Greiam dijo: *"La teoría de la relatividad no vale un comino cuando tienes una fogata en tus pantalones cortos"*.

También disfrutaba de los servicios de prostitutas. En ese aspecto, su tasa de conversión estaba por las nubes.

Con el dinero que malgastó en Lea, podría haber tenido una docena de prostitutas en múltiples noches. Sin duda, el sexo habría sido mejor.

Consumaron su relación después de un paseo en globo aerostático sobre el Río Grande al amanecer. Estaban colocados hasta las trancas. Obtener el afecto de esta mujer requería una cierta cantidad de creatividad.

Pero volvamos a la dinámica de su matrimonio.

La vida sexual de Marco con Hazel había sido prácticamente inexistente en los últimos cinco años de su relación. Ella se había vuelto frígida de la noche a la mañana.

Aunque ella lo complacía con una mamada siempre que él estaba demasiado excitado. Luego escupía el semen en el lavabo del baño, actuando disgustada con este acto impío.

Esa fue la extensión de su interacción sexual. Ambas conciencias también estaban estancadas.

Aparte de un ocasional masaje con "final feliz", Marco no la había engañado en absoluto durante su relación. Habría resuelto muchos problemas, ahora que lo pienso.

Era bastante anticuado en ese sentido. Además, las infidelidades de su madre no eran el modelo que aspiraba a seguir.

Después de su separación, se dio cuenta de que tenía una libido saludable y que amaba el sexo.

Eso le ayudaría a hacer las paces con el pasado y, lo más importante, a validar su ego.

Su crisis de la mediana edad había quedado atrás. Era hora de dejarlo ir.

Había sido un aprendiz lento, pero comenzó a aplicar la regla de tres de Danny.

La regla de uno era incluso más satisfactoria. Conocías a una chica y tenías actividad sexual en el primer encuentro. Eso inclinaba las estadísticas a tu favor.

En el fondo, quería estar en una relación comprometida, pero era incapaz de abrir su corazón herido.

Magnificaba pequeños defectos en la mujer y los usaba como razón para terminar las cosas. La mayoría de las veces era rápido. A veces, ni siquiera se molestaba en hacerlo en persona. ¡Qué cobarde!

Esa era su forma de reprenderse por el pasado. Al herir a otros, terminas liberando parte del dolor que llevas dentro. No puedes evitarlo.

Marco leyó un artículo sobre la actriz francesa Brigitte Bardot. Famosa por interpretar personajes emancipados, había dormido con más de 100 hombres en su vida.

Se sentía como el B.B. de su época. Dejó de contar después de alcanzar 100 conquistas.

Cabe señalar que la mitad de ellas eran prostitutas. Eso es una cantidad horrible de energía destructiva.

Debes tener cuidado con quién te comparas. Wilt Chamberlain (uno de los mejores jugadores de baloncesto de todos los tiempos) afirmó en su autobiografía haber dormido con 20 000 mujeres. Espero por su bien que usara condones, a diferencia de Marco, que prefería dejarlo en manos de Dios en lo que respecta a la protección.

Para que conste, nunca contrajo una enfermedad de transmisión sexual. Lo sé, deberías hacerte revisar la cabeza por tener relaciones íntimas con trabajadoras sexuales en países del tercer mundo sin condones.

Cuando fue a Perú para su primera dieta, Marco tuvo una mala infección de vejiga y sintió que su chakra sacral (sexual) estaba congestionado. La bobinsana, con todas sus propiedades antibacterianas, se encargó bien de eso.

En su nueva encarnación como yogui, estaba listo para encontrar a su alma gemela al fin.

Había sido un largo tiempo en proceso. En su primer festival de yoga Kundalini en las montañas de Nuevo México, estaba asombrado por todas esas damas graciosas vestidas de blanco.

Una noche, sentado con un grupo de hombres de todas las edades, preguntó:

—¿Dónde estaban todas estas mujeres hermosas cuando crecí?

Un veterano respondió con seriedad:

—Estaban aquí, ¡tú no!

Todo se sentía fuera de sintonía para Marco. Su cuerpo había envejecido, pero su mente no quería creerlo.

Su ego le decía que estaba listo para el amor y la verdadera felicidad. Sin embargo, no había hecho las paces con el pasado, ni se había deshecho de sus demonios internos.

Sin eso, no ocurriría el éxtasis. Era tan simple como eso.

SETENTA Y UNO

> *"Si quieres encontrar los secretos del universo, piensa en términos de energía, frecuencia y vibración."*

> — NIKOLA TESLA.

Incluso como ateo, Marco creía en muchas civilizaciones avanzadas más allá de nuestro mundo.

Los astrónomos saben que la región más brillante de la Vía Láctea es un disco lleno de estrellas, de 120 000 años luz de ancho.

Fuera de este disco hay un vasto halo de materia oscura, pero como no emite luz, es imposible medirlo. Alis Deason, una astrofísica inglesa, y sus colegas han utilizado galaxias cercanas para localizar el borde de la Vía Láctea. El diámetro preciso es de 1.9 millones de años luz, con un margen de más o menos 0.4 millones de años luz, según su informe.

Un año luz son 9.46 billones de kilómetros o cerca de 6 billones de millas. Eso equivale a 18 quintillones de kilómetros de diámetro, 1 seguido de 18 ceros.

Los científicos han multiplicado el número de estrellas en una galaxia típica (100 mil millones) por el número de galaxias en el universo (2 billones), utilizando la Vía Láctea como su modelo.

El número es enorme, por decirlo de manera suave. Hay 200 billones de trillones de estrellas en el universo o 200 sextillones, 200 seguidos de 21 ceros.

Los investigadores ahora creen que hay 60 mil millones de planetas en nuestra galaxia que podrían soportar vida. ¿Sería seguro y razonable sugerir que tenemos compañía?

Elon Musk imagina tener 1 millón de personas viviendo en Marte en veinte años. Puedes excluirme de la cuenta.

Creo que debería usar su considerable fortuna (más de 250 mil millones de dólares) para eliminar el hambre y hacer de nuestro propio planeta un lugar sostenible.

Unos meses después de su dieta, Marco estaba más tranquilo y relajado. A lo largo del día, recordaba disfrutar del momento.

Confiando en lo que vendría, abrazó el flujo.

Siempre amó a los niños, la naturaleza y los animales antes que a otras personas. A menudo se forzaba a encontrar lo bueno en los seres humanos. Pero era difícil mientras viajaba constantemente.

Siguió viendo los mismos patrones y rasgos. Era desconcertante ver a las personas no evolucionar como él deseaba. Por otro lado, era consciente de la evasión espiritual.

Practicaba Ho'oponopono cada vez que se sorprendía siendo juicioso.

Usa afirmaciones para cambiar tu diálogo interno y sentar las bases para las mejoras deseadas en tu vida.

Marco había desarrollado varias afirmaciones en los últimos años. Lo mantenían centrado y enfocado en los pensamientos correctos que consideraba esenciales para su bienestar.

Voy a compartir su pequeña rutina contigo. Puedes crear tu propia realidad haciendo tus propias cosas.

Requiere intención y consistencia. Si un día se olvidaba de sus afirmaciones, las hacía el doble al día siguiente.

"Gracias 'Ser Supremo' por curarme física, mental, emocional y etéreamente; con gratitud y plena confianza".

Repetir dos veces más.

"Gracias, maestros Hardesh y Supriti (sus maestros de Sanación Pránica), por ser grandes embajadores de lo Divino; con gratitud y plena fe".

Repetir dos veces más.

"Gracias 'Creador Divino' por permitirme estar sano y seguro en todos mis viajes por todos los continentes. En todos los modos de transporte, incluido a pie, y en todas las actividades deportivas. Gracias por hacerme vibrante, ávido de aprender, entusiasta, curioso y abundante".

Repetir dos veces más.

"Soy hermoso – cuerpo, mente y alma".

"Soy abundante – creo mi propia realidad. Tengo un lienzo en blanco. El cielo es el límite".

"Soy un experto en manifestar. Todo lo que manifiesto se hace realidad".

"Soy el maestro de mi destino y el capitán de mi alma".

"Soy dichoso – estoy lleno de amor, luz y gracia, gracias a la ayahuasca, bobinsana y noya rao. Gracias a mis chamanes, mis relaciones, mis amigos, mi familia, mis experiencias, mis viajes y mis percepciones".

Repetir dos veces más.

En la tercera repetición, añade: *"Mi libro, mi hijo".*

Para complementar, Marco revisa sus trece máximas para una vida feliz y pacífica.

Cuando tiene un retroceso en su juicio o pensamientos sexuales excesivos, recita la oración de limpieza de perdón del libro *"Zero Limits".* El perdón y la limpieza son infinitos.

"Si yo, mi familia, parientes o ancestros alguna vez te ofendimos, a ti, tu familia, parientes o ancestros, pedimos perdón. Limpia y purifica, corta y libera todas estas energías negativas, estos programas, estos recuerdos, estas vibraciones, para que todas estas energías no deseadas se transmuten en luz pura. Y así es".

Repetir dos veces más.

En la tercera repetición, Marco añade para su propia glorificación:

"Corta y libera... estas impresiones psíquicas *y que sean transmutadas...* en puro amor".

"Y así es. Así es. Así es".

SETENTA Y DOS

"No somos seres humanos teniendo una experiencia espiritual, somos seres espirituales teniendo una experiencia humana."

— PIERRE TEILHARD DE CHARDIN.

La espiritualidad se ha convertido en un gran negocio.

Por un lado, sirve para despertar a los habitantes de la Tierra.

Un aumento en la conciencia es lo que nuestro planeta necesita.

Marco vio el documental "La Realidad de la Verdad". El mensaje era lo suficientemente directo, elogiando los méritos y beneficios de las plantas medicinales.

En general, fue un esfuerzo descarado por vender sus programas de una semana en Rythmia, promocionándolo como un "Centro de Avance Vital" en la costa de Guanacaste en Costa Rica.

Para acercarte a la iluminación, solo necesitas desembolsar $6000 por una semana completa de mimos.

No le costó tanto a Marco pasar tres meses con sus chamanes en Perú, aunque fue menos al estilo Hollywood sin Michelle Rodríguez ni Adam Sandler.

No es algo malo que las plantas medicinales se vuelvan populares, como el yoga y la meditación. Solo asegúrate de ver el bosque y no sólo los árboles. Sin juego de palabras.

Marco siempre había conectado con los demás.

A medida que viajaba por el mundo, aprendió a tener empatía por la situación de los locales. El resto de nosotros, que tuvimos la fortuna de una excelente educación y libre albedrío, deberíamos considerarnos bendecidos.

Para compensar las malas acciones del pasado, Marco se volvió benevolente hacia los necesitados. Le gustaba la idea de comprar comidas para extraños y dar monedas a los indigentes, además de donar a causas dignas.

Los individuos más ricos suelen ser los filántropos más generosos. Una vez que entiendes que el dinero no es malo y que si tus intenciones son puras, ya no estarás en escasez.

SETENTA Y TRES

"El sufrimiento tiene un noble propósito: la evolución de la conciencia y la quema del ego."

— ELKHART TOLLE.

Esta fue su última aventura antes de dejar Bali.

Visitó Amed, un pueblo conocido por su larga playa de arena negra y el buceo.

Desde Amed, el volcán Mt. Agung se alzaba como una catedral gótica. Parecía surgir directamente del océano Índico.

Después de unos días de excelente buceo, escaló el Mt. Agung, un volcán activo de 3031 metros (9944 pies).

No organizó un tour, creía que podía navegar solo. Pero resultó que un tour guiado era obligatorio.

La oficina del parque le asignó un guía. Partieron del templo Padar Agung a la 1 a. m. durante el eclipse total de luna (no visible en Bali).

Para abreviar, se lastimó el dedo pequeño del pie mientras se duchaba esa mañana, golpeando su pie contra un objeto duro.

Su dedo se hinchó hasta el tamaño de un gran rábano. Sin duda, tendría que renunciar a la travesía hasta el volcán.

Pero no podía perderse este evento cósmico. Su signo zodiacal es cáncer. Durante la luna llena, se convierte en un lunático.

La voz dentro de la cabeza de Marco lo llamó cobarde.

«Muéstrate valiente por una vez. ¿Qué tipo de hombre libre eres, ya te has rendido?».

Tenía razón —esa pequeña voz—. Había desechado todo en su vida para perseguir esa libertad ilusoria.

Tenía un par de zapatos de *trekking*, pero su pie hinchado le impedía ponérselos.

Su otro calzado era un par de crocs de imitación baratos que había comprado en Filipinas.

Recordó que su abuela solía subir a una iglesia en una colina con garbanzos dentro de sus zapatos, como penitencia.

Como había sido un pecador, ¡qué gloriosa oportunidad de enmendar sus pecados! No había alternativa: sus crocs tendrían que ayudarlo.

Nadie en su sano juicio escalaría el Mt. Agung con crocs de imitación.

Salvatore Dalí dijo: *"Solo hay una diferencia entre un loco y yo. El loco piensa que está cuerdo. Yo sé que estoy loco"*.

Antes de la escalada, el guía examinó su calzado de plástico y preguntó por otro par de zapatos más adecuados. Cuando explicó su situación, el hombre balinés parecía un poco confundido.

La cultura balinesa reconoce una filosofía llamada *"Tri Hita Karana"* o "Tres Causas de la Bondad". La armonía se logra viviendo en unidad con las personas, la naturaleza y los espíritus. Sonrió, consciente de que el Mt. Agung era la morada de Dios.

Cuatro horas y media más tarde, después de una escalada dura y extenuante, estaban observando el amanecer desde la cima de la montaña.

Bajar fue la parte más difícil; era empinado y rocoso. No tenía tracción y bajó la montaña medio deslizándose sobre su trasero. Las rocas afiladas estaban destruyendo sus pies a través de las suaves suelas de sus crocs. Con gusto los habría cambiado por sus zapatos de *trekking* y 200 gramos de garbanzos.

SETENTA Y CUATRO

"No puedes salvar a las personas, solo puedes gustarles."

— ANAIS NIN.

Marco estudió sanación Pránica durante tres meses cuando vivió en Dharamkot, Himachal Pradesh.

Ha sido una experiencia que le cambió la vida.

Siente una profunda gratitud hacia sus maestros, Hardesh y Supriti Sood, por invitarlo cálidamente a su hogar y compartir sus conocimientos sobre las artes y ciencias de la sanación.

Se turnaban para cocinar el almuerzo y preparaban las comidas con genuino amor. Sin duda, la mejor y más saludable comida que tuvo en India.

Un sanador Pránico actúa como un conducto entre la energía Divina y los centros de energía de un paciente.

En resumen, los chakras son como conectores inalámbricos entre los órganos y la energía Cósmica.

Cualquier enfermedad, física o psicológica, se manifiesta primero en los chakras, donde la energía se agota o se congestiona.

Esta es una terapia sin contacto físico. El sanador puede realizar sanaciones básicas o por color, ya sea en persona o a distancia.

Similar al Reiki, pero sin símbolos. Sólo necesitas estar dispuesto y tener la mente abierta.

Eficiente y fundamentada en experiencias auténticas, es fácil de comprender y convertirse en creyente.

Marco nunca tuvo la ambición de convertirse en un sanador.

Creía que le faltaba la empatía requerida y las habilidades naturales. Durante el curso, comprendió la energía y cómo manipularla. Aprendió a medir auras, incluso por teléfono.

Supriti le decía constantemente que sería un gran sanador.

Experimentó con algunos desconocidos y amigos. No se dio cuenta de que era sensible a la energía de otras personas. Los empáticos deben desarrollar mecanismos de afrontamiento para evitar ahogarse en la negatividad de los demás. Su propósito en la Tierra no era ser un sanador Pránico, así es como procesó la experiencia.

Tenía que lidiar con sus propios demonios antes de intentar sanar a otros.

Seguramente, debe tener algunas otras aptitudes en este mundo.

SETENTA Y CINCO

"Había un hombre que quería trascender su sufrimiento, así que fue a un templo budista para encontrar un Maestro que lo ayudara. Fue al Maestro y preguntó:

—Maestro, si medito cuatro horas al día, ¿cuánto tiempo me llevará trascender?

El maestro lo miró y dijo:

—Si meditas cuatro horas al día, quizás te transcenderás en diez años.

Pensando que podía hacerlo mejor, el hombre dijo entonces:

—Oh, Maestro, ¿qué pasaría si meditara ocho horas al día, cuánto tiempo me llevaría trascender?

El Maestro lo miró y dijo:

—*Si meditas ocho horas al día, quizás te transcenderás en veinte años.*

—*Pero, ¿por qué me llevará más tiempo si medito más?* —preguntó el hombre.

El Maestro respondió:

—*No estás aquí para sacrificar tu alegría o tu vida. Estás aquí para vivir, para ser feliz y para amar. Si puedes hacer lo mejor en dos horas de meditación, pero pasas ocho horas en su lugar, sólo te cansarás, perderás el objetivo y no disfrutarás de tu vida. Haz lo mejor que puedas, y quizás aprenderás que no importa cuánto medites, puedes vivir, amar y ser feliz".*

— DON MIGUEL RUIZ, *LOS CUATRO ACUERDOS.*

SETENTA Y SEIS

"No hay nadie más desesperadamente esclavizado que aquellos que creen falsamente que son libres."

— GOETHE.

El Dalai Lama, cuando se le preguntó qué le sorprendía más sobre la humanidad, respondió:

"El hombre. Porque sacrifica su salud para ganar dinero. Luego, sacrifica dinero para recuperar su salud. Y luego está tan ansioso por el futuro que no disfruta del presente. El resultado es que no vive en el presente o en el futuro. Vive como si nunca fuera a morir, y luego muere, sin haber realmente vivido".

El proyecto Global Burden of Disease (GBD), una base de datos masiva sobre lo que mata y enferma a las personas en todo el mundo, publicó sus últimas cifras para 2019:

La vida sin discapacidad en EE. UU. es de 65.5 años, más de 20 años menos que en Japón.

La esperanza de vida general en EE. UU. no ha aumentado desde 2010, en parte debido a un aumento del 16.7 % en el número de muertes por enfermedades cardiovasculares desde ese año.

En 2019, 65 700 estadounidenses murieron por sobredosis de drogas, más del doble que en 2010. Esas muertes representan más de la mitad de todas las muertes por sobredosis de drogas en todo el mundo.

La esperanza de vida para los hombres ha caído a 73 años, seis años menos que para las mujeres.

La hipertensión, la obesidad y los trastornos metabólicos están en aumento.

La prevalencia de la obesidad fue del 42 % en EE. UU. en 2020, un aumento del 11 % desde el año 2000.

Casi uno de cada cinco estadounidenses usa medicamentos recetados o de venta libre para ayudarles a dormir, según un nuevo informe gubernamental.

No es descabellado imaginar que todo el sistema capitalista colapse en un futuro distante.

Si eso sucediera, Marco no querría estar fuera en las calles. Hay más de 393 millones de armas de fuego en manos civiles en los Estados Unidos, según el Instituto Graduate de Estudios Internacionales y de Desarrollo en Ginebra.

CAPÍTULO
SETENTA Y SIETE

"Nunca tuve una oportunidad, ¿sabes?
Me atrapaste desde el hola
Tu corazón cromado brillando al sol
Me atrapó en su telaraña

Nunca tuve la fuerza, ¿sabes?
Para resistir tu extraño resplandor
Que desgarró mi dolor
Y pintó un arcoíris en mi corazón

Nunca tuve el ímpetu, ¿sabes?
Estaba atrapado en cámara lenta
Y en mi carrito de compras
No había más que un corazón roto

Nunca tuve la esperanza, ¿sabes?
De remendar mi corazón contigo
Tú, que con hilos de amor y alegría
Lo cosiste para el largo camino".

— MARCO, 2014.

412

¿Por qué era tan difícil estar románticamente involucrado con una mujer?

Marco conoció a muchas mujeres en sus viajes. Ahora que el sexo ya no era su principal motivación, buscaba una conexión profunda, algo más trascendental.

Había desafíos en su situación.

Dado que actuaba más joven de lo que era en sus actividades cotidianas, las mujeres de su grupo de edad nunca aparecían en su fiesta. Suponiendo que era solo una escasez de materia prima, decidió buscar en otros lugares. A menudo escuchaba a las mujeres quejarse sobre la falta de buenos hombres. ¿Quizás no estaban esforzándose lo suficiente?

Así como un alcohólico reformado debe luchar contra el impulso de beber, Marco nunca escapará de su loca libido.

Es surrealista pensar que Marco no ha tenido una novia desde que vivió en México.

Era una abogada de divorcios de Puerto Vallarta. ¡Imagina eso!

Él estaba trabajando en un resort de tiempo compartido en Cabo San Lucas. Durante un descanso para almorzar en el trabajo, creó una cuenta de Tinder. Ella estaba de vacaciones en un hotel cercano. Se conectaron y se encontraron para tomar algo esa misma tarde.

Se formó un vínculo natural entre ellos mientras conversaban sobre viajes, la magia de la vida, e incluso el tema tabú del sexo anal (que nunca practicaron).

Después de un par de tragos, fueron a su habitación.

¿Quién hubiera dicho que Tinder era tan eficiente?

Le gustaba ella. Tenía buena energía y una actitud relajada.

Hicieron el amor como adolescentes. Durante las vacaciones de Navidad, ella regresó a Cabo.

Él significaba mucho para ella. Repetidamente afirmaba que nunca había encontrado a un hombre como él antes.

Parecía sincera. En el mejor de los casos, Marco pensaba que era uno de esos casos únicos (y extraños).

Durante los meses siguientes, se encontraron en varias ciudades y siempre disfrutaron de la compañía del otro.

Eventualmente, aceptó una oferta de trabajo en un resort en Malta y dejó México. Su hija todavía estaba en casa, asistiendo a la escuela secundaria, lo cual era un gran obstáculo.

Además, su estilo de vida no era adecuado para mantener una relación.

La parte sorprendente de esta historia es que cuando ella le dijo que lo amaba, ¿sabes cómo respondió? *"Lo sé, pero yo no te amo"*.

Emulando a Descartes, quien creía que: *"En mi opinión, todo ocurre en la naturaleza de manera matemática"*, Marco había ideado una escala de cinco categorías relacionadas con la compatibilidad.

Con un puntaje máximo de 4 en cada categoría, eso haría un perfecto 20.

Los diversos elementos eran físico, intelectual, emocional, sexual y espiritual.

Él estaba esforzándose por un puntaje mínimo de dieciséis.

Ella no cumplía con los estándares requeridos en su evaluación. ¿Qué esperabas?

En retrospectiva, disfrutaría abofetear a ese insolente e inmaduro sin vergüenza.

Podría haber respondido, por ejemplo: *"Gracias, yo también te amo. Déjame masajearte los pies".*

O algo más en la línea de Edgar Allan Poe: *"Amamos con un amor que era más que amor".*

Para buena medida, lo habría repetido en italiano: *"Abbiamo amato con un amore che era più dell'amore".* Para entonces, su corazón se habría derretido como queso en un *croque monsieur*.

Terminando con la versión en francés, literalmente el *coup de grâce*: *"Nous avons aimé d'un amour qui était plus que de l'amour".*

Marco podría haberse inmortalizado en Eros, el dios griego del amor carnal, quien hacía que las personas se enamoraran al disparar una flecha en su corazón.

Ni pensarlo. Era demasiado vanidoso para eso.

No puedes borrar los errores del pasado, ni tampoco puedes fantasear sobre las distintas ramificaciones de tus acciones.

La vida fluye similar a un arroyo. Los impedimentos y obstáculos a lo largo de su curso son una parte intrínseca de la danza de la creación. Eventualmente, regresamos al polvo de estrellas, nuestro origen.

Marco se dio cuenta de que estaba ciego como un murciélago.

Tenía una abundancia de amor para dar y requería poco a cambio.

Entonces, ¿por qué buscar la perfección en una pareja? ¿Para proyectar sus defectos sobre el pobre alma en primer lugar?

¿Qué pasa con su capacidad de amar sin condiciones en el futuro?

Cualquier amor que ella le diera seguiría siendo una enorme mejora en su condición como un ermitaño escondido en su cueva imaginaria.

Era como estar en un sueño lúcido en el momento exacto en que te das cuenta de que estás soñando. Ahora estás en una esfera llena de posibilidades.

Vincent Van Gogh, quien supuestamente era daltónico y sufría de epilepsia, acompañado de locura aguda y alucinaciones, escribió: *"Sueño con pintar, y pinto mi sueño"*.

Unos meses después de su dieta, Marco vio una gran transformación dentro de sí mismo.

No era del tipo que llora, aunque había derramado su parte de lágrimas en ciertos desengaños a lo largo de su vida. Ahora no podría ver *"Downton Abbey"* en Netflix sin tener una caja de pañuelos a mano.

Estaba montando la cresta de sus emociones más nobles con su proverbial tabla, deslizándose en el surf y absorbiendo los rayos del sol.

Su corazón se sentía como un colibrí flotando sobre un jardín lleno de flores coloridas.

¿Era este amor lo que estaba sintiendo? Independientemente de la respuesta, quería más de esas percepciones etéreas.

SETENTA Y OCHO

"Escribir la historia de tu propia vida es un poco como perforarte los dientes."

— GLORIA SWANSON.

El desafío más desconcertante para él era reescribir su libro. A pesar de que había aceptado comenzar de nuevo, su inspiración no fluía como un manantial de montaña.

Dado que lo había escrito en circunstancias diferentes, era poco realista esperar que tuviera los mismos patrones o tono de voz. Aunque sabía sobre qué quería escribir, descubrió que sus palabras tenían una voluntad propia y no seguían sus instrucciones.

Un amigo mencionó su estado alterado de conciencia.

Al mirar atrás en la historia de escritores famosos y su abuso de sustancias, te hace preguntarte si tomar drogas es un requisito previo para una gran escritura.

Marco pagaría una cantidad decente de dinero para recuperar las 40 000 palabras que escribió durante su dieta bajo la influencia de plantas medicinales.

Quizás, como una burbuja de genialidad de otro reino, era demasiado vanguardista para su tiempo, al borde de estallar en cualquier momento.

Honoré de Balzac supuestamente bebía cincuenta tazas de café al día. Se despertaba a la 1 a. m. y escribía hasta las 9 a. m., luego tomaba una siesta y escribía de nuevo por la tarde. Voltaire sólo bebía cuarenta tazas al día.

Mientras escribía su libro, Marco disfrutaba de dos tazas de café descafeinado cada día y una cerveza fría por la noche. No es de extrañar que su inspiración fuera tan plana como una lápida.

Jean Cocteau dependía del opio, Baudelaire era adicto al hachís, y Hemingway luchó contra el alcoholismo hasta que se suicidó en 1961.

Jack Kerouac, enganchado a la Benzedrina, tardó tres semanas en escribir *"On The Road"*.

La esposa de Robert Louis Stevenson dijo: *"Que un inválido en la condición de salud de mi esposo haya podido realizar el trabajo manual de poner 60 000 palabras en papel en seis días parece casi increíble"*.

El autor escribió "El extraño caso del Dr. Jekyll y Mr. Hyde" (1886) durante una juerga de cocaína de seis días.

Uno de los escritores más prolíficos de todos los tiempos, Stephen King, también fue adicto a la cocaína durante diez años.

En cuanto a Marco, podría haber trazado paralelismos con el libro de Aldous Huxley "Las puertas de la percepción", que inspiró la elección del nombre de banda de Jim Morrison.

Huxley relata extensamente su experiencia con la droga mescalina. Encontrada en el cactus peyote y en el cactus San Pedro, la mescalina inducía alucinaciones y encendía su creatividad, inspirándolo a escribir su libro.

Marco se inspiró tanto en actividades mundanas, como fumar mapacho en una hamaca, como en profundas percepciones desde el Big Bang, durante su dieta de tres meses.

Independientemente de tu postura sobre las plantas medicinales, la famosa cita de René Descartes: *"Cogito, ergo sum"* (Pienso, luego existo), pierde su significado cuando flotas en otras dimensiones.

Cuando Einstein dijo: *"La realidad es meramente una ilusión, aunque persistente"* probablemente estaba implicando que era imposible probar que algo existiera más allá de lo que estaba en tu mente.

Descartes también dijo que todo lo que entraba en sus pensamientos no era más verdadero que las ilusiones de sus sueños, sin embargo, creía que el mero proceso de pensar probaba la existencia de una persona.

Eso carecía de congruencia cuando Marco estaba sentado en la maloca con sus chamanes.

Toda su vida había sido culpable de un excesivo cartesianismo. El pensamiento dualista es una condición del "sistema operativo egoico". Es nuestra forma de leer la realidad desde la posición de nuestro pequeño y privado yo.

Marco ya había renunciado a la fuente de la juventud y la inmortalidad.

Estaba en Perú buscando la "piedra filosofal", principalmente para la revitalización espiritual.

Este no era un artículo que pudieras encontrar en las estanterías de Barnes & Noble.

SETENTA Y NUEVE

"Te imagino en mi mente
    Como un manantial brotando
    De la fusión de la tierra
    Tu movimiento fluido y constante
    Irriga mi alma
    Como un faro de luz
    Brillando a través de un mar tormentoso.

    Cariño, sueño contigo
    Mariposa etérea
    Envuelta en rocío matutino
    Tus alas libres y frágiles
    Flotando en el cielo carmesí.

    Cuando estoy en tus brazos
    Mis miedos se convierten en cintas de seda
    Colgando de las nubes.
    De pronto, me siento cálido
    Refugiado en una manta de flores
    Que tiñen el duro suelo del desierto.

Tus labios se aferran a los míos
Mi aliento se pierde en el tuyo
Mi voluntad se rinde
Al compás de tus gemidos.
Soy tuyo para quedarme
O para desechar
Pero no me importa.

Siento tus dedos
Que suben y bajan por mi espalda
Despertando mi chakra sagrado
Y contemplo la fuerza gravitacional
De tu corazon
Convertir el plomo de mi vida
En oro puro."

— MARCO, 2014.

En su libro *"Thrive"*, Arianna Huffington hace algunos comentarios perspicaces sobre la pequeña voz en nuestras cabezas:

"Incluso nuestros peores enemigos no hablan de nosotros de la manera en que nosotros hablamos con nosotros mismos. Llamo a esta voz la compañera de cuarto insoportable que vive en nuestra cabeza. Se alimenta de menospreciarnos y de fortalecer nuestras inseguridades y dudas. Desearía que alguien inventara un grabador que pudiéramos adjuntar a nuestros cerebros para grabar todo lo que nos decimos a nosotros mismos. Nos daríamos cuenta de cuán importante es detener este diálogo interno negativo. Significa rechazar a nuestra compañera de cuarto insoportable con una dosis de sabiduría".

"Educar a nuestra compañera de cuarto irresponsable requiere redefinir el éxito y lo que significa vivir una vida que importa, lo cual será diferente para cada uno de nosotros, según nuestros propios valores y objetivos (y no los impuestos por la sociedad)".

"El humor ayuda a tratar con ese crítico interno constante. 'Los ángeles vuelan porque se toman a sí mismos a la ligera', solía decir mi madre a mi hermana y a mí, citando a G. K. Chesterton. Lo que también funcionaba era enviarme un mensaje alternativo consistente y coherente. Dado que mi 'roommate' (compañera de cuarto) se alimentaba de mis miedos y fantasías negativas, el mensaje que más resonaba en mí era el mensaje con el que John-Roger termina todos sus seminarios: 'Las bendiciones ya están'".

"O, como dijo Juliana de Norwich, la mística inglesa del siglo XV: 'Y todo estará bien, y toda clase de cosas estarán bien'. O, como gritó Edipo de Sófocles: 'A pesar de tantas pruebas, mi avanzada edad y la nobleza de mi alma me hacen concluir que todo está bien'".

"Me sigo repitiendo esto hasta que estoy bañado en este mensaje tranquilo y reconfortante — que tiene la ventaja adicional de ser verdadero. Así que, encuentra tu propio mensaje. No dejes que tu crítico constante robe tus sueños".

Marco no quería que sus propios sueños fueran robados más tiempo, y ciertamente no quería que alguien más lo hiciera por él.

A pesar de estar más cerca de la meta, se dio cuenta de que aún había un largo camino por delante. No se estaba haciendo más joven, pero había trabajado duro en la nobleza de su alma. Una perspectiva tan refrescante sobre la esencia de la vida. Estaba emocionado por el futuro, pero desapegado de los pensamientos errantes que le impedían disfrutar del momento presente.

Eventualmente, el río alcanzará al océano.

OCHENTA

"Hay una vela en tu corazón, lista para ser encendida. Hay un vacío en tu alma, listo para ser llenado. Lo sientes, ¿no?"

— RUMI.

Un análisis de cabezas momificadas y cadáveres descubiertos en la costa sur de Perú ha retrocedido la fecha más antigua conocida del uso de cactus psicodélicos y otras plantas psicoactivas. Los informes de toxicología sobre cinco individuos que fueron ejecutados ritualmente hace entre 500 y 2100 años revelaron el uso de hojas de coca, cactus San Pedro alucinógeno y Banisteriopsis caapi, una planta que se utiliza a menudo en la bebida psicodélica ayahuasca.

El estudio, publicado recientemente en el *Journal of Archaeological Science*, arroja nueva luz sobre las prácticas religiosas, las rutas comerciales antiguas y la medicina basada en plantas en los Andes precolombinos.

Pero la evidencia arqueológica sugiere que algunos pueblos indígenas estaban familiarizados con esta droga desde hace alrededor de 5000 años, al menos a través del peyote. Este análisis es la evidencia más antigua específicamente del uso de mescalina, pero potencialmente de otras sustancias psicoactivas también.

Antes de regresar a Pucallpa para facilitar un retiro con sus chamanes, Marco fue a Pisac, en el Valle Sagrado, a una hora en auto de Cusco.

Reservó una estancia de una semana con un chamán de tercera generación con veinticinco años de experiencia. Se alojó en su pequeño hotel con su encantadora familia, con la intención de realizar tres ceremonias de San Pedro en el transcurso de una semana.

La primera ceremonia coincidió con el eclipse total de luna.

A lo largo de la historia, las personas han visto los eclipses lunares como poderosos símbolos de transformación interior y renovación. Muchas tradiciones espirituales consideran estos eventos celestiales como momentos poderosos para la meditación, la reflexión y el establecimiento de intenciones.

Se cree que abren una puerta a la conciencia superior; un eclipse lunar se considera que ofrece una oportunidad para liberar viejas creencias limitantes y conectarse con los aspectos más profundos e intuitivos de uno mismo. Este período, al alinear tu propósito con las energías universales, permite el crecimiento personal.

Los eclipses lunares, cuando ocurren, sirven como recordatorios de la impermanencia y los nuevos comienzos. Es un momento en el que se considera que el velo entre los mundos físico y espiritual es más delgado, facilitando la recepción de mensajes y guía del universo o lo Divino.

Al abrazar la energía de un eclipse lunar, se pueden cultivar profundas percepciones y una conciencia elevada, fomentando un sentido de unidad con toda la creación y una comprensión más profunda del lugar que uno ocupa en ella.

Marco, a pesar de haber sido advertido sobre la tremenda intensidad de tal evento, se mantuvo escéptico acerca de la idoneidad del eclipse para una ceremonia.

Hernán le aseguró que sería una experiencia memorable. Planeaba llevarlo a ruinas preincaicas en la cima de una montaña a 4000 metros (13 123 pies) de altura.

Estaba cultivando sus cactus en un lugar secreto en las montañas. Había estado cocinando su poción mágica durante cuatro días, esperando la llegada de Marco.

Al amanecer, tomaron un taxi hasta la entrada del Parque Arqueológico y comenzaron a caminar hacia las ruinas.

Se detuvieron a mitad de camino hasta la cima de la montaña.

Después de algunos rituales, que incluían soplar sobre la poción secreta con mapacho y realizar oraciones, Hernán le dio a Marco un gran cáliz hecho de barro.

El San Pedro es amargo, pero no tiene el sabor desagradable de la ayahuasca.

Aún así, ese recipiente era varias veces más grande que una taza normal.

Se sentía como beber leche de la botella cuando era niño. Tu estómago está lleno, pero te fuerzas a seguir bebiendo por el mero hecho de hacerlo.

La vida de Marco pasó ante sus ojos. Todo su dolor se había convertido en éxtasis.

Una vez dentro de una de las ruinas, Hernán construyó un altar y comenzó a cantar y golpear su tambor, alternando tocando un par de flautas diferentes.

Le indicó a Marco que encontrara un lugar alejado del altar y rindiera tributo a Pachamama.

Marco era libre de vagar entre los espíritus incas en este lugar sagrado.

Encontró un punto privilegiado que ofrecía una vista panorámica de las montañas y valles circundantes.

La medicina era fuerte. Se quedó allí durante mucho tiempo en perfecta armonía con la danza cósmica. Con el viento soplando fuerte, el paisaje se transformó en dominós de colores que caían por la cima de la montaña.

Zeus, el dios del cielo y el trueno, mantenía un ojo vigilante, mientras las nubes se arremolinaban como látigos de humo.

En un instante, entendió que presenciar tal poder elemental desterraría para siempre la duda y el miedo, ya que él mismo encarnaba una parte de esa fuerza energética ilimitada.

Lo único que necesitaba era creer y actuar en consecuencia.

No solo estaba compuesto de carne y huesos. Un día, desaparecerá en la inmensidad de la existencia.

Su energía se dispersará por toda la plenitud del cosmos.

En los días siguientes, escalaron hacia arriba y hacia abajo por las montañas como una manada de cabras montesas.

Subieron hasta 4200 metros (13 779 pies) y exploraron varias lagunas volcánicas, cuya magnificencia no me atreveré a describir.

Hernán había preparado una poción con cactus peruanos, bolivianos y chilenos.

Este hombre era la personificación de un espíritu creativo dedicado a la santidad de su arte.

Marco se sintió bendecido de contemplar y participar en tal autenticidad.

Cerca del kilómetro diez del día, le dijo a Hernán que se sentía como una bestia mítica: mitad cabra, mitad toro.

¿Existió alguna vez tal criatura?

Podría ser un híbrido entre un sátiro y un minotauro de la mitología griega.

El minotauro, un hombre con cabeza de toro, sirve como símbolo de nuestros miedos y deseos ocultos en nuestro laberinto inconsciente.

El sátiro, un dios con piernas y cuernos de cabra, y un falo erecto, bebía vino y tocaba la flauta en el bosque. Además, era conocido por su naturaleza altamente sexual, lo que lo llevaba a perseguir a las ninfas y a mujeres mortales por igual.

La imaginación de Marco nunca se alejaba demasiado de la distorsión de la realidad.

Pensó que escuchaba la canción de Lou Reed *"Perfect Day"* resonando en el valle.

"Vas a cosechar justo lo que siembras...".

CAPÍTULO
OCHENTA Y UNO

"Y ahora aquí está mi secreto, un secreto muy simple; solo con el corazón se puede ver correctamente; lo esencial es invisible a los ojos."

— ANTOINE DE SAINT-EXUPÉRY.

El padrino de Marco le había regalado "El Principito" por Navidad cuando era niño.

Ese libro despertó su imaginación y se convirtió en su posesión más valiosa.

Recuerda el viaje de un niño a través del universo, ganando sabiduría.

Podía empatizar con la búsqueda del pequeño príncipe por compañía en el planeta Tierra. En un giro irónico, Marco aún estaba en su propia búsqueda, décadas después.

Había completado un círculo completo que se asemejaba a un conjunto de espirales.

La última vez que montó su Royal Enfield en India, estaba cayendo en espiral hacia el juicio y el prejuicio, un lugar incómodo para estar.

Marco había estado gravitando hacia una espiral de entropía.

La entropía es la tendencia hacia la muerte, mientras que la sintropía es la tendencia hacia la vida. Para sostenerse, los sistemas vivos necesitan minimizar la entropía y maximizar la sintropía.

Eligiendo la vida sobre la muerte y el amor en lugar de la ira, Marco voló a Perú para reunirse con sus amigos, Montserrat y Aum. Empezó a valorar esa decisión porque transformó toda su perspectiva sobre la vida y comenzó el proceso de abrir su corazón cerrado.

Eran almas evolucionadas. Se sintió privilegiado de contar con ellos como amigos.

Mientras tanto, este libro no estaba listo para ser publicado. Montserrat y Aum resurgieron como si fuera un decreto divino.

Los propietarios suizos del retiro en Perú, donde estuvieron involucrados durante más de un año con su proyecto de permacultura, poseían otra propiedad en Costa Rica.

El eco lodge se encuentra a orillas del Golfo Dulce, un pequeño golfo tropical en la costa sur del país. Accesible en bote pequeño, las aguas azules del Océano Pacífico lo rodean.

Los amigos de Marco habían estado trabajando en el resort durante más de un año, desempeñando múltiples roles.

Sirvieron como facilitadores de ceremonias de ayahuasca durante la mitad del año. Durante la otra mitad, atendieron a una clientela mayor que venía a experimentar la vida silvestre y el bosque tropical que rodea la propiedad. El lodge se encuentra dentro de un Parque Nacional, que abarca miles de hectáreas de exuberante bosque tropical y es uno de los últimos hogares restantes del jaguar en Costa Rica.

Además de sus otras tareas, estaban ocupados cuidando un bosque de alimentos. Siguiendo las normas de agroforestería, plantaron 200 árboles, asegurando una abundante cosecha de frutas para las generaciones futuras. Antes de partir del retiro en la jungla peruana, cultivaron más de 500 árboles y transformaron la tierra una vez árida en un oasis exuberante.

Marco admiraba tal visión y fortaleza. Su objetivo era construir una ecoaldea con cientos de residentes que buscaran una vida sostenible. Aum también era un experto en construir casas en los árboles con bambú y cuerdas y sin el uso de clavos.

Soñar con un mundo mejor es una cosa. Tener la visión, el conocimiento y la empatía para hacerlo realidad es otra.

En comparación, Marco se consideraba un alma joven, aunque había comenzado a exhibir signos de un alma más avanzada.

Después de caminar con él todo el día a lo largo de la costa del Lago Titicaca, en Bolivia, uno de sus conocidos comentó:

—¿Sabes cómo puedo decir que eres un alma joven? – ¡Hablas demasiado!

Marco se sentía fuera de lugar al discutir la experiencia de Montserrat con la medicina, sus visiones y su interacción con los espíritus. Era como un niño de jardín de infantes comparando sus garabatos con la disertación de un profesor universitario.

No hay nada de malo en eso. Todos evolucionamos de acuerdo

con nuestro propio karma y otros factores insondables. El tiempo, tal como lo conceptualizamos como seres humanos, no es parte de la ecuación.

Por ejemplo, Marco piensa que la Inteligencia Artificial es la mayor amenaza que enfrenta la humanidad. Podría surgir un sistema plutocrático con acceso exclusivo a armamento avanzado.

Montserrat y Aum, por otro lado, visualizan una nueva conciencia surgida de esta tecnología. El tiempo lo dirá.

Lo invitaron al *lodge* por unos días, junto con su escritor fantasma. Nunca esperaron regresar a Costa Rica, reflejando sus respectivos destinos.

Era lo más cercano al paraíso que podrías esperar encontrar. Dejar que las cosas se desarrollen era lo correcto.

Continuando con este giro del destino, Montserrat y Aum habían referido a algunos amigos para un retiro en abril, donde Marco había realizado su dieta de tres meses.

Le preguntaron si podría ayudar a facilitar. Marco, que ni siquiera se suponía que estuviera en el continente americano, dijo que lo consideraría. Aprovechó el hecho de que todo había sido sincronizado. Su asunto pendiente estaba ubicado en las afueras de la Amazonía peruana.

Ayudaría a sus chamanes y seguiría una formación con plantas sagradas.

En *Star Wars*, Darth Vader dijo: *"He estado esperándote, Obi-Wan. Nos encontramos de nuevo al fin. El círculo ahora está completo. Cuando te dejé, era solo un aprendiz. Ahora, soy el maestro"*.

Marco podía relacionarse con este escenario, pero estaba lejos de alcanzar la maestría. Había estado anhelando paz, no la glorificación de su ego.

Aun así, sufrió un golpe cuando se dio cuenta de que la familia Shipibo con la que se había vinculado se comportaba de manera codiciosa hacia los huéspedes, incluso en su presencia.

La era de la conquista europea vio la extracción de recursos naturales en la Amazonía, acompañada de la sujeción y explotación de la mano de obra.

Eso resultó en el desarrollo de múltiples formas de dominación y exterminio, especialmente dirigidas a los pueblos indígenas.

Ser consciente de la historia mantenía las cosas en perspectiva.

Las altas expectativas tienden a llevar a una grandes decepciones.

Su sentido del idealismo a menudo se interponía en el camino de su ingenio.

Esa fue una lección importante que aprender: mantenerse auténtico y expresar su opinión sin causar revuelo. ¡La historia de su vida, damas y caballeros!

Su viaje lo había llevado de vuelta a donde comenzó. Con un renovado entusiasmo, quería adentrarse en territorios inexplorados.

Además, se dio cuenta de que todavía era una obra en progreso.

Este libro puede estar cerca de completarse, pero eso no necesariamente lo convierte en un ser humano más evolucionado que cuando lo comenzó hace veintidós meses.

De alguna manera extraña, se sentía insatisfecho con todo este proceso.

El *bypass espiritual* no tenía razón de existir por sí mismo. Era un subproducto del miedo y la falta de confianza.

Para ese momento, Marco sabía más. Todo lo que tenía que hacer era mantener sus compulsiones bajo control.

Solo las dos máximas sobre adicciones requerían trabajo y disciplina, junto con sus viejos enemigos: mantener sus emociones bajo control y no tomarse nada de manera personal.

La clave sería transformar lo compulsivo en lo consciente.

¿Qué tal eliminar el azúcar de su dieta por completo?

Recientemente se dio cuenta de que el azúcar a menudo era el desencadenante de sus compulsiones.

Consumir café, dulces y alcohol va en contra de ser un brahmachari (celibato — uno en la etapa de brahmacharya).

Para evitar desperdiciar su jing a través de la masturbación, también debería considerar eliminar el ajo, las cebollas, la leche y el queso; cosas difíciles de erradicar de la dieta para un hombre mediterráneo.

Los taoístas equiparan el *jing* con la esencia de la vida. Se considera como la raíz de nuestra vitalidad, similar a las raíces de un árbol. Una vez que tu jing asignado, ubicado principalmente en el semen pero también presente en los fluidos corporales y la saliva, se haya agotado, tu vida cesará.

Necesitas una dieta más holística para mantener a raya esas pasiones y pensamientos ilusorios que surgen sin cesar.

Según los budistas, cuando tienes demasiados pensamientos

sexuales, deberías meditar sobre la descomposición de los cadáveres. Sería una forma segura de detener tu libido.

Marco no era en absoluto un buitre. Esto ciertamente proporcionó material para reflexionar.

Era tan claro como las rosas recién cubiertas de gotas de rocío. En típica moda shakespeariana, las intrigas en la vida de Marco todavía estaban en flor. Aún tenía que ser fiel a su verdadero propósito. ¡Qué noble empeño, de hecho!

Sus planes para el futuro no eran más que grandiosos, sin embargo, el momento presente reinaba supremo.

Cuando todo el humo se disipó, su corazón danzó de alegría, finalmente despojado de cargas. El viaje había sido largo y precario.

Y no lo habría querido de otra manera.

CAPÍTULO
OCHENTA Y DOS

"Los sueños no son negociables."

— PAULO COELHO.

Artur Mena escribió una hermosa canción titulada : *"Sirenita Bobinsana"*.

En ella describe cómo bobinsana se había ganado el apodo de sirenita.

Las sirenas y las *'mermaids' son criaturas diferentes.* Las sirenas aparecieron por primera vez en la mitología griega, mitad aves y mitad mujeres, que atraían a los marineros a su muerte con sus voces encantadoras.

En "La Odisea" de Homero, Ulises instruyó a sus marineros para que se taparan los oídos con cera para evitar escuchar los cantos de las sirenas. Él quería escuchar sus voces y se hizo atar al mástil para no desviar el barco de su curso y chocar contra las rocas o en tierra.

En comparación, el cuerpo de una *'mermaid'* consistía en el rostro y torso de una mujer, y una cola de pez.

Emergiendo de las profundidades del folclore brasileño está Lara, un espíritu del agua hipnotizante cuya belleza es tan encantadora como las aguas amazónicas que habita. Lara, a menudo retratada como una sirena seductora con largo cabello ondulante y ojos cautivadores, atrae a los viajeros desprevenidos con su canción seductora.

La leyenda dice que Lara embruja a aquellos que se aventuran demasiado cerca de su dominio, habitando en los ríos y lagos de la selva amazónica, con su presencia encantadora.

Algunas historias la retratan como una guardiana benevolente de las aguas, mientras que otras la describen como una tentadora vengativa, llevando a los errantes a su destino acuático. Las historias de Lara encarnan la mística y el atractivo de la Amazonía, difuminando la línea entre la realidad y el mito en las aguas brillantes de las profundidades ocultas de la selva.

La bobinsana crece a lo largo de las orillas de los ríos y sus raíces pueden ser de siete a diez veces la altura del árbol para acceder al agua. Entre sus muchas propiedades, se dice que mejora el estado de los sueños.

Marco le pidió a su amiga Montserrat que diseñara la portada de su libro. Solicitó un árbol noya rao y colores primarios; ella podía usar su imaginación para el resto.

Aum también hizo una brillante portada que representa a una sirena que Marco usará para su eBook.

Cuando Marco miró la portada de Montserrat, derramó lágrimas de alegría.

Sus lápices capturaron los eventos de los últimos tres años con perfección. Bueno, eso es una forma de decirlo; ella la diseñó en Canva.

No pude evitar trazar paralelismos entre la sirena y Bhairavi, la Divina Femenina en toda su gracia y gloria.

La sirena está conectada a las raíces del noya rao y contempla un arroyo que se abre al cielo como el vientre de la creación.

Todos ellos habían hecho dieta con bobinsana y noya rao. Los tres tenían una conexión simbiótica entre sí y con esas plantas sagradas. Todo estaba encajando.

OCHENTA Y TRES

"Conviértete en quien eres."

— FRIEDRICH NIETZSCHE.

El clima había sido miserable durante semanas en el retiro Zen en Tamil Nadu, donde Marco había estado alojado durante más de un mes. El viento soplaba con fuerza a través del valle, con períodos intermitentes de lluvia.

Estaba sentado afuera en el balcón de mi habitación, disfrutando de la tímida aparición del sol.

Mientras añadía los últimos toques a la edición de este libro antes de enviar el manuscrito a mi editor, una cigarra aterrizó en mi pecho.

Finalmente, el Marco sin sentido y el sabio Taj, junto con su hábil narrador, se habían fusionado en UNO.

¿Te preguntas sobre el significado espiritual de que una cigarra aterrice sobre ti?

Déjame complacerte con estas palabras de despedida:

Es un poderoso signo de transformación y renacimiento. La cigarra desea compartir su energía de renovación. Este insecto emergió de su crisálida subterránea renovado. Al aterrizar sobre ti, te envía una invitación.

Como mensajera, la cigarra te recuerda que debes despojarte de viejas costumbres. Libérate de lo que te agobia o te restringe. Con una mentalidad fresca, abraza el cambio y comienza de nuevo. Su presencia indica que estás entrando en una transición positiva en la vida.

Cuando la cigarra te honra, ten paciencia durante esta metamorfosis. Florecer en su nueva forma fue el resultado de la perseverancia del insecto durante años bajo tierra. La transformación duradera toma tiempo, pero el renacimiento te espera si perseveras. Deja que la canción de la cigarra te llene de alegre esperanza.

Esta guía espiritual aparece cuando más necesitas una renovación sanadora. Abraza el poderoso simbolismo de la cigarra mientras creces hacia tu verdadero yo.

Te deseo lo mejor en tu viaje de autodescubrimiento.

Buen viaje...

EPÍLOGO

UNA VIDA HUMANA PRECIOSA

"Cada día, piensa al despertar
Hoy tengo la fortuna de haber despertado.

Estoy vivo, tengo una vida humana preciosa.

No voy a desperdiciarla.

Voy a usar toda mi energía para desarrollarme, para expandir mi corazón hacia los demás, para alcanzar la iluminación en beneficio de todos los seres.

Voy a tener pensamientos amables hacia los demás. No me voy a enojar, ni a pensar mal de los demás. Voy a beneficiar a otros tanto como pueda".

Sería difícil encontrar un ser humano más sabio y compasivo que Tenzin Gyatso, el 14° Dalai Lama.

Para el beneficio del lector, permítanme compartir algunos fragmentos de sus charlas o escritos sobre temas universales.

En la transcripción de estas palabras, Marco se sintió humilde.

Ahí estaba, esforzándose por crear una historia y plasmar sus pensamientos originales en papel, cuando innumerables mentes y espíritus brillantes ya habían honrado los anales de la literatura.

A lo largo de la escritura de su libro, constantemente recordaba una cita de Oscar Wilde:

"La imitación es la forma más sincera de adulación que la mediocridad puede rendir a la grandeza".

EL VERDADERO SIGNIFICADO DE LA VIDA

"Somos visitantes en este planeta.

Estamos aquí durante noventa o cien años como máximo.

Durante ese período, debemos intentar hacer algo bueno, algo útil, con nuestras vidas.

Si contribuyes a la felicidad de otras personas, encontrarás el verdadero objetivo, el verdadero significado de la vida".

LA AMISTAD

"Tenemos amistad genuina cuando se basa en un verdadero senti-miento humano, un sentimiento de cercanía en el que hay un sentido de compartir y conexión. Llamaría genuina a este tipo de amistad porque no se ve afectada por el aumento o disminución de la riqueza, estatus o poder del individuo.

El factor que sostiene esa amistad es si las dos personas tendrán sentimientos mutuos o amor y afecto; la amistad humana genuina se basa en el afecto humano, independientemente de tu posición.

Por lo tanto, cuanto más te preocupes por el bienestar y los derechos de los demás, más serás un amigo genuino. Cuanto más permanezcas abierto y sincero, más beneficios vendrán a ti. Si te olvidas o no te importan los demás, eventualmente perderás tu propio beneficio".

EGOÍSMO

"También podemos abordar la importancia de la compasión a través de un razonamiento inteligente. Si ayudo a otra persona y muestro preocupación por él o ella, entonces yo mismo me beneficiaré de eso. Sin embargo, si hago daño a otros, eventualmente estaré en problemas.

A menudo bromeo, medio en serio y medio en broma, diciendo que si deseamos ser verdaderamente egoístas, entonces deberíamos ser egoístas de manera sabia, en lugar de egoístas de manera tonta.

Nuestra inteligencia puede ayudar a ajustar nuestra actitud en este aspecto. Si la usamos bien, podemos obtener ideas sobre cómo cumplir con nuestro propio interés personal llevando una vida compasiva".

MIRANDO DENTRO

"El propósito mismo de la religión es controlarte a ti mismo, no criticar a los demás. Más bien, debemos criticarnos a nosotros mismos. ¿Cuánto estoy haciendo sobre mi ira? ¿Sobre mi apego, sobre mi odio, sobre mi orgullo, mis celos? Estas son las cosas que debemos revisar en la vida diaria.

Tomando tu propio cuerpo y mente como laboratorio, participa en una investigación exhaustiva sobre tu propio funcionamiento mental y examina la posibilidad de hacer algunos cambios positivos dentro de ti".

LA PARADOJA DE NUESTRO TIEMPO

"Tenemos casas más grandes, pero familias más pequeñas: más comodidades, pero menos tiempo; más títulos, pero menos sentido; más conocimiento, pero menos juicio; más expertos, pero más problemas; más medicinas, pero menos salud.

Hemos ido hasta la luna y vuelto, pero tenemos problemas para cruzar la calle y conocer al nuevo vecino. Hemos construido más computadoras para almacenar más información y producir más copias que nunca, pero tenemos menos comunicación. Nos hemos vuelto abundantes en cantidad, pero escasos en calidad.

Estos son tiempos de comida rápida pero digestión lenta; hombres altos pero carácter corto; grandes ganancias pero relaciones superficiales. Es un tiempo en el que hay mucho en la ventana, pero nada en la habitación".

COMPASIÓN

"Por lo general, nuestro concepto de compasión o amor se refiere al sentimiento de cercanía que tenemos con nuestros amigos y seres queridos. A veces, la compasión también conlleva un sentido de lástima.

Esto es incorrecto; cualquier amor o compasión que implique mirar hacia abajo al otro no es compasión genuina. Para ser genuina, la compasión debe basarse en el respeto por el otro y en la realización de que los demás tienen el derecho a ser felices y superar el sufrimiento, tanto como tú. Sobre esta base, dado que puedes ver que los demás están sufriendo, desarrollas un sentido genuino de preocupación por ellos".

PERDÓN

"Sería mucho más constructivo si las personas intentaran entender a sus supuestos enemigos. Aprender a perdonar es mucho más útil que simplemente recoger una piedra y lanzarla al objeto de la ira, más aún cuando la provocación es extrema.

Porque es en la mayor adversidad donde existe el mayor potencial para hacer el bien, tanto para uno mismo como para los demás".

FELICIDAD

"Creo que el propósito mismo de la vida es ser feliz. Desde el núcleo de nuestro ser, deseamos la satisfacción. En mi propia experiencia limitada, he encontrado que cuanto más nos preocupamos por la felicidad de los demás, mayor es nuestro propio sentido de bienestar. Cultivar un sentimiento cercano y cálido hacia los demás automáticamente tranquiliza la mente.

Ayuda a eliminar cualquier miedo o inseguridad que podamos tener y nos da la fuerza para afrontar cualquier obstáculo que encontremos. Es la fuente principal de éxito en la vida. Dado que no somos criaturas únicamente materiales, es un error poner todas nuestras esperanzas de felicidad en el desarrollo externo solamente. La clave es desarrollar la paz interior".

NAMASTE.

BIBLIOGRAFÍA

- 'Zero Limits' por Dr. Joe Vitale & Dr. Hew Len
- 'Un regreso al amor' por Marianne Williamson
- 'Así habló Zaratustra' por Friedrich Nietzsche
- 'Amor Cuántico' por Laura Berman
- 'El mapa de la conciencia explicado' por David R. Hawkins
- 'Los cuatro acuerdos' por Don Miguel Ruiz
- 'Las zonas azules' por Dan Buettner
- 'La molécula del espíritu' por Dr. R. Strassman
- 'El alquimista' por Paulo Coelho
- 'Escribir libros no es una buena idea' por Elle Griffin
- 'Los hombres son de Marte, las mujeres son de Venus' por John Grey
- 'Ayahyasca como un líquido divino' por André Van de Braak
- 'La profecía de Celestina' por James Redfield
- 'Los Yoga Sutras de Patañjali' por Patañjali
- 'Un curso de milagros' por Helen Shucman
- 'Psicología y Alquimia' por Carl Jung
- 'El alma sin ataduras' por Michael Singer
- 'Reflexiones sobre el arte de vivir' por Joseph Campbell
- 'Las aventuras de Huckleberry Finn' por Mark Twain
- 'Karma' por Sadhguru
- 'Los Encontrados' por Dr. Jeffery Martin
- 'Una vista desde arriba' por Wilt Chamberlain.
- 'Autobiografía de un Yogui' por Paramahamsa Yogananda
- 'Prosperar' por Arianna Huffington
- 'El Principito' por Antoine de Saint-Exupéry
- 'Relatividad: La teoría especial y general por Albert Einstein
- 'Discurso del método' por René Descartes
- 'Transformando el trauma: El camino hacia la esperanza y la sanación' por Dr. James Gordon
- 'Sobrenatural' por Dr. Joe Dispenza
- 'Respirar está sobrevalorado' por Herbert Nitsch

BIBLIOGRAFÍA

- 'La Odisea' por Homero
- 'El Rumi esencial' por Rumi
- 'El lado oscuro de los cazadores de luz: Reclamando tu poder, creatividad, brillantez y sueños' por Debbie Ford
- 'El Factor de Atracción' por Dr. Joe Vitale